U0090663

中國學術思想 研究輯刊

二二編

林慶彰 主編

第 19 冊

明清之際的公私觀研究

沈 驊 著

花木蘭文化出版社

國家圖書館出版品預行編目資料

明清之際的公私觀研究／沈驊 著 -- 初版 -- 新北市：花木蘭文
化出版社，2015〔民 104〕
序 2+ 目 2+230 面；19×26 公分
（中國學術思想研究輯刊 二二編：第 19 冊）
ISBN 978-986-404-376-7（精裝）
1. 明代哲學 2. 清代哲學
030.8   104014690

ISBN-978-986-404-376-7

9 789864 043767

中國學術思想研究輯刊
二二編　第十九冊　　　　　　ISBN：978-986-404-376-7

明清之際的公私觀研究

作　　者　沈驊
主　　編　林慶彰
總 編 輯　杜潔祥
副總編輯　楊嘉樂
編　　輯　許郁翎
出　　版　花木蘭文化出版社
社　　長　高小娟
聯絡地址　235 新北市中和區中安街七二號十三樓
　　　　　電話：02-2923-1455 ／傳眞：02-2923-1452
網　　址　http://www.huamulan.tw 信箱 hml 810518@gmail.com
印　　刷　普羅文化出版廣告事業
封面設計　劉開工作室
初　　版　2015 年 9 月
全書字數　213785 字
定　　價　二二編 22 冊（精裝）新台幣 40,000 元

明清之際的公私觀研究

沈　驊　著

作者簡介

沈驊，男，1972生，江蘇蘇州人，蘇州大學社會學院專門史碩士畢業，政治與公共管理學院中國哲學博士畢業，現爲蘇州科技學院歷史系副教授、碩士生導師。主要研究方向爲中國思想史和江南地方文化，在各類學術刊物上發表論文二十餘篇，（合）著四部。

提　　要

　　先秦、兩宋、明清之際和明清之際這四個歷史時期，是傳統公私觀念演進的四個重要階段。明清之際思想家群體的公私觀是思想史、哲學史中承上啓下的重要一環，其地位之重要不容忽視。

　　明清之際思想家群體的公私觀較之於前代，至少在以下三個方面有較爲明顯的進展：首先，是對私觀念前所未有的肯定。明清之際思想家群體對私觀念的肯定是多角度、多方位的，在一定程度上洗去了長期籠罩在私觀念之上的道德貶義色彩。其次，是對天下爲公論的反省和批判。明清之際思想家已經注意到，在君主專制下，天下爲公的美好理想在現實社會中已經蛻變爲天下爲君。更重要的是，明清之際思想家在設計構想經世的政治和經濟制度時，將批判天下爲君、爲天下人爭取自私權利的要旨注入其中，這使得他們的制度設計更具可操作性。第三，是合私爲公論的提出。在傳統的以公滅私模式中，公佔據了絕對主流地位和話語權，私的地位被貶抑到極點，幾無存身之所，公私關係高度緊張。而在合私爲公論中，公被視爲諸私之總和，兩者之間可以和平共存，存在著一條由此及彼的通途，爲公和私的和諧相處提供了一條可能的途徑。

　　明清之際思想家群體在公私觀念領域取得的這些進展，從現實層面看，是明末經濟和社會發展的必然結果，尤其是商品經濟的發展，可以極大的提高普通民眾的權利意識和平等意識；從理論層面看，是對先秦儒家思想的重新詮釋，與西方政治學說沒有直接的聯繫。因此可以說，明清之際公私觀念領域的新變化，完全萌生於中國傳統社會內部，帶有很大程度的自生自發性質，這是極爲可貴的。

序

周可眞

　　沈驛曾是我所指導的明清哲學研究方向的博士生，其博士學位論文《近代觀念之先聲——明清之際啓蒙思想家的公私觀研究》曾獲評審專家和答辯委員會的好評。畢業後，作者根據評審專家和答辯委員會的意見對其論文作了力所能及的修改，使其學術質量又有所提高。在本書以現名付梓之際，小沈請我爲之作序，我欣然命筆焉。

　　作者本科就讀於蘇州鐵道師範學院（現爲蘇州科技學院），碩士就讀於本校社會學院歷史系，該系是由著名歷史學家柴德賡（1908～1970）先生 1955年從北京師範大學調入江蘇師範學院（今蘇州大學）後創建成立的，有良好的歷史學術傳統。小沈在攻讀碩士學位期間，在其導師、先秦史和秦漢史知名專家臧知非教授悉心指導下，得到了良好的學術訓練。進入哲學系攻讀博士學位期間，我偏重於培養和鍛鍊其理論思維能力，使其在良好的史學基礎上能達到「史」「論」的結合與統一，由於小沈本人積極努力的配合和自覺的刻苦訓練，取得了良好的效果。這在本書中有明顯體現：不僅佔有的材料相當豐富、翔實，而且有較多的理論分析，並對中、西、馬三大學術領域的知識成果和思想成果均有所吸收並努力運用到理論分析中。本書正是採用了這種史論結合的研究方法，對中國傳統公私觀的歷史演進做了較爲系統的梳理，更在此基礎上較系統且深入細緻地分析了明清之際啓蒙思想家群體的公私觀，較充分地展示了其具體的思想內容，更加以有條理的概括，指出了其公私觀的基本特徵及其歷史貢獻和歷史地位。

　　本書的核心內容是論證和說明了明清之際的啓蒙思想家群體的公私觀有三個方面的「新進展」：（1）私觀念的倡導；（2）對傳統的天下爲公論進行了

深入批判，指出了在君主專制條件下，儒家理論中的天下爲公在事實上成了滿足君主個人欲望的天下爲私；（3）提出了合私爲公論。並認爲在中國傳統公私觀歷史演進過程四個重要時期（先秦、兩宋、明清之際和清末民初）中，明清之際的公私觀具有承上啓下的地位與作用。這些學術內容，對該領域未來的學術研究進展有重要的鋪墊性作用，並提供了某些思想啓示。尤其是本書結尾處的一段議論，引入了哲學的交往理論來解釋公私問題，由此透露出了作者本人的公私觀：公私關係是在社會交往中生成的；公私之間各種形式的衝突都存在於社會交往中，並且只有在社會交往中才能得以清晰呈現；公私和諧之境或有可能的最終達成，亦須依賴於社會交往，只有通過越來越發達和其水平不斷提高的社會交往，公私關係的和諧才是可能實現的。儘管這只是基於我對作者思想的瞭解而作如此解讀，但無論怎樣去理解，我以爲此段議論雖簡，倒頗有些史遷作史「寓論於序」的神韻。

如今，作者作爲民主黨派人士參與蘇州市農工民主黨的參政議政和理論工作委員會的具體事務，我希望其繼承和發揚明清之際啓蒙學者的優秀思想傳統及經世致用的優良學術傳統，將自己在高校的學術理論研究與社會政治實踐結合起來，爲作更多有益於天下之文和做更多有利於國家之事而付出更大努力，並衷心祝願作者取得更大的成就。

2015 年 3 月 27 日雨夜於蘇州大學北校區寓所

目　次

緒　論

第一節　問題的提出

一、觀念、思想和制度

觀念一般認爲是對客觀現實的反映形式，是存在於人腦中的映像，它與意識、思維、精神等並列，並與物質、存在等一起構成哲學的基本範疇，「思想、觀念、意識的產生最初是直接與人們的物質活動，與人們的物質交往，與現實生活的語言交織在一起的。」〔註 1〕這個層面上的觀念是哲學意義上的，可泛指人們的感官由於外界事物的作用而形成的各種特定認識。在此基礎上，我們日常使用的觀念這一概念，是指人們對客觀事物的反映所形成的看法，屬於意識領域，並且是支配人們行爲的主觀意識，這個層面上的觀念主要是指人們對事物的各種看法和認識。

觀念一詞和思想雖然同屬意識形態領域，但仍有所不同。金觀濤先生指出：「觀念是指人用某一個（或幾個）關鍵詞所表達的思想。細一點講，觀念可以用關鍵詞或含關鍵詞的句子來表達」。〔註 2〕同時，金先生還進一步從兩個層面界定了觀念與思想之間的區別，「第一，因爲觀念是用固定的關鍵詞表達的思想，它比思想更確定，可以具有更明確的價值方向」。「第二，因觀念

〔註 1〕《馬克思恩格斯選集》（第 1 卷），人民出版社，1995 年版，第 75 頁。
〔註 2〕金觀濤、劉青峰：《觀念史研究：中國現代重要政治術語的形成》，法律出版社，2009 年版，第 3 頁。

比思想具有更明確的價值（行動）方向，它和社會行動的關係往往比思想更直接」。〔註3〕

　　金觀濤先生的辨析無疑是鞭闢入裏的。首先，較之於思想，觀念的範圍更爲清晰明確。思想的載體往往以個人爲單位，每個人的思想都不同於其它人，而觀念既可存在於個人，更可存在於某一社會群體和階層，通過觀念，不同個人的思想可以彼此接軌溝通，或者引發碰撞衝擊。也就是說，當我們在考查某一些學者或某一個群體對某一特定觀念的態度和立場時，針對某一特定觀念的研究就會具備一種普遍性，可以從某一觀念引申出某社會群體和階層的共同擁有的一種認識和態度，甚至是社會思潮，折射出某種社會心理、社會共識。因而，以某個觀念爲對象展開研究，可以拓展研究的視野和範圍，將社會某一群體的思想都納入其中。

　　其次，觀念一詞常常與人們即觀念主體所擁有的價值判斷、理想信念、道德倫理關係密切結合，在很多場合，價值觀念一詞可以連用，因此對觀念的研究，可以更好地揭櫫一個群體甚至是一個民族的共同的價值取向、文化口味和思維模式。我們可以在某種觀念的背後，進一步發現隱藏在觀念主體身上 —— 包括個人和特定社會群體 —— 的某種終極性價值判斷和理想追求，如東方文化喜歡強調道德和善惡等，西方文化則更對自由和民主等情有獨鍾。對特定民族和社會共同體而言，這種終極價值判斷和理想信仰會通過各種制度外化爲這個民族的種種行爲準則和行爲模式。這樣看來，研究者之所以對觀念饒有興趣，既是對觀念本身及其內涵的一種究根探底的哲學式追問，更是一種試圖探尋隱藏在觀念背後的某種價值判斷的進一步努力，這種價值判斷，確實可以表明一個人、一個群體、一個民族的共同文化口味和思維模式。

　　第三，觀念除了具有純意識的理論形態外，還具有社會生活的實踐形態，即外化爲各種具體的社會制度，只要深入下去，都可以在作爲表象的具體社會制度安排中發現某種特定觀念的蹤迹。黑格爾曾經在其著作中，深刻指出諸如柏拉圖那樣的偉大人物所具有的一種信念：「凡是合乎理性的東西都是現實的；凡是現實的東西都是合乎理性的」。〔註4〕不無遺憾的是，後人受薩特

─────────────────

〔註3〕金觀濤、劉青峰：《觀念史研究：中國現代重要政治術語的形成》，第4頁。
〔註4〕〔德〕黑格爾著、范揚等譯：《法哲學原理·序言》，商務印書館，1961年版，第11頁。

影響，甚至將後半句簡化爲「存在即合理」，然則黑格爾首先強調的卻是「凡是合乎理性的東西都是現實的」，這即意味著只要是合乎人類理性的觀念，總會在長期的歷史進程中化諸爲現實的實踐、運動，最後成爲一種制度或法律。黑格爾之所以稱柏拉圖是具有世界歷史意義的人物之一，就在於柏拉圖的哲學理念沒有僅僅停留在他的個人思想領域，而與政治及社會現實相結合，被用於改造社會，「柏拉圖在這裏要求國家的統治者通曉哲學，他提出哲學與政治結合的必要性。……於是就應該使得現實與概念相一致，也就是使理念成爲存在。」〔註5〕也正是在這個意義上，黑格爾指出哲學的任務在於理解存在的東西，因爲存在的東西就是理性的。當然，人們的觀念並非就完全是人類理性的代名詞，或許，只有那些眞正經得起歷史檢驗的，大浪淘沙之後依然爲人們所信仰和追求的，而不是顯赫短短一個時期旋又被世人棄之敝履的觀念，才眞正是現實的、存在的。

　　需要再加補充的是，我們通常認爲，觀念與現實、制度之間的關係，難以分出孰爲先後，這正如思想與社會之間是一個「雞生蛋和蛋生雞」的關係一樣，觀念與現實、制度之間確實存在著難以割捨的、互爲因果的密切關係。但我們仍必須承認，在很多時候，觀念可以對社會制度和現實產生決定性的影響，有什麼的價值觀念，就會有什麼樣制度安排。從這個角度看，觀念的改變是制度改變的前提，很難設想沒有觀念的更新，制度更新就可以橫空出世。這一點，經濟學家凱恩斯從經濟學角度給予了在旁人看來甚至有所誇張的判斷：「經濟學家和政治哲學家們的思想，不論它們在對的時候還是在錯的時候，都比一般所設想的要更有力量。的確，世界就是由它們統治著。講求實際的人自認爲他們不受任何學理的的影響，可是他們經常是某個已故經濟學家的俘虜。」〔註6〕這裏的「某個已故經濟學家的俘虜」，即指某位經濟學家的某種思想觀念的俘虜。英國著名學者阿克頓勳爵同樣推崇觀念的作用，他在 1895 年就職劍橋大學歷史系教授演講時稱「我們的職責是關注和指導觀念的運動；觀念不是公共事件的結果而是其原因。」〔註7〕當代哲學家以賽亞・

〔註 5〕　〔德〕黑格爾、賀麟等譯：《哲學史講演錄》第二卷，商務印書館，1960 年版，第 173 頁。

〔註 6〕　〔美〕凱恩斯著、高鴻業譯：《就業、利息和貨幣通論》，商務印書館，2002年版，第 396 頁。

〔註 7〕　〔英〕阿克頓著、侯健等譯：《就職演說：論歷史研究》，載《自由與權力：阿克頓勳爵論說文集》，商務印書館，2001 年版，第 5 頁。

柏林還認爲，20 世紀對人類歷史產生重大影響的因素包括兩個：自然科技和技術的發展，以及改變了全人類生產的意識形態大潮即俄國革命及其後果，但「這些波瀾壯闊的運動其實都肇始於人們頭腦中的某些觀念，亦即人與人之間曾經是、現在是、可能是以及應該是怎樣的關係。」〔註8〕哈耶克也指出：「我們知道我們正在爲根據自己的觀念塑造我們生活的自由而奮鬥。這很有份量，但還不夠，敵人運用宣傳作爲其主要武器之一。」〔註9〕哈耶克所謂的敵人，當指與自由主義國家相對立、由極權主義思想指導下建立起的二戰軸心國，但無論是自由主義還是極權主義國家，宣傳即對觀念的型塑和改變都是雙方所注重的，故哈耶克一生致力於培植、夯實人們的自由主義觀念。還有我國的顧準先生也曾斷言：「並不是只有經濟基礎才決定上層建築，上層建築也能使什麼樣的經濟結構生長出來或生產不出來。」如果我們把經濟基礎看成是包括生產力在內的特定社會制度和現實，那麼上層建築就可以看成是影響和指引一個民族前進方向的價值觀念。

當然，制度的作用同樣不容忽視。明清之際的著名思想家黃宗羲鑿鑿有論，「有治法而後有治人」，〔註10〕意謂如果沒有良好的法律制度，不可能造就良好的民眾，顯然，制度一旦形成，又可以反過來對觀念本身產生致關重要的影響，或者促進新觀念的產生，成爲孕育產生新觀念的母體；或者阻礙新觀念的發生，社會也因此處於某種進步或停滯之中。如果說，觀念的創新往往會對某一人類共同體新制度的產生起到巨大的推動作用，那麼成熟而完善的制度會對人類共同體所有成員的思想觀念產生潛移默化的示範和影響作用。美國新制度經濟學派的領軍人物之一諾斯高度重視制度的作用，指出：「制度提供人類其中相互影響的框架，使協作和競爭的關係得以確定，從而構成一個社會特別是構成了一種經濟秩序。」〔註11〕爲了降低交易成本，交易和競爭中的人們制訂了各種制度，這些制度是人們主動選擇，甚至是創立的，但制度產生後又會必然約束和限制人們的行爲。這樣，人類社會的歷史，某

〔註8〕 〔英〕以賽亞·柏林：《理想的追求》，載《扭曲的人性之材》，譯林出版社，2009 年版，第 5 頁。

〔註9〕 〔英〕哈耶克著、王明毅等譯：《通往奴役之路》，中國社會科學出版社，1997 年版，第 14 頁。

〔註10〕 黃宗羲：《明夷待訪錄·原法》，《黃宗羲全集》第一冊，浙江古籍出版社，1985 年版，第 7 頁。

〔註11〕 〔美〕道格拉斯·諾斯著、屬以平譯：《經濟史的結構與變遷》，商務印書館，1992 年版，第 227 頁。

種意義上也可以視爲人類不斷創立制度、改進制度的歷史，制度也因此成爲人類社會的遊戲法則。

　　梁任公先生有言：「泰西之政治，常隨學術思想爲轉移，中國之學術思想，常隨政治爲轉移，此不可謂非學界之一缺點也。」〔註12〕政治隨學術思想而轉移，當指現實的政治制度隨人們政治觀念的更新而變化，而爲人們政治觀念指出前進方向的，在很大程度上又歸功於學術思想；學術思想隨政治爲轉移，當指學術上的政治構劃和設想難以引領現實的政治體制，反而受到現實政治制度的種種束縛或制約，不得不服務或屈服於現實政治，梁任公此論實從觀念與制度的角度指出了中西方社會的一大區別。

二、明清之際的公私觀念

　　公和私可以說是所有民族、人類和社會共同體都擁有的觀念之一。

　　和其它人類共同體一樣，公私觀念在中國社會同樣由來已久，可以說是中國思想史、哲學史上的一組重要概念，〔註13〕也是對中國社會的各個層面都產生深遠影響的一組概念。從儒家學者反覆強調的「公私之辨」、「義利之辯」，到近代梁啓超、胡適等學者深入探討的國民「公德」與「私德」問題；從費孝通等從社會學角度提出的中國傳統社會的差序結構，〔註14〕到1949年以後「狠鬥私字一閃念」等口號的提出，以及與公私觀念緊密相關的諸如公天下和私天下政治理論、公有制和私有制的經濟體制問題，這一切都表明了公私觀念在中國傳統文化和社會生活中的特殊地位。所以劉澤華先生指出，公私問題是「中國歷史過程全局性的問題之一」，〔註15〕可以認爲，公私觀念

〔註12〕梁啓超：《論中國學術思想變遷之大勢》，《梁啓超全集》，北京出版社，1999年版，第583頁。

〔註13〕張岱年先生在列舉中國古代的哲學範疇時，就將「公」列爲78個「概念範疇」之一，將「公私」列爲48對「對偶範疇」之一。參見《論古代哲學的範疇體系》，《中國社會科學》1985年第2期。

〔註14〕這裏所謂的傳統社會，指1840年國門被西方強行打開之前的中國古代農業社會，大致而言，又可以包括先秦時期的封建貴族社會和秦漢至明清的帝國四民社會，兩者均爲農業社會，亦可稱爲傳統農業社會，與近代工業社會相對應。19世紀中期以後，中國社會先是被動、後是主動的開始了向近代轉型的歷史歷程。

〔註15〕劉澤華：《春秋戰國的「立公滅私」觀念與社會整合》，《南開學報》2003年第4期。

不僅涉及到形而上層面的道德倫理、思想文化，又涉及到現實的具體政治、經濟和法律制度，從而與諸如整體與部分、國家與個人、群體與個體、道義與欲望等一大堆問題都有著直接或間接的聯繫。

可以說，公和私作為一種觀念，是人類思維活動的產物，是人類思維活動對活生生的現實世界抽象之後得到的概念，其本身已經隱含了持有這種觀念的特定人類共同體的或潛在或直接的價值觀和價值判斷。而且，不同的人類共同體，有著不同傾向和喜好的價值觀和價值判斷，這使得不同人類共同體的公私觀也呈現出雜然不一、重心不同的面貌。以中國傳統社會中的公私觀為例，就體現出鮮明的立公滅私傾向，即公私關係呈現出一種彼此纏繫、相互對立的關係。同時，作為價值觀念的公和私又必然會和現實生活的各種制度有著密切的聯繫。換言之，公私觀念會下落、體現在具體的社會生活各制度中，現實社會的各種制度可以體現出一個民族的公私觀念。這使得公私觀念不僅成為傳統文化的重要組成部分之一，而且對傳統國家的社會和政治、經濟生活產生著種種或直接或潛在的影響。這種情況一直延續到二十世紀的上半葉、延續到今天的社會轉型時期。

考察中國歷史上公私觀念的發展和演變過程，可以看出，先秦諸子、兩宋、明清之際和清末民初這四個時期，是中國社會公私觀念演進的四個重要時期：

先秦諸子時期，諸子百家對公私觀念都普遍涉及公私問題，並從不同的角度對公私觀念加以總結。尤其是以荀子、韓非為代表的一些學者，高度重視公私之辨，並且將公概念加以道德倫理化，即凡為公，即為善；凡為私，即為惡，由此確立了以公滅私、立公滅私、尚公抑私的重要價值取向。先秦時期砥定的這種價值取向對中國傳統文化的影響是極其深遠的，先秦以後的數千年傳統社會，直至今天的社會轉型時期，這一觀念始終佔據著重要的主導地位。

兩宋是公私觀念進一步發展的一個歷史時期。一方面，以二程、朱熹等學者為代表的理學，將儒學發展到一個更加系統化、理論化、精緻化的新時期，在公私關係上，秉承先秦立公滅私的傳統，將公私等同於理欲，並加以絕對對立，即大力強調公私之辨，並進而將之提升到本體論的高度。另一方面，以陳亮、葉適為代表的功利學者，反駁理學家強調公私兩者截然分開的觀點，認為理欲並非完全對立，試圖調合公私兩者之間的鬥爭對立狀態。

再到明末清初，以李贄、顧炎武、黃宗羲、王夫之、唐甄等思想家爲代表，試圖突破先秦時就已經牢固確立的公私觀即立公滅私、公私截然對立，諸如李贄提出的「人必有私」，顧炎武的「合天下之私以成天下之公」等命題，都與傳統的公私之辨有著重大差異，爲傳統的公私觀開闢出一個新的方向，被學者形象地稱之爲「『私』的擡頭」，〔註16〕或稱爲「對『欲』的肯定和『私』的主張」，〔註17〕其影響延及清末民初一批學貫中西的近代學者如嚴復、梁啓超等。

清末民初，嚴復將穆勒的《論自由》翻譯爲《群己權界論》，視自由爲調節私人領域與公共領域之間緊張關係的手段之一，而梁啓超則注重對公德和私德的探討，這兩位學者在討論傳統公私觀時都引入了西方的個人權利觀念，爲傳統公私觀注入了具有西方近代意義的因子，更從學理上爲中國傳統社會中屢受抑制的私觀念提供了一塊堅實的基石。此後，仍然從倫理道德角度對公私觀念加以關注的學者有胡適、錢玄同、杜亞泉、晏陽初等，如晏陽初先生即將「私」歸結爲中國農民農村貧窮落後的四大病根之一。除此之外，還有學者從社會學角度剖析了中國傳統公私概念的模糊之處，如費孝通即指出中國傳統社會是一個公私界限模糊的差序結構。

從以上公私觀念發展的四個時期可以看出，明清之際在公私觀念演變過程中處於重要一環，既承上，又啓下；既較先秦諸子、兩宋時期爲代表的傳統公私觀而言有著一定程度的改變，又爲清末民初受西學影響而形成的公私觀奠定了基礎。因而，明清之際的公私觀應該是公私觀念發展史上的一個重要時期，至少在以下兩個層面獲得了較爲重要的進展：其一是私觀念的擡頭。這一點早有學者指出，自先秦到明清之際，私觀念鮮有受到正面肯定的機遇，唯獨明清之際的思想家，大張旗鼓地從各個角度爲私觀念正名，並且彼此呼應，浸浸然形成一股社會潮流，其力度之大，可謂空前，即使是數百年後的清末民初也有所不逮。其二是新型公私觀的出現，這可以視爲私觀念擡頭的一種必然結果，在明清之際體現爲合私爲公論。私觀念受排擠、貶斥的結果，就是公觀念的大行其道，由此導致的結果就是以公滅私、立公滅私。反之，

〔註16〕王中江：《明清之際「私」觀念的興起及其社會史關聯》，《湖南社會科學》，2003 年第 4 期。

〔註17〕〔日〕溝口雄三：《中國前近代思想的演變》，中華書局，1997 年版，第 28 頁。

私觀念受正視、肯定的結果，就是公私觀念的和諧共處，兩者可以走出你死我活、兩敗俱傷的困境。

再從思想史的層面看，明清之際可以說是對私觀念的首次正視和直面。從先秦到宋代理學，私觀念始終處於一種被貶低、被壓抑、被忽略的地位，尤其是宋明理學，將公私之辨提到「存天理、滅人欲」的高度，在代表著公觀念的「天理」面前，「人欲」之私再無一分一毫的存身之所。如果說，先秦諸子時期的私觀念已經受到公觀念的極大制約和壓抑，但尚有一個角落可以廁身，那麼到宋代理學時期，公私之間的關係是如此緊張，以致於私觀念在代表「天理」的公觀念的萬丈光輝下，難以找到一絲陰影可以稍作喘息。因此，明清之際對私觀念給予的高度重視，可以視為對私觀念的正名，同時對立公滅私論提出了大膽質疑和發問，這本身即有著深刻的意義，可以說代表著傳統文化的一種求變，並預示了這種變化的方向和途徑。

明清之際公私觀的這種新變化，如果同西方思想史稍作比較更可以清晰看出。18 世紀末的亞當‧斯密在《國富論》中這樣寫道：「我們每天所需的食料和飲料，不是出自屠戶、釀酒師或烙麵師的恩惠，而是出於他們自利的打算。我們不說喚起他們利他心的話，而說喚起他們利己心的話」。〔註18〕斯密是近代經濟學的開山鼻祖，他的《國富論》以社會分工為出發點，而社會分工的人性前提正是肯定人類的自私自利之心，即人類的生產、交換活動都是以滿足其自利之心為前提，然後再借助於「看不見的手」，實現社會整體福利程度的提高。所以學者指出：「在斯密的著作中，公私領域間的關係已由矛盾、緊張或對立，轉成相輔相成的卷第；或至少在道德上、政治上被認為可以不再是尖銳的、矛盾的對立關係。」〔註 19〕這是有道理的。可以補充的是，如果說斯密是從經濟學角度肯定人類自私自利之心，那麼 20 世紀初的馬克斯‧韋伯則從道德倫理的角度進一步肯定人類的自私自利之心，並將資本主義的發生和壯大歸結於此。韋伯認為新教倫理將「獲取財產這一本能意識從傳統倫理的禁錮中解放出來，不僅使這一意識合法化，而且還將其上陞為上帝的意願。也正是在這一層面的意義上衝破了傳統觀念的束縛」，〔註20〕所謂「傳

〔註18〕 〔英〕亞當‧斯密著、郭大力等譯：《國富論》上卷，商務印書館，1972 年版，第 14 頁。

〔註 19〕 王遠義：《試論黃宗羲政治思想的歷史意義 —— 中西公私觀演變的一個比較》，《臺大歷史學報》第 38 期，2006 年 12 月。

〔註20〕 〔德〕馬克斯‧韋伯：《新教倫理和資本主義精神》，群言出版社，2007 年版，

統觀念的束縛」，正是指中世紀時期的歐洲社會視個人追逐、聚斂財富爲罪惡的傳統觀念，而新教倫理則將合法的聚斂財富視爲爲上帝增添榮耀，這就使得個人追逐財富的自私自利之心和行爲完全合理合法化了。從這個角度看，西方社會得以從中世紀走向近代的重要轉折點之一，正在於私觀念的確立。

　　但是，僅僅斷言明清之際是公私觀念嬗變過程中的重要一環是遠遠不夠的，我們還必須在此基礎上，探討明清之際公私觀念的進展是在什麼樣的特定背景之下的？這種進展是如何呈現、又是爲何呈現的？如果說這是一種進展，那麼這種進展所憑藉的理論資源又是什麼？從哲學角度看這種進展又達到了什麼樣的高度？此外，明清之際公私觀的嬗變和進展對近代社會的變遷意味著什麼？這一系列的問題都還需要加以進一步的細緻梳理。

　　尤其需要注意的是，明清之際雖然是一個異族取代漢族的王朝大更替時代，但從歷史的角度看，中國本土文化並未如清末民初時期受到以民主、自由、科學等觀念爲代表的西方文化的強烈衝擊，這即意味著明清之際的社會思潮無從倚借上述西學爲理論依據和資源，只能回到軸心時代，立足於傳統文化和儒家經典的再詮釋。從這個意義上看，明清之際公私觀念的嬗變和進展，就其深度和廣度而言，或許不如受到西方文化影響的清初民初時期，但這一時期的嬗變和展開卻是中國傳統思想和文化自身經過長期積累和沉澱之後的結果，可以稱之爲一種帶自發性質的轉向和進展。〔註21〕

　　也許這種帶自發性質的轉向和進展，其力度和深度並不盡如人意，甚至會讓激進主義者大失所望，但歷史經驗卻告訴我們，或許正是這種帶自發性質的嬗變和進展，才是眞正適合本民族的、也是最能發揮出效用的理論資源和思想武器。殷海光先生曾將中國清末以來，許多主張急驟變革的人士指爲「烏托邦的狂熱分子」，「要依照理知來設計一個在無傳統的白紙上建立的國邦。這是不可能的事」。〔註22〕的確，任何眞正適合本民族的理想主義構建和嘗試，都不可能離開傳統，尤其不可能拋棄孕育於傳統中的創新因子，這些

第 160 頁。

〔註21〕這裏借用了哈耶克等學者的自生自發社會秩序概念。「自生自發秩序的形成乃是它們的要素在應對其實時性環境的過程中遵循某些規則所產生的結果」，這樣，自生自發的秩序不僅可以在自然領域內發現，而且可以在社會領域發現，例如市場經濟就是這種自生自發社會秩序的一種型構，當然這種自生自發社會秩序決不局限於市場經濟領域。參見哈耶克著、鄧正來等譯：《法律、立法與自由》第一卷，中國大百科全書出版社，2000 年版，第 63 頁。

〔註22〕殷海光：《中國文化的展望》，上海三聯書店，2002 年版，第 485 頁。

創新因子從經驗上講完全是出於對本土社會的歸納總結，因而對於傳統社會和文化的推陳出新、繼往開來有著十分重要的參考意義。

第二節　學術史回顧

一、大陸學術史回顧

這裏對學術史的回顧，主要梳理的是自 20 世紀 90 年代以來，見諸學術界的與公私觀念有關的相關研究成果。〔註 23〕這是因爲自建國以後到上個世紀 90 年代初期，大陸學術界並沒有將公私觀念納入到學術研究的視野中。究其原因，當和新中國成立後確立了以按勞分配、計劃經濟爲原則的社會主義公有制，並相應地樹立了崇公滅私的基本觀念有關，這使得學術界對公私觀念的探討成爲多餘。

20 世紀 90 年代初期，公私觀念開始引起國內一些學者的關注。劉洪英先生首先考察了建國後公私觀的嬗變，認爲新中國成立後，隨著私有經濟成分的演化，人們的公私觀念發生了三次轉變，並引起了強烈的社會震動。〔註 24〕但劉文未涉及對公私概念的思想史和哲學史角度的考察。從哲學角度率先對公私概念進行分析的是王中江先生，他在《中國哲學中的「公私之辯」》一文中不僅對公、私的本義和流變進行了梳理，還考察了先秦諸子時期、宋明理學時期、近代以來三個歷史時期的公私關係，指出「就中國哲學中公私之辯的總體態勢來看，公私之間明顯存在著對抗和緊張」，〔註 25〕而要想超越中國哲學中公私之辯的問題性及其價值困境，最好的安排是嚴格區分公私界限，既要克服任何形式的假公濟私，又要防止任何形式的以公代私。

王中江先生的這一創見在一定程度上起到了令國內學術界重視公私問題的效果，由此開始，公和私這對中國哲學史、思想史上的重要概念開始浮出水面。錢廣榮先生隨後撰文指出，中國早期公私關係的形成起步於土地問題，此後，隨著社會和經濟生活的發展和多樣化，公私關係的領域不斷拓寬，內

〔註 23〕相關的研究綜述可參見劉暢：《中國公私觀念研究綜述》，載劉澤華、張榮明等著：《公私觀念與中國社會》，中國人民大學出版社，2003 年版。
〔註 24〕劉洪英：《論建國後社會公私觀的嬗變》，《史學月刊》，1995 年第 5 期。
〔註 25〕王中江：《中國哲學中的「公私之辯」》，《中州學刊》1995 年第 6 期，又載日本《中國研究》1996 年 12 號。

涵也不斷豐富，到殷周時期公私關係已經普遍確立。〔註26〕蔣榮昌先生從分析「公權」、「公共權力」、「私權」等基本概念著手，指出中西建立起公共權力體制的道路有著巨大差異，中國傳統文化中，公、私觀的核心是「平分」和「自環」，由此構成了「中國文化的『正義論』和中國歷史的邏輯前提」，也就否定了『公民社會』出現的可能性，否定了『普遍個人權利』這一原本的『公權』。〔註27〕當然，此時國內此時關注公私觀念的學者仍然不多。

　　明清之際思想家們惹人注目的公私觀也得到了學界更多的關注。肖永明先生《明清之際人性自私說的啓蒙意義》一文較早介入這一領域，該文認為先秦以降的人性理論都對人性之私進行了否定和批判，宋明理學更是視私等同於邪惡，唯有明清之際的思想家們卻明確提出了人性自私說，肯定個人物質利益、欲望的合理性，強調個體的價值和地位，還以人性本私為武器，對君主專制進行了猛烈批判。〔註28〕楊翠蘭先生則通過對王夫之、李贄、黃宗羲、顧炎武等思想家的詳細考察，指出這批進步思想家們的公私觀是建立在以天下百姓為重心、以不違背人性發展為標準的基礎上的，他們所說的「公」，實質上是一種合乎歷史發展趨勢的、溫和而又開明的賢主政治。〔註29〕周可真先生則以顧炎武為個案，對顧氏的公私觀進行了深入探討，指出顧炎武把「性無不善」和「有私常情」兩者統一起來，其實質在於論證「私心（情）」為善，故顧炎武的公私觀可以概括為「公寓於私」，和其「義寓於利」的義利觀相符合，從這個角度看，顧炎武的公私觀「確認了『私利』優先的原則，否定了為宋明理學所設定的『義』的利本體地位，其實質是在於確認個人的至尊地位，倡導個性解放，其啓蒙意義是十分明顯的」。〔註30〕應該說，顧炎武等人是站在新興市民階層立場上去看世界的，其世界觀反映了新興市民階層的利益和要求，因而其思想具有反對君主專制、主張個性解放的鮮明啓蒙意識。

　　2002 年 12 月，由南開大學中國社會史研究中心和湖南大學嶽麓書院聯合

〔註26〕錢廣榮：《中國早期的公私觀念》，《甘肅社會科學》，1996 年第 4 期。

〔註27〕蔣榮昌：《中國文化的公私觀》，《西南民族學院學報》，1998 年第 4 期。

〔註28〕肖永明：《明清之際人性自私說的啓蒙意義》，《湖南大學學報》1999 年第 1 期。

〔註29〕楊翠蘭：《中國 17 世紀前後公私觀念的新變化》，《湖南大學學報》，2001 年第 1 期。

〔註30〕周可真：《顧炎武的公私觀》，《中國社會科學院研究生院學報》，1999 年第 4 期。

主辦的「公私觀念與中國社會學術研討會」，這是大陸學術界舉辦的首次以公私觀念為主旨的學術研討會，既可以看成是針對十餘年來大陸學術界有關公私觀念研究成果的一次檢視和總結，更擴大了公私觀念研究在學界所佔的比重和地位。此次會議遞交的論文，彙編為《公私觀念和中國社會》一書，於2003 年由中國人民大學出版社出版。以此次會議以契機，公私問題終於引起了學界的高度重視，此後，越來越多的學者從不同角度、不同方位展開對公私問題的研究，這可以概括為以下以下五個方面：〔註31〕

（一）公私觀念的起源

毫無疑問，公私觀念的重心之一是在先秦社會，對先秦時期的公私觀念有必要進行細緻梳理是多數學者的共識，一些有積極意義的爭鳴也開始出現。山東大學的范德茂和吳蕊先生從象意造字法的角度探討了「私」的起源和本義，認為「厶」是象意字，它所表示的意義是字形以外，其含意是「偏也，側面於人，掩匿其奸」。〔註32〕針對這一觀點，南開大學劉暢先生表示明確反對，他指出，「側面為私，正面為公」的結論在公私文字釋義上，不失為一種大膽創新，但驗之古文字學、古文獻學及先秦思想史，許多問題還值得商榷。〔註33〕劉暢的另一篇論文《古文〈尚書・周官〉以公滅私辨析》從文獻徵引、字義構形和公私觀念發展演變三個角度考察，既為《尚書・周官》證偽另闢新徑，又明確商周時期的公私觀只有具體義、缺乏抽象義，春秋時

〔註31〕 以下所列的研究成果以論文為主，相關著作涉及到公私觀念、或有專章涉及的除文中已提到的還包括如，王家範：《中國歷史通論》，華東師範大學出版社，2000 年版；王國良：《明清時期儒學核心價值的轉變》，安徽大學出版社，2002 年版；張師偉：《民本的極限——黃宗羲政治思想新論》，中國人民大學出版社，2004 年版，第十章；劉志琴：《晚明史論：重新認識末世衰變》，江西高校出版社，2004 年版；李承貴：《德性源流——中國傳統道德轉型研究》，江西教育出版社，2005 年版，第四章；詹世友：《正義與公器——正義論視域中的公共倫理學》，人民出版社，2006 年版，第二章；蘇鳳格：《明末清初法律思潮研究》，鄭州大學出版社，2010 年版，第六章等等。除上述之外，還有陳喬見先生專論公私觀念的《公私辨：歷史衍化與現代詮釋》（北京三聯出版社，2013 年版）一書，對中國歷史上自前諸子時代至晚清的公私之辨進行了細緻清釐，進而專門探討了儒家的公私利益觀、公私領域理論、公德私德論。

〔註32〕 范德茂、吳蕊：《關於「厶」字的象意特點及幾個證明》，《文史哲》2002 年 3 期。

〔註33〕 劉暢：《〈關於「厶」字的象意特點及幾個證明〉商略》，《史學集刊》2003 年 4 期。

才嬗變至價值判斷，其內在邏輯十分清晰。〔註 34〕。

（二）先秦諸子的公私觀

　　先秦諸子的公私觀念同樣是學者們討論的一個重點。劉澤華先生指出中國古代的公私觀念成型於春秋戰國時期，這一時期公、私概念由人稱指謂向社會形態拓展，公的價值含意被大大提升，私卻被先哲們視爲惡之源，「立公滅私」成爲主流意識，「私」的正當性和合理性被取消，「形成了君主、國家與民間社會，公共領域與私人領域的尖銳對立，使中國社會政治生活出現了一個無法解決的『公』、『私』悖論」〔註 35〕。王長坤、劉寶才先生討論了儒家和法家不同的公私觀，認爲兩者以各自的人性論爲理論依據，前者主要在倫理思想領域，沒有把公和私絕對化，體現出一定的民本主義思想；後者主要在法治思想領域，將公和私絕對對立，最後走向君主專制主義。〔註 36〕張曉芒先生則比較了孔子和墨子的不同公私觀，認爲孔子走的是道德建設的道路，墨子走的是制度建設的道路，對今天的市場經濟和法制建設均有著積極的啓示作用。〔註 37〕先秦諸子中，韓非子對公私概念涉及較多，故學界對韓非子的專題研究也相應較多。如劉暢先生專門辨析了韓非子所說的「自私爲厶，背厶爲公」，指出單從字義構形及文字釋義角度看，這一說法的缺陷是顯然的，但若從思想觀念和社會思潮角度看，該說又蘊涵著豐富的政治文化內涵。〔註 38〕而於霞先生則指出，韓非子的仁義觀是以「公」爲根本內核的，這種仁義觀有著歷史的進步性，也有著非常明顯的缺陷。〔註 39〕

（三）宋明清時期的公私觀

　　王中江先生自從哲學角度對公私觀念進行詳細探析後，又將關注的眼光投向了明清之際「私」觀念的彰顯。他在《明清之際「私」觀念的興起及其

〔註 34〕　劉暢：《古文〈尚書・周官〉以公滅私辨析》，載《公私觀念和中國社會》，北京：中國人民大學出版社，2003 年版。

〔註 35〕　劉澤華：《春秋戰國的「立公滅私」觀念與社會整合》上、下，《南開學報》2003 年 4、5 期。

〔註 36〕　王長坤、劉寶才：《先秦儒法公私觀簡論》，《齊魯學刊》2004 年 1 期。

〔註 37〕　張曉芒：《孔墨公私觀的不同走向及現代啓示》，《職大學報》2004 年 1 期。張曉芒另有《墨子的公私觀及對其思維方式的影響》一文，《中州學刊》2006 年 4 期。

〔註 38〕　劉暢：《「自私爲厶，背厶爲公」辨析》，《内蒙古大學學報》2004 年 2 期。

〔註 39〕　於霞：《韓非以「公」爲根本内核的仁義觀》，《學術研究》2005 年 2 期。

社會史關聯》一文中指出，彼時「私」觀念的擡頭，與壓抑人的欲求和追求自身利益的「公」和「天理」相對立，同時也和「明朝中葉的手工業和商品經濟的發展相呼應」。〔註40〕該文先於 2000 年發表於臺灣《哲學與文化》第 27 卷第 5 期。此外，郭振香先生認爲明代的公私觀念可上溯到宋代理學加以考察，指出在宋明儒學的歷史演進中，不同儒者所闡述的公私概念都有著特定的歷史內涵，但在公私關係上，大都肯定至公無私、捨私全公等精神的宏揚。〔註41〕羅冰先生更進一步專門探討公、私之辨與理、欲演變的內在邏輯，認爲宋明理學之所以從「存天理、滅人欲」發展到「天理就是人欲」，內在基礎就在於公、私之辨。〔註42〕

（四）公私觀念和傳統文化

另一些學者則對公私觀念和傳統文化、政治思想之間的密切聯繫饒有興趣。張分田先生從思想史研究的角度切入，指出公天下論是中國古代影響最大的政治理論之一，「天下爲公」既「論證了治權在君的合理性」，「又爲君權的存在與行使設置了條件和規範」，從而使得立君爲公、君位爲天下之公器、天下非一家一人私有等思想成爲中國古代統治思想的重要組成部分。〔註43〕

杜振吉先生分析了儒家公私觀的基本價值取向和道德追求，並梳理了自先秦、經宋明理學、至明清之際發生轉變的儒家公私觀，指出「儘管不同的儒家學者對於公私關係的理解往往各有不同，甚至相去甚遠，但是在基本立場和基本態度上，都是提倡和主張大公無私、崇公抑私的」。〔註44〕李世眾先生考察了中國人「自私」的歷史根源，他認爲正是中國社會強烈的「公」的特徵，抹殺了個體的法律權利和經濟權利，這意味著個體權利的極端缺乏，由此導致了中國社會「公」與「私」的悖論。〔註45〕葛荃、張長虹先生勾勒了中國歷史上以君爲本的公私觀、以民爲本的公私觀和以人爲本的公私觀這

〔註40〕 王中江：《明清之際「私」觀念的興起及其社會史關聯》，《湖南社會科學》2003 年 4 期。

〔註41〕 郭振香：《宋明儒學公私觀之初探》，《江淮論壇》2003 年 6 期。

〔註42〕 羅冰：《「公」「私」之辨與「理」「欲」演變的內在邏輯》，《西南師範大學學報》2004 年 2 期。

〔註43〕 張分田：《「天下爲公」是中國古代的統治思想》，《陰山學刊》2003 年 3 期。

〔註44〕 杜振吉、郭魯兵：《儒家公私觀述論》，《道德與文明》，2009 年第 6 期。

〔註45〕 李世眾：《「公」懷「私」的悖論──中國人「自私」行爲的歷史溯源》，《學海》2003 年 3 期。

三種境界，明確指出公私理念是構成現代政治文明的文化根基之一。〔註 46〕王四達先生則指出中國古代政治經歷了一個從「天下爲公」到「天下徇君」的演變過程，其中根由在於缺乏對公私關係的合理認識和個人權利的被徹底否定，導致「勝者爲王、王權無限、帝王兼聖、法隨己出的強權政治，造成了公私錯位、道德畸形、人格扭曲、社會病態等惡果」，且中國古代社會的長期停滯都與之相關。〔註 47〕劉中建先生還從公私關係入手對傳統文化進行了反思，指出傳統公私關係的主導思維方式是崇公抑私，但實現「大公」理想境界的手段卻不得不依賴於君主專制，由此造成了傳統社會中政治、經濟等諸多領域「公私兩無」的尷尬局面。〔註 48〕與之類似，楊義芹先生認爲中國傳統文化中的公私之辨與政治文化相互糾纏，對公與私的判定常常是從政治文化的角度進行倫理和價值判斷，「由此導致了在公私關係問題上的嚴重扭曲，其不足和缺陷也是非常突出的。」〔註 49〕

（五）近現代社會和公私觀念

　　如果把先秦、明清之際視爲公私觀念發展史上的兩個關鍵時期，那麼第三個關鍵時期無疑在近代。隨著西學的傳入並和傳統文化產生的激烈碰撞，人們對公私觀念也產生了新的認識。如章清先生考察了近代中國對「公」與「公共」的表達，認爲隨著近代中國形成國家與社會新的對應關係，國家作爲「公共生活」得到明確的表達，儘管如此，何爲「公共」、誰的「公共」，仍然可以作進一步的追問。〔註 50〕張錫勤先生認爲在中國近代社會和文化轉型的過程中，傳統觀念均遭到了不同程度的變革，相形之下，傳統公私觀受到了更爲猛烈且持續的衝擊，清末民初的一些學者已初步提出了一套具有近代色彩的新公私觀。〔註 51〕對近代學者的公私觀進行個案的研究的有嚴復和梁啓超。郭文芬先生具體探討了嚴復公私觀的三個基本內涵：開明自營、合私以爲公、群己協調，並認爲隨著西方近代觀念引進，以嚴復等人爲代表的

〔註 46〕葛荃、張長虹：《「公私觀」三境界析論》，《天津社會科學》2003 年 5 期。

〔註 47〕王四達：《「從天下爲公」到「天下徇君」——中國古代公私觀念的演變及其社會後果》，《人文雜誌》2003 年 6 期。

〔註 48〕劉中建：《對中國傳統公私關係文化的反思》，《中州學刊》2004 年 5 期。

〔註 49〕楊義芹：《中國傳統公私觀及其缺陷》，上海師範大學學報，2010 年第 2 期。

〔註 50〕章清：《近代中國對「公」與「公共」的表達》，載許紀霖主編：《公共性與知識分子》，江蘇人民出版社，2003 年版。

〔註 51〕張錫勤：《論傳統公私觀在近代的變革》，《求是學刊》2005 年 3 期。

一些知識分子已試圖型構近代新型公私觀；〔註52〕那瑛先生指出梁任公對公私觀的理論重構，是承襲傳統與汲取西方文化的成果，他把「朝廷爲公」向「國家爲公」轉化，把「群體之私」向「個體之私」轉化，從而使得傳統意義上的公私觀念在政治學說層面具備了近代形態。〔註53〕

二、海外學術史回顧

　　從學術史的角度看，率先將公和私作爲中國傳統文化中的一組重要概念並加以詳細剖析的當爲日本學者，其中成果最豐對國內影響也最顯著的當數溝口雄三先生。

　　這位被李澤厚先生譽爲日本「最有思想的」學者，在 1980 年就已經在日本出版的著作《中國前近代思想的演變》中，指出明清之際呂坤、李贄、顧炎武、黃宗羲等思想家對欲望的肯定和『私』的主張，是明末時期具有一個歷史性的意義。該書於 1997 年由中華書局引進出版。1990 年，溝口雄三在日本出版《中國的思想》一書，對中、日兩國思想史上的「公」、「私」概念作了對比研究，特別指出中國的公概念具有所謂「平分」對「姦邪」的道義性的而且是二律背反的原理性，而在日本，公概念「始終是一個首長 —— 共同體的領域性的概念」。〔註54〕溝口雄三先生對中日兩國「公」概念的比較，還可參見他發表於《船山學刊》1999 年第 2 期的《「公」的概念在中國和日本的區別》一文。1998 年初，溝口雄三又發表《中國公私概念的發展》一文，再次強調了日本的「公」不含有通、平分之意，僅僅把國家、政府視爲公。〔註55〕在此基礎上，溝口雄三側重分析了宋代公私概念和天理、人欲概念的相結合，明清之際思想家借助「私」的概念對社會欲的肯定，以及太平天國以來經濟上的公概念，最終發展爲民生主義乃至社會主義的公。該文顯示出溝口雄三先生對中國公私觀念的認識更趨向於系統化。2011 年，溝口雄三先生的日文著作《中國的公與私·公私》被翻譯到國內，並由北京三聯書店出版。

〔註52〕郭文芬：《論嚴復的公私觀》，《瀋陽大學學報》，2007 年 4 期。

〔註53〕那瑛：《梁啓超的公私觀》，《史學集刊》2007 年 5 期。

〔註54〕〔日〕溝口雄三著、趙士林：《中國的思想》，中國社會科學出版社，1995 年版。

〔註55〕〔日〕溝口雄三著、汪婉譯：《中國公私概念的發展》，《國外社會科學》，1998 年第 1 期。該文後以《公私概念的發展》爲題收入苑淑婭主編的《中國觀念史》，鄭州：中州古籍出版社，2005 年版。

　　其它日本學者對中國的公私問題也有深入研究，如加藤常賢的《公私考》
（《歷史學研究》96 號），澤田多喜男的《先秦的公私觀念》（《東海大學紀要
文學部》第 25 輯），栗田直躬的《「公」與「私」》（載福井博士頌壽紀念《東
洋文化論叢》），等等。不可否認，日本學者思考的角度和切入點對大陸學者
有著非常重要的借鑒意義。

　　需要注意的是，日本學者考察公私觀念的視角相當開闊，自世紀之交以
來，更是將公私觀念置於「公共哲學」（public philosophy）的視野下加以考察，
這為公私觀念的研究打開了更為廣闊的空間。1997 年，在金泰昌教授、佐佐
木教授的推動下，日本京都成立了「公共哲學共同研究會」，從此拉開了日本
公共哲學運動的帳幕。該研究會後更名為「公共哲學京都研究會」，至今已召
開八十多次研討會，研究成果由東京大學以「公共哲學系列」叢書之名出版，
目前已出版三期 20 卷。其中，第一期 10 卷已經譯為中文，第 1 卷《公與私
的思想史》從比較思想史的角度出發，探討了西歐、日本、中國、伊斯蘭世
界以及印度的公私問題；第 2 卷《社會科學中的公私問題》從哲學、政治學、
歷史學、經濟學、社會學等角度對公私觀念進行多學科、多方位的考察；第 3
卷《日本的公和私》從歷史角度重新審視日本公私觀念的原型及其變遷，並
就有關現代公共性的學說展開相關討論；第 4 卷《歐美的公與私》以英、法、
德、美等西方發達國家的公私觀念為考察對象，並探討其以國家為中心的公
共性向以市民為中心的公共性之轉彎是如何得以完成的；第 6 卷《從經濟看
公私問題》的主題圍繞著是否可以通過國家介入和控制私人利益來實現公共
善以及該如何看待日本的經濟問題。〔註 56〕

　　與之相比，臺灣學界研究公私問題的起步雖稍晚，但憑藉其語言優勢，
加上受益於與西學溝通頻繁，近年來的研究成果同樣斐然可觀。

　　1998～1999 年（民國 87～88 年），臺灣中央研究院近代史研究所文化思
想史組以「公與私：近代中國個體與群體的重建（1600 年迄今）」為主題，開
展了一系列學術主題活動，邀請多位專家學者從一較長時段的歷史視野，來
觀察思想史、社會史與文化史之中公私領域之嬗變。此次學術活動的重要成

〔註 56〕卞崇道、林美茂：《〈公共哲學〉叢書總序：公共哲學，作為一種嶄新學問的
　　　　視野》。該叢書主編為佐佐木毅、金泰昌，第一期十卷已由人民出版社出版，
　　　　2009 年。

果之一是《公與私：近代中國個體與群體之重建》〔註57〕一書，是書中的《從追求正道到認同國族——明末至清末中國公私觀念的重整》、〔註58〕《宋明理學的公私之辨及其現代意涵》等文章已漸爲大陸學界熟悉。2004 年 12 月，以「公私領域新探：東亞觀點與西方之比較」爲名的國際學術研討會假臺灣大學圖書館召開，共有日本、韓國和中國大陸、臺灣、香港等地的數十位學者參加，此次會議的論文集也已經由國內出版社引進發行。〔註59〕

　　應該說，在臺灣地區召開的這兩次以公私觀念爲主題的學術會議，極大地拓展了公私觀念研究的視野和領域。前者注重公私觀念在思想史與社會史領域的演變和互動，並引入私人領域、公共領域、公共空間等概念，從而將公私問題置於近代中國政治經濟社會變遷的大環境下加以考察，這使得公私觀念所涵蓋的領域大爲拓展；而後者在將目光投注於東亞的公私領域研究時，力圖避開基於西方歷史經驗和話語體系的理論架構，嘗試催生、建立起具備東亞特色的「公共哲學」思考體系，這是難能可貴的。

　　除此之外，另一些臺灣學者有關公私觀念的研究成果亦多精彩之處。1978年（民國 67 年）6 月，在臺灣中央研究院近代史研究所主辦的「近代中國維新思想研討會」上，學者程一凡提交一篇名爲《顧炎武之私利觀》的會議論文，是文對顧炎武的私利觀進行了逐層深入的辨析，指出「十七世紀的顧炎武的私利思想是在十六世紀施肥灌溉後結出的這麼一個小青果」，但遺憾的是「十八世紀或以後我們也未看到結出一個更大的熟果來」。〔註60〕臺灣中央研究院近代史研究所的楊芳燕先生在討論明清之際思想轉向的近代意涵時，通過對溝口雄三和余英時兩位學者相關成果的梳理，指出「明清儒學的獨特貢獻之一，或許是在於『合私以爲公』之命題的提出。這項命題不只符合了近代人士對於個人解放的訴求；它的基設——社群裏個人之私的自然和諧（而非衝突）——也與近代『社會有機論』的思想，若合符節。」〔註61〕另一位

〔註57〕黃克武、張哲嘉主編：《公與私：近代中國個體與群體之重建》，臺北中央研究院近代史研究所出版，2000 年版。

〔註58〕該文亦收入許智霖主編：《公共性與公民觀》，江蘇人民出版社，2006 年版。

〔註59〕黃俊傑、江宜樺主編：《公私領域新探：東亞與西方觀點之比較》，華東師範大學出版社，2008 年版。

〔註60〕程一凡：《顧炎武的私利觀》，載中央研究院近代史研究所編：《近世中國經世思想研討會論文集》，臺北中央研究院近代史研究所，1984 年，第 100～104頁。

〔註61〕楊芳燕：《明清之際思想轉向的近代意涵——研究現狀與方法的省察》，《漢

學者陳弱水則對中國歷史上的公觀念進行了詳盡探討，梳理出傳統中國公觀念的五大類型，以此「勾勒出這個龐大觀念叢組的整體面貌」，〔註62〕同時還探討了近代公觀念的轉型及其在近代中國意識中的身影，頗現功力。國立臺灣大學歷史系的王遠義先生著重考察了黃宗羲的政治思想，指出黃宗羲對傳統中國公私問題的貢獻在於「從道德上、語義上倒轉、轉位了傳統中國公私的關係，但是公私兩造間傳統對立的關係，依然出現在他的著作中，未見弭緩」，〔註63〕進而將黃宗羲和霍布斯、洛克、斯密有關公私領域的論述加以梳理，詳盡比較了中西公私觀的演變，可謂視野寬闊，論述精當。

　　以上對公私觀念的近二十年學術研究軌迹作了簡單勾勒，可以看出，無論是在深度還是廣度上，公私觀念的研究都已經取得了不菲的成果，更爲重要的是，公私觀念正在引起學界的越來越多興趣和重視，可以預見到的是，在接下來的一段時間內，公私觀念還將引起學界更多的關注和討論。〔註64〕

第三節　主旨與框架

　　本書所涉及的對象實際上是明清之際學者、思想家群體的公私觀念。

　　明清之際的學者、思想家，常被稱爲啓蒙學者、啓蒙思想家，明清之際的社會思潮，也常被稱爲社會啓蒙思潮。這裏有必要對啓蒙一詞稍作探討。啓蒙在漢語中的初始意義是指消除蒙昧使之明白貫通，往往和某個教育過程聯繫在一起。《論語·述而》稱：「不憤不啓，不悱不發」，啓者，開導也，教導學生的時候，不到他想弄明白而不得的時候，不去開導他。〔註65〕蒙原爲《易經》中的一卦，「蒙，亨，匪我求童蒙，童蒙求我。」兩字聯用至少在漢代就已經出現，如漢人應劭《風俗通·皇霸·六國》稱：「每輒挫衂，亦足以祛蔽啓蒙矣。」西學傳入中國後，漢語用啓蒙一詞來對譯英文中的「Enlightenment」，或是德

　　學研究通訊》，2001 年 5 月號。

〔註62〕陳弱水：《中國歷史上「公」的觀念及其現代變形》，《公共意識與中國文化》，新星出版社，2006 年版。原刊於臺灣《政治與社會哲學評論》第 7 期（2003 年 12 月）。

〔註63〕王遠義：《試論黃宗羲政治思想的歷史意義 —— 中西公私觀演變的一個比較》，《臺大歷史學報》第 38 期，2006 年 12 月。

〔註64〕此外還有學者對西方社會的公私問題加以關注，如曲蓉：《西方公私理論述評》，《寧波大學學報》，2011 年第 1 期。

〔註65〕楊伯峻：《論語譯注》，中華書局，1980 年版，第 68 頁。

文中的「Aufklarung」。在西方，啓蒙一詞的近代意義由康德給予了清晰闡釋，「啓蒙就是人們走出由他自己所招致的不成熟狀態。不成熟狀態就是對於不由別人引導而運用自己的知性無能爲力。如果不成熟狀態的原因不在於缺乏知性，而在於缺乏不由別人引導而運用自己知性的決心和勇氣，這種不成熟的狀態就是自己招致的。Sapere aude！要有勇氣運用你自己的知性！這就是啓蒙的箴言。」〔註66〕康德的描述提示出啓蒙概念的最重要內涵之一，就是啓蒙的實質是理性和自由，他「昭示世人要充分運用自己的理性和爭取這種自由權利」，〔註67〕這時，人類社會才會眞正認識到關於人的尊嚴、人的權利和自由等普遍性價值。

　　也許從嚴格的語義學角度看，明清之際乃至20世紀初期的社會思潮都不能稱爲啓蒙思潮。這是因爲，漢語中的啓蒙一詞顯然還達不到康德所說啓蒙的高度，一般情況下，啓蒙在漢語中，歷來具有知識精英向尚未開化的幼稚兒童或民眾教育、灌輸眞理的含義，而知識精英這種以民眾監護人自居的心態，正是一種反啓蒙的心態，因爲康德說的啓蒙，是要個人走出對他人引導的習慣性依導，掃除精神上的膽怯，勇敢、獨立地運用自己的理性，進而實現自己啓蒙自己。因此，其重心不在於有沒有成熟的知性，而在於是否有勇氣自己運用自己業已成熟的知性。〔註68〕但至少可以肯定的是，明清之際以顧炎武、黃宗羲等爲代表的學者、思想家群體，是在運用自己的理性和知識，對中國傳統社會的方方面面進行深入了自覺的、充分的批判和反省，並且達到了那個時代所能達到的高度和深度，在某些方面，甚至超出了後世。所以，至少在後人看來，明清之際的學者、思想家群體憑藉著自己的理性和知識，既在互相影響、彼此啓發的過程中實現思想演進的同一趨勢，又影響、促使了周圍的廣大社會成員從蒙昧狀態的覺醒。正因爲如此，自侯外廬先生首倡「早期啓蒙」說後，不斷有學者加以推進。〔註69〕

〔註66〕〔德〕康德著、何兆武譯：《回答這個問題：什麼是啓蒙》，載《歷史理性批判文集》，商務印書館，1990年版，第23頁。

〔註67〕陳樂民：《啓蒙札記》，北京：三聯書店，2009年版，第17頁。

〔註68〕參見鄧曉芒：《20世紀中國啓蒙的缺陷——再讀康德〈回答這個回題：什麼是啓蒙拾〉》，載趙林、鄧守成主編：《啓蒙與世俗化：東西方現代化歷程》，武漢大學出版社，2008年版，第65頁。

〔註69〕參見侯外廬：《中國思想通史》（第五卷），人民出版社，1956年版；蕭萐父、許蘇民：《明清啓蒙學術流變》，遼寧教育出版社，1995年版；朱義祿：《逝去

　　本書就是在上述意義上，仍視明清之際的社會思潮爲啓蒙思潮，將對明清之際公私觀的考察置於當時的啓蒙思潮背景之中。相關的學者、思想家群體則包括：李贄（嘉靖六年 1527 年～萬曆三十三年 1605 年）、陳確（萬曆三十二年 1604 年～康熙十六年 1677 年）、傅山（萬曆三十五年 1607 年～康熙二十三年 1684 年）、黃宗羲（萬曆三十八年 1610 年～康熙三十四年 1695）、方以智（萬曆三十九年 1611 年～康熙十年 1671 年）、顧炎武（萬曆四十一年 1613 年～康熙二十一年 1682 年）、王夫之（萬曆四十七年 1619～康熙三十一年 1692 年）、唐甄（崇禎四年 1631 年～康熙四十三 1704 年）、顏元（崇禎八年 1635 年～康熙四十三年 1704 年）、李塨（順治十五年 1658 年～雍正十一年 1733 年），等等。

　　上述學者、思想家群體的公私觀念較之前後時代有何異同？顯然，學界對此已有相當深入的研究。

　　溝口雄三先生指出中國思想史上有三次主張「私」的歷史時期：六朝、明末清初和清末民國，「在明末主張的是私有欲和私有財產權」。〔註 70〕這一時期的私觀念與以前相比，新變化至少有兩點，「一、對欲望予以肯定的言論表面化；二、提出對『私』的肯定」，或者表述爲：「明末時期對『欲』的肯定和『私』的主張，是儒學史上、思想史上的一個根本變化」。但這一潮流，在很大程度上是「以地主爲中心的富民階層在本地的經濟實力使得階級的統治力呈現某種上升徵候爲背景」，〔註 71〕只不過是處於某一特定體制即專制體制內部罷了。至於公觀念，溝口先生認爲日本僅僅把國家、政府視爲公，而中國的公概念中還另有一層通、平分之意，至明清之際，「公與私不再是二元對立的概念，公包括私，而且私不僅滿足皇帝一人，同時也滿足民，這種高層次的公才是公得以成立的原因。至此，君主本身爲公被否定，明末所謂的公是更高層次的、指皇帝與富民之間的社會關係的『共』概念。」〔註 72〕王

的啓蒙》，河南人民出版社，1995 年版。另參見蕭萐父、許蘇民：《「早期啓蒙說」與中國現代化 —— 紀念侯外廬先生百年誕辰》，載許蘇民、申屠爐明主編：《明清思想文化變遷》，南京大學出版社，2009 年版。

〔註 70〕〔日〕溝口雄三：《「公」的概念在中國和日本的區別》，《船山學刊》，1999 年第 2 期。

〔註 71〕〔日〕溝口雄三：《中國前近代思想的演變》，中華書局，1997 年版，第 10、28、16 頁。

〔註 72〕〔日〕溝口雄三：《中國公私概念的發展》，《國外社會科學》，1998 年第 1 期。

中江先生同樣指出，在中國哲學中還有一種強調「私」、爲「私」辯護並使之合理化的要求，「這種要求主要開啓於明清之際」，並稱之爲「『私』的擡頭及其合理化傾向」。〔註73〕王中江先生還具體探討了明清之際私觀念的具體含意，認爲「就其基本點來看，『私』一是指人的自然心或自然本性；二是指人思考和追求自身利益（也就是欲望和欲求）的動機和行爲；三是指獲得所有物及其對財產的所有權；四是指作爲所有權主體的『私』，」鑒於此，王中江先生認爲這種「私」並非如溝口所說的那樣，只是中層官僚階層和富有地主階層，「同時也包括了下層庶民」。〔註74〕此外，黃俊傑先生將明清之際的公私觀念與清末民初進行了比較，得出四點結論，一是明末清初的思想家在肯定「私」與「利」的同時並沒有放棄「公」的道德理想，二是在近代肯定「私」的歷史發展中，明清與清末思想家所肯定的「私」均爲庶民的合情、合理之私，並在此基礎上提出合私爲公，以此肯定每一個個體的合理欲望、私有財產。三是就思想淵源而言，明末公私觀念的討論與反專制、理學內部的變化，以及明清社會經濟變遷有關。四是明末與清末都從「合私爲公」的角度來肯定一個具有正面意義的「私」，但明末所注重的私是指個人欲望與私有財產權。〔註75〕

上述學者的論述無疑是入木三分的。在此基礎上，我們可以進一步指出明清之際學者、思想家群體的公私觀念至少在以下三個方面取得了一種較爲明顯的進展。

首先，是私觀念的昂揚和倡導。明清之際思想家群體從人性論角度所謂的私，與一般意義上帶有道德貶義的損人利己之私，以及不顧他人之私只顧自己的一己之私並不相同，他們所謂的私是指天下千千萬萬個體所擁有的合乎情理的自然本性之私，這種自然本性即體現爲無數個體的各種物質欲望和利益訴求。不可否認，明清之際對私觀念的提倡，仍然體現爲以人性有私論爲主要命題的自然人性論，和民國時期的公私觀念相比，缺少了個人權利、個人自由等來自西方的價值觀念，但明清之際思想家論證私觀念的深度、宏

〔註73〕王中江：《中國哲學中的「公私之辨」》，《中州學刊》，1995 年第 6 期。

〔註74〕王中江：《明清之際「私」觀念的興起及其社會史關聯》，《湖南社會科學》，2003 年第 4 期。

〔註75〕黃俊傑：《從追求正道到認同國族：明末至清末中國公私觀念的重整》，載黃克武、張哲嘉主編：《公與私：近代中國個體與群體之重建》，臺北中央研究院近代史研究所，2000 年版，第 63～64 頁。

揚私觀念的力度，均超出了以往任何一個歷史時期，這對於長期被以公滅私論所籠罩、私觀念得不到合理對待、甚至覓不到立足之處的傳統社會來說，無疑具有震聾發聵的強烈效果。更重要的是，從自然人性論出發，可以相對容易地推導出人的自然權利，〔註76〕這種自然權利觀與西方以自然法爲基礎的自然權利觀不盡相同，但同樣體現出了啓蒙時代的突破和創新精神。

其次，在正面肯定私觀念的同時，明清之際思想家對天下爲公論進行了深入反省，指出在長期的君主專制下，儒家學者理想層面的天下爲公論在現實層面，已經蛻變爲天下爲君。當天下爲君事實上成爲君主專制的經濟基礎後，天下爲公也就退化成只滿足君主一人欲望的天下爲私。但需要指出的是，明清之際思想家群體並沒有否定天下爲公論本身，他們痛恨的只是君主專制下天下爲公的理想圖式被天下爲君所取代，即君主打著天下爲公的旗號卻大行天下爲私。這裏的天下爲私也有兩層含義在內，當私僅指代君主或統治者的利益時，明清之際思想家們是持批判和否定態度的；當私指代天下所有民眾的合理利益和欲望時，思想家們是持肯定和稱讚態度的。更重要的是，明清之際思想家對君主專制的抨擊，沒有止步於君主專制會給民眾帶來災難的常規論調，他們以經濟領域的土地制度如井田制、均田制，政治領域的行政建制如郡縣制等爲目標，抽繭剝絲，逐層深入，揭示出這些政治和經濟制度的天下爲君本質或前提。由於明清之際思想家洞見了君主專制的經濟奧秘，因而他們針對大一統帝國的君主專制體制的抨擊較前人尤爲深刻。他們所使用的詞語仍然是傳統的井田、封建等，學理層面的論證也欠清晰詳密，但卻以舊瓶來裝新酒的方式，表露出伸張民眾權利、抨擊君主專制、借分權限制君權、爭取地方自治、支持工商經濟、維護私有產權等諸種近代理念。

再次，在否定傳統以公滅私論的同時，明清之際思想家提出了相應的對策即合私爲公論論。傳統社會的以公滅私框架模式，是以犧牲私觀念爲代價來樹立起公觀念的絕對權威，結果卻導致了公私觀念的互不依存、兩敗俱傷，明清之際出現的合私爲公框架模式，既肯定公觀念又肯定私觀念，提供了解決公私衝突的另一種途徑，而且以肯定私爲肯定公的前提，這就比單純地從人性角度去肯定私觀念顯得更爲有力。合私爲公論中的私可以解釋爲千千萬

〔註76〕 蕭萐父、許蘇民指出：「黃宗羲的《明夷待訪錄》，十分明確地以人的自然權利爲邏輯起點，層層扮演，反覆論證，以實現人的自然權利爲歸宿。」見氏著《明清啓蒙學術流變》，遼寧教育出版社，1995年版，第300頁。

萬個體的自然欲望和具體利益，無數個體之私聚集在一起，就體現為公，也就是說，公的合理性和正當性不但離不開私，甚至就來源於私。如果說，明清之際思想家群體從自然人性論的角度出發肯定私觀念，如同歐洲啓蒙時代的天賦人權之說一樣無法給出實際的證據，那麼合私為公論的提出，則為私觀念的合理性、正當性提供了一塊相當堅固的基石，在很大程度上可以改變中國自先秦時期就已經砥定的以公滅私論，實現公私觀念的和諧相處，這對於新型公私觀的建構無疑具有重要啓發作用。當然，明清之際的合私為公論並非空穴來風，仍然以先秦諸子的理論資源為奧援，具體表現為合私為公論的最後落足點，仍然是對公觀念的肯定，即肯定私的最終目標，仍然是為實現天下之公。

　　上述三個觀點將是本書的核心內容。除此之外，還試圖需要回答的是，作為公私觀念嬗變過程中重要一環的明末清初，公私觀念除了在上述領域取得進展外，這種進展達到了什麼樣的高度？表現什麼樣的特點？又有什麼樣的明顯隙漏？筆者的觀點是，和以往各個朝代相比，明清之際公私觀念所取得的進展是前所未有的，甚至可以說達到中國王權社會所能容忍的最大限度。更加難能可貴的是，這種進展完全萌生於中國傳統社會內部，帶有很大的自發性質。也正因為如此，當清末民初隨著歐風美雨漸漸浸潤中華後，這一時期的公私觀念雖然被與權利、自由、公共等西方價值觀念相結合，但究其內在理路，仍然是循著明清之際學者、思想家群體所全力突進的路徑。殊為可惜的是，明清之際公私觀念領域裏出現的這種進展，既受扼於隨後而來的清王朝，又限於自身的理論束縛而未能更進一步。

　　儘管明清之際在公私觀念領域出現的這種進展未能鋪陳演化而成一種社會潮流，並進而對現實社會的政治和經濟制度產生重大影響。但作為中國傳統社會中自然而然萌發出來的一種頗具啓蒙意義的思想和觀念，當仍然值得後人珍視。因為自明清以後，公私觀都在潛移默化中影響著中國社會的進程，尤其是 1949 年以後，公私觀念兩極分化、彼此對抗的尖銳程度可以說超過了以往任何一個時代，哪怕是宋明理學時期也無法與之相提並論。如果說，宋明理學時期對私觀念的聲討多停留在思想觀念層面或者說理論層面，那麼 1949 年以後對私觀念的抑制和討伐，則在思想觀念層面和現實經濟制度兩個層面齊頭並進，官方不但要肅清人們腦袋中的私和私有觀念，還要根除現實社會中的私有制，私觀念和私有制不僅被貼上道德貶義的標籤，更在政治意

識形態領域被確立爲敵對面，其結果就是私觀念被壓抑到極點，最終導致公私之間只有激烈的對抗衝突，再無一絲緩合的隙地，而公私之間只存在對抗衝突的必然結果，就是公私俱損、兩敗俱傷。直到 1978 年開始改革開放後，私觀念的地位才在理論界得到一定程度上的恢復和肯定，私有制也被剔除敵對意義層面的政治內涵，中國社會這才基本恢復正常秩序，並再次開啓了由傳統轉向現代的艱難轉型。這一轉型的最顯著特點之一，就是重塑私觀念的合法性，在經濟領域，則以重新承認和接受市場經濟的方式，肯定和鼓勵人們在合法前提下的逐利行爲。正是從上述意義上看，完全內生於中國傳統社會的明清之際公私觀或許可以給現代中國社會帶來某種啓示，其現實意義自然也不言自明。

本書的具體章節作如下安排：

緒論　介紹問題的源起、學術史的回顧，以及全文的整體思路和結構框架。

第一章　公私觀念的歷史演進和哲學分析　本章介紹公私觀念在歷史上的演變過程並展開相關分析。大體而言，傳統公私觀的主要特徵體現爲以公滅私，早在先秦時期就已經成形，由秦漢至明代初期沒有發生根本性變化。明清之際的公私觀取得相當程度的進展，並爲清末民初所沿繼。在此基礎上，本書還試圖對公私觀念的內涵，即公私概念、公私關係作出學理上的梳理。

第二章　明清之際公私觀的時代背景　作爲一種意識形態，公私觀念也有著特定的社會背景，本章即主要從政治、經濟和文化三個角度介紹明清之際公私觀念所處的特定時代背景，尤其是政治和經濟背景，當對明清之際的公私觀有著重要影響。

第三章　私觀念的肯定 —— 以人性論爲視角　本章首先回顧宋代理學家和功利學者的人性論，然後再對明清之際肯定私觀念的思潮作一相對深入的透視，在某種程度上，明清之際肯定私觀念的社會思潮沿襲的正是宋代功利學者開啓的路途。

第四章　從天下爲君到天下爲公 —— 對君主專制的反思　在明清之際思想家眼裏，天下爲公論在長期的君主專制體制下，已經蛻化爲天下爲君。明清之際思想家的這一卓見，使得其對當時土地問題、封建問題的探討達到了一個較高水平。

第五章　合私爲公論 —— 新型公私關係的提出　合私爲公論同樣是明清

之際思想家的一大創見，本章主要探討明清之際合私爲公論的提出和理論淵源，以及合私爲公論的實現領域和實現途徑。以上三章構成本書的核心內容。

　　第六章　走向近代的明清之際公私觀　在某種程度上，明清之際可以看成是中國社會由傳統轉向近代的起點，以此爲背景，可以看出明清之際的公私觀既具有一定的近代性，又有著內在的不足和問題。儘管如此，明清之際公私觀的近代性仍可以看成是由中國傳統社會自身萌發，具有一種自發性。

　　餘論部分　最後本書還試圖從邏輯上對公私觀念的理想狀況或謂發展方向作一推演，即公和私的理想狀態是什麼？這種理想狀態如何才有可能達到。

第一章　公私觀念的歷史演進
和哲學分析

　　在對明清之際的公私觀念展開討論之前，有必要先對公私觀念在歷史上的演變過程先作一全景式的掃瞄，這可以有助於我們從整體上把握公私觀念的發展脈絡，既是後文討論的基礎，亦有助於討論的深入。當然，限於篇幅，這裏只能簡單的勾勒公私觀念在中國歷史上的演變過程。在此基礎上，還要對公私觀念的內涵作出界定，即從公私概念、公私關係這兩個層面去解釋公私觀念的內涵。

第一節　公私觀念的歷史演進

一、公私觀念的本義和泛化

　　由於在所有的金文和甲骨文中，都找不到一個「私」字，更找不到「私有」一詞，因此關於公私觀念的最初起源，目前學術界比較一致的觀點是將其視爲某一具體器物的引申含意。徐中舒先生曾從漢字的象形角度探討公、私兩字最初含意，「公象甕形，在古代大家經常要圍在甕旁取酒共飲，故公得引申爲公私之公」，同時私指農具，「象耒耜之耜形，是農夫用以耕作，作爲自己私有的工具，故私得引申爲公私之私。」〔註1〕另外，古文字學家唐殷先生也認爲「公」象釜形。〔註2〕考慮到古漢語的字形結構有著象形、會意的基

〔註 1〕徐中舒：《漢語古文字字形表》，四川辭書出版社，1981 年版，第 1441 頁。
〔註 2〕詳參見劉暢：《「自私爲厶，背厶爲公」辨析》一文，《內蒙古大學學報》，2004年第 2 期。

本旨趣，上論可信度較高。而日本學者溝口雄三也有大致相同的見解，他雖沒有指出中國傳統公、私字在甲骨文中指代哪類器物，但同樣認為「尋找公私的原義，可以發現公的意思表示對某共同體首長的尊稱，或指某共同體的設施、財物」。〔註 3〕這樣看來，公的最初含意是指大家共有和對共同體首長的尊稱，私則為私有之意。

西周時期，公私兩字的含意和國君、諸侯國家和臣屬相聯繫。上個世紀四十年代侯外廬先生在論及西周的土地國有制時，注意到了公私與上論相異的另一層含意，「古代公、私的意義和現代不同，『公』是指的大氏族所有者，『私』是指的小宗長所有者，『公』指國君以至國事，『私』指大夫以至家事，所謂『私肥於公』，是政在大夫或『政將在家』的意思，私並不是私有土地的私，孔子『張公室』，抑世室，就是為國君爭權，這是應當分辨的。」〔註 4〕侯先生雖然沒有針對公私觀念展開進一步的專門性探討，但這段論述還是指出了公私觀念的古今之別。

「大氏族所有者」可以理解為各諸侯國君，如《易·小過》稱：「公弋取彼在穴」，王弼注曰：「公，臣之極也」；《詩經·召南·小星》稱：「肅肅宵征，夙夜在公」，等等。《國語·晉語七》載：「夫絳（指魏絳）之智能治大官，其仁可以利公室不忘，其勇不疚於刑，其學不廢其先人之職」，稱讚魏絳的才能可以擔任高官，仁義可以使他把諸侯國家的利益放在第一位，這裏的「公室」即指諸侯國家。而「小宗長所有者」則指代包括卿、士、大夫等在內的國君家臣，《詩經·小雅·大東》稱：「私人之子，百僚是試」，《詩經·大雅·崧高》稱：「王命傅御，遷其私人」，毛注：「私人，私家人也」，孔穎達疏稱，卿大夫「稱其家臣為私人」。當公、私兩字作動詞使用時，又分別指國君所有即王有，以及屬於己的含意，如《詩經·小雅·大田》稱「雨我公田，遂及我私」，前者指國君所有之男，後者指土地在層層封建下，直至個人所有。

至春秋戰國時期，傳統社會的公私觀念出現了擴大化、寬泛化的趨勢，「人指向社會觀念的拓展」，〔註 5〕即由一開始的指代的身份和個人，擴大為內容豐富、包括社會生活各個方面的一組概念。

〔註 3〕〔日〕溝口雄三：《中國思想史中的公與私》，佐佐木毅、金泰昌主編：《公與私的思想史》，人民出版社，2009 年版，第 38 頁。

〔註 4〕侯外廬：《中國古代社會史論》，河北教育出版社，2000 年，第 81 頁。

〔註 5〕劉澤華：《春秋戰國的「立公滅私」觀念與社會整合》，《南開學報》，2003 年 4 期。

　　公作爲人指而言，已經成爲社會各階層可以廣泛使用的一種尊稱，除了各諸侯國君被稱爲「公」以外，貴族上層可以稱「公」，諸如「公卿」、「公侯」等，中下層官吏也可以使用「公」字，如「縣公」、「公吏」，商鞅釐定的二十等軍功爵制中也出現了「公」字，如「公乘」、「公士」等，進而在一般家庭中，妻子可稱丈夫爲「公」、兒子可以稱父親爲「公」。公作爲社會事物而言，不僅各諸侯國事也被稱爲「公事」，而且與諸侯、朝廷、國家相關的社會事物都可以與「公」相連，諸如「公門」、「公法」、「公室」、「公器」、「公田」，甚至只要突破、或者相對於個體範疇，都可以「公」來形容，如宗族的事務也可稱爲公事，在這個層面上的「公」，獲得了一種社會公共意義。與之相比較，私觀念的泛化程度不如公觀念寬廣，私仍然主要指代個體，以及與諸侯國家、朝廷相對比意義上的宗族、大姓和某一群體及其勢力，如「私族」、「私館」等，都可以用私來形容。

　　仔細觀察這一時期公私觀念的泛化過程，可以發現這一泛化過程呈現出兩個重要特點或謂趨勢：

　　其一，在這一泛化過程中，公觀念獲得了一種抽象的道義性支持，即公觀念等同於正義、應然、善，相應地，私觀念則等同於邪奸、否然、惡，於是，公私觀念就由一組一般性的身份稱謂轉化爲尖銳對立的一組意識形態範疇、轉化爲完全對立的一組主觀價值判斷，由此導致的必然結果就是以公滅私。

　　西周時期的周天子奄有四方，爲天下之共主，各諸侯國都爲周天子所封，但由於各諸侯國都享有治土實權，因此有周一代，各諸侯國的地位一直處於不斷的上陞之中，尤其是西周中後期周天子的威權風光不再時，各諸侯國的地位更是日見上陞和凸顯，君主專制意識也日益加強。相應地，公觀念的地位也就處於不斷的提升之中，並被賦予了一種代表著抽象性道義的內涵。這種抽象性道義的獲得，在很大程度上是將公觀念與具有絕對權威的天相聯繫、附會的結果。

　　在這方面，起到開創性的作用是道家，而非儒家和墨家。因爲在代表孔孟觀點的《論語》、《孟子》那裏，公私兩字很少見到抽象意義。有學者統計，《論語》中「公」字除了作爲君主稱號外，共出現五次，其作爲國家朝廷意義的出現四次，作爲公平正直意義的就只出現過一次，即《論語・堯曰》：「寬則得眾，信則民任焉，敏則有功，公則悅」。同樣，《論語》中作爲利己意義

的「私」字，一次也沒有出現。《墨子》一書，作為公平、公正意義上的「公」也只有出現過一次，即《尚賢上》：「舉公義，辟私欲」。〔註6〕可以認為，孔孟雖然對「天下為公」嚮往不已，但也清楚這種「公天下」式的社會僅為一種烏托邦式的社會最高理想，多數情況下只能虛懸一格，孔子本人實際上關注的還是他所身處的「天下為私」的社會現實。除了「天下為公」的理想社會追求外，儒家還將公視為君子追求的一種人生境界和道德修養，即將公看成是個人道德領域內的範疇，如「廓然大公」、「明通公溥」等，但公觀念本身沒有獲得超越性的提升。

而道家則將公觀念置於其理論體系的重要地位。如《老子》第十六章稱：「知常容，容乃公，公乃王，王乃天，天乃道，道乃久，沒身不殆」，「公」成為由王及天過程中的重要一環。《莊子·則陽篇》稱：「陰陽者，氣之大者也，道者為之公」，「公」成為天道自然的一個組成部分或謂特徵之一。可見，道家首先賦予了公觀念一種超越性的內涵，不僅超越了私觀念所指代的個體，而且超越了西周時期公觀念所主要指代的諸侯國君，公成為自然界的一種內在稟性，成為無為無不為、自我完足的道的一種內在特性。既然天地大公、天地無私，那麼這一準則也就應該、必須成為人類社會所依據的最高準則，具體則表現為人類社會中的公平、公正等價值觀念。此後諸子百家，如《管子·形勢》中稱「如地如天，何私何親」，《任法》中稱「任公而不任私，任大道而不任小物」，再到集諸子之大成的《呂氏春秋》，更是將「無私」抽象為自然、道的最高特徵，「天無私覆也，地無私載也，日月無私照也，四時無私行也」。〔註7〕如此，公觀念隨著諸侯國君地位和實力的上陞，本身也獲得一種超越性的提升，成為天道自然的代名詞，意味著一種應然；而私觀念卻相應地漸次下落，成為人性自利的代名詞，意味著一種否然。這種情形，近代有人概括為：「中文之公私也，有不必綴以他名，而已為善惡之定詞者。如言其人行事極公極私之類，則為西文所無。」〔註8〕

至此，在傳統社會的公私關係中，早在春秋戰國時期公觀念就取得了壓倒性的優勢，其最為典型、也最為簡潔的表述之一就是《尚書·洪範》中的

〔註6〕詳參見張曉芒：《孔墨公私觀的不同走向及現代啟示》，《職大學報》，2004年1期。另外劉暢：《古文〈尚書·周官〉「以公滅私」辨析》一文也有類似統計，劉澤華、張榮明等著：《公私觀念和中國社會》，第85頁。
〔註7〕《呂氏春秋·貴公》，《諸子集成》第6卷，上海書店，1984年，第10頁。
〔註8〕《公私辯》，載《東方雜誌》第4卷第7號，1907年9月2日。

「以公滅私」之論。

這種公佔據絕對優勢的公私觀形成後，就隨著王權的穩固和擴展，向各個觀念領域拓展延伸，在這個過程中，法家所起的作用是不可或缺的。延伸到政治倫理領域時，對君王來說，公意味著賢能，私意味著無德，如《管子・牧民》稱「無私者可置以爲政」，《管子・正世》稱「愛民無私曰德」。對臣下來說，公即等同于忠，私則等同於奸，如《左傳・成公九年》稱「無私，忠也」，〔註9〕《左傳・襄公五年》載孔子稱讚魯國的季文子「忠於公室也。相三君矣，可不謂忠乎」，《管子・任法》稱「私者，下之所以侵法亂主也」；延伸到經濟倫理領域，公即意味著公利、義，私則意味著私利、欲、害，如《韓非子・外儲說右上》稱「私義行必利，不爲公者必害」，《韓非子・八說》：「私行立而公利滅也」；延伸到道德領域時，公即意味著當然之善，凡公之所在，即正義所繫；私則意味著惡，凡私之所存，即邪奸所存，如《管子・明法解》稱「私意者，所以生亂長奸而公正也」，《管子・正世》稱「私者，亂天下者也」，視私爲一切偏邪姦亂的發源地。〔註10〕如此，在所有上述領域都要貫穿奉公克私、倡公滅私的宗旨。

其二，公私觀念之間雖然形成了一種緊張的截然對立關係，但兩者之間並沒有一條絕對的、清晰的界線，不但界線模糊，甚至連公私本身作爲一種概念都不是完全清晰的。

在一般意義上，涉及到朝廷、官方、國家甚至天下，都可以納入到公的範疇，而個體、個人，一般屬於私的範疇，由此確立了公、私兩個基本立足點，但在兩者之間，並沒有清晰可辨的一條界線。最典型者莫如介於個體與國家、朝廷之間的地方宗族，既可以被稱爲「公族」、「公姓」，又可被稱爲「私門」、「私姓」。甚至在明清時期，還出現地緣爲紐帶的行業性「公所」，同樣冠以「公」字，也就是說，只要超出個人的範圍，民間諸團體和機構及其相關事業，都可以冠以公說，這種情形，在日本是無法成立的。溝口雄三指出，

〔註9〕　《春秋左傳集解》，上海人民出版社，1977年版，第703頁。

〔註10〕　《韓非子・五蠹》稱：「古者蒼頡之作書也，自環者謂之厶，背私謂之公，公厶之相背也，乃蒼頡固以知之矣」，就是這種延伸的結果，東漢許慎完全繼承了這種把私等同於奸的說法，《說文》稱：「厶，奸也。韓非曰：『蒼頡作字，自營爲厶。』凡厶之屬皆從厶。」又稱：「公，平分也。從厶字。八，猶背也。韓非曰『背厶爲公。』」參見許慎著、段玉裁注：《說文解字注》，上海古籍出版社，1981年，第436頁。

「在日本，所謂公有財產、公立設施的公有、公立是官有、官立的意思。即便是公園、公會堂、公民館也仍是官方設立。純粹由民間設立者一般是不使用公字的。」〔註11〕按照溝口氏的研究，在日本只有官府所設立的機構才能冠以「公」字，超出個體範圍、只要是屬於民間性質的血緣、地緣等聯合體或機構，是不能冠以「公」字的，這和中國的情形一比較，其中差異可謂一目了然。

對此，費孝通先生從社會學角度加以了解釋，他剖析了中國傳統公私觀念的模糊之處，指出中國傳統社會是一個差序結構，這種社會結構的基本特徵是以「己」爲中心，像石子投入水中，和別人所組成的社會關係就如水的波紋一般，一圈圈推出去，愈推愈遠，愈遠愈薄，在這樣的社會結構中，「公和私都是相對而言的，站在任何一圈裏，向內看也可以說是公的。」〔註12〕既然向內看，是公；向外看，是私，那麼對宗族而言，向外看較之於國家、朝廷，是私；向內看，較之於家庭、個人，是公。

費氏的解釋無疑是有道理的，但問題卻不是這麼簡單。王家範先生曾對《詩經‧小雅‧大田》中人們熟悉的「雨我公田，遂及我私」之句產生疑問，「我們必須還注意到其中的『我』字。公田是『我』的公田，私田也是『我』的私田。同一個『我』字，卻用在性質明顯不同的兩種田產上，如何解釋？照我們想，公田明明不是我的，卻說『我』的公田，當如何說通？」〔註13〕另外，《商君書‧墾令》載有「農民不饑，行不飾，則公作必疾，而私作不荒，則農事必勝」，王家範教授亦指出這裏出現的「公作」和「私作」是兩個非常重要的概念，「受田農民耕墾私田外，必須爲國家負擔『公作』。『公事』、『私事』是密切關聯一起，兩者不可或缺。」〔註14〕應該說，王氏的質疑是相當有力的。「公田」前冠以「我」字，「公作」與「私作」兩者混爲一體，都說明了早在先秦時代，公和私之間有著一種理不清、剪還亂的複雜關係。對此，王家範教授在論及大一統帝國時的農業產權時有一段極爲精僻的概括：「就其整體結構而言，產權『國有』的觀念仍占主導地位，但『公』與『私』的兩種要素猶如陰陽兩極，負陰而抱陽地包容於這種特殊的『國有』產權形式之

〔註11〕〔日〕溝口雄三著、趙士林譯：《中國的思想》，中國社會科學出版社，1995年版，第51頁。

〔註12〕費孝通：《差序格局》，《鄉土中國》，北京出版社，2005年，第39頁。

〔註13〕王家範：《中國歷史通論》，華東師範大學出版社，2000年版，第100頁。

〔註14〕王家範：《中國歷史通論》，第129頁。

中，相生而相剋，此消而彼長。」〔註15〕

　　這樣看來，公私兩者之間非但沒有明確的界限和區別，甚至連公和私的基本立足點是否明確或者存在，仍然疑竇叢生。如果私以個體爲基本立足點，那就意味著個體在一定程度的獨立性，然而正是這一點在傳統社會不可能得到滿足，所謂「普天之下，莫非王土，率土之濱，莫非王臣」，所有人都是赫赫王權下的臣僕，所有土地和財物都是威威王權的財產，這如何分清是私還是公？〔註16〕再結合上述公與善相聯、私與惡相合的表述，就可以明白，這其中只存在唯一一種解釋，那就是在家國一體的傳統社會中，判斷公否私否的依據就在於，凡與君主、朝廷、國家利益相背離，就被視爲私；反之，凡與君主、朝廷、國家利益相一致，就被視爲公。實際上，這或許就是傳統社會中以公滅私論的潛在邏輯。洞悉這一點，對我們理解明清之際的公私觀有著不無重要的借鑒意義。

二、17 世紀以前的公私觀念

　　隨著王權的進一步強大，先秦時期所砥定的公私觀念及其關係，就越來越成爲中國傳統社會的主流思潮和趨勢。作爲制度體現的君主集權，與作爲思想觀念的公私對立、以公滅私，這兩者之間或許不存在先後關係，兩者之間的互爲因果、互爲表裏應當是不爭事實。

　　秦漢時期是大一統王權的開創時期，先秦時確立的公私觀也在這個時期得到加強。在現實政治中，公觀念已經與現實政治中的大一統王權基本融爲一體，與大一統王權利益相一致的可以歸結爲公，反之，與大一統王權利益相背的則可以歸結爲私。劉邦平定天下後，發佈了一著名的「復故爵田宅令」，提到他曾多次詔令地方官吏要把田宅優先分授給跟隨他征戰、獲得高爵的復員將士，結果地方官吏卻執行不力，還借機先授予田宅給關係親近者，劉邦對此頗爲不滿，不無氣憤的指責稱：「且法以有功勞行田宅，今小吏未嘗從軍者多滿，而有功者顧不得，背公立私，守尉長吏教訓甚不善。其令諸吏善遇高爵，稱吾意。且廉問，有不如吾詔者，以重論之。」〔註17〕復員將士們曾

〔註15〕王家範：《中國歷史通論》，第 119 頁。
〔註16〕《詩經・小雅・北山》所載的這幾句話，在西周封建時代，是指諸侯的土地都由周天子分封，諸侯對周天子承擔有貢賦義務。
〔註17〕班固：《漢書》卷一《高帝紀下》，中華書局，1962 年版。

爲劉氏天下出生入死過，劉邦自然要報答他們，於是優先分授給他們田宅。由於在傳統社會裏，國家利益就等同於劉氏天下，家國一體，於是，有利於劉氏者即有利於國家，並進而等同於公，地方官吏不執行這一詔令，劉邦就可以堂而皇之地指責他們是「背公立私」，「以公滅私」論在劉邦這裏已經被運用得頗爲嫻熟了。

就整體而言，漢代的公私觀念一如先秦時期那樣關係緊張。漢代思想家賈誼借助於周人的做法，引入道德的觀念，將「天下」與有德的「君主」融鑄於一爐，《新書‧修政語下》稱「天下壙壙，一人有之，萬民叢叢，一人理之。故天下者，非一家之有也，有道者之有也」，天下雖然爲「萬民」的集合，但仍爲「一人」所「理」，即治權在君，只不過，這握有天下的「一人」必須具備高尚的道德即「有道者」。君主雖然是有德者，仍然是說一不二、主宰天下的君主，濟濟眾生只能寄希望君主長久保持良好的個人道德和修養。賈誼既是站在傳統儒家的立場之上，又是站在漢代統治者的立場上，所以順理成章地，他在《新書‧道義》中進一步指出「兼覆無私謂之公，反公爲私」，在強調君主要具有公心即良好道德的同時，也將公與私兩者置於完全對立的境況，「反公爲私」四個字可以說是韓非子「背公爲私」說的翻版，再次強調了非公即私、公私之間的緊張關係。漢代儒學大師董仲舒較少關於公私觀念的直接論述，但從他的其它論述可以間接探得。董仲舒有一句名言爲「正其誼不謀其利，明其道不計其功」，〔註18〕應該說，在對待利的態度上，董仲舒和先秦荀子一樣也看到了公利、私利之區分，《春秋繁露‧考功名》謂「聖人之爲天下興利也」，這裏的「利」顯然指公利。然而在更多情況下，「利」通常和「私」相連而成爲「私利」，「正其誼不謀其利」之謂即是這種情況。對於私利，董仲舒的態度是堅決的，「不謀」、「不計」即表明義與利兩者不可兼得，而且爲了義可以犧牲私利，其原因當或在於董仲舒眼裏，與「義」相等同的是公觀念，自然佔有絕對優勢，與「利」相聯繫的私觀念則是被摒絕的對象。董仲舒此論，某種程度上可視爲宋明理學將義利完全等同於公私之濫觴。

秦漢時期的先秦儒家學說在融入法家思想後，終於與大一統王權共享榮華，漢武帝罷黜百家的結果，既使儒學在學術界、思想界取得了夢寐以求的至尊地位，但同時也令儒家學說從此陷入固步自封、以皇權爲馬首的泥淖，

〔註18〕班固：《漢書》卷五十六《董仲舒傳》，中華書局，1962年版。但《春秋繁露‧對膠西王越大夫不得爲仁》中作「正其道不謀其利，修其理不急其功」。

因爲大一統王權「不可能容許知識分子有獨立的人格，不可能容許知識分子
有自由的學術活動，不可能讓學術作自由的發展」〔註19〕。作爲一種學理，
失去獨立性的儒家從此難以與時俱進，實現自身的更新和揚棄，這可以說是
學理與權力同行合作的必然代價。故至東漢後期，儒家學說不出家學、師法
的牢籠，出現了不可避免的衰落情形。再到魏晉時期，戰亂頻仍，北方游牧
民族屢屢南下，中原王權力量相對衰落，缺少了王權力量扶持的儒家勢力也
告頹弛，取而代之的是老莊、佛教文化的流行，當時的思想界驟驟然呈現出
百花齊放的態勢。

　　體現在公私觀念上，嵇康的《釋私論》可以說是一種革新。嵇康賦予了
公和私全新的涵義，他認爲君子的評判標準是「無措」，即不刻意雕琢言行，
不著意掩飾眞實性情，內心也不以是非毀譽爲意，即「心無措乎是非」；而小
人的評判標準則是「匿情」，即隱藏自己的眞實情感，表裏不一、口是心非、
言行虛僞，也就是「私以不言爲名，公以盡言爲稱」。〔註20〕也就是說，凡襟
懷坦蕩、眞實祖露自己情感的，可謂君子，可以視爲公；凡虛情假意、刻意
掩飾自己的情感的，可謂小人，可以視爲私。由此出發，嵇康對公私標準提
出了新的基準：「故論公私者，雖云志道存善，口無凶邪，無所懷而不匿者，
不可謂無私；雖欲之伐善，情之違道，無所抱而不顯者，不可謂不公。今執
必公之理，以繩不公之情，使夫雖爲善者，不離於有私；雖欲之伐善，不陷
於不公。」即便是「志道存善」、「口無凶邪」，只要做不到「懷而不匿」即眞
實呈現於世人面前，就不能稱之爲「無私」即「公」；同樣，即便是「欲之伐
善」、「情之違道」，只要做到了「抱而顯者」即眞實呈現於世人面前，就不能
稱之爲「不公」即「私」。

　　細察嵇康所論，可以看出嵇康的公私觀與先秦、秦漢諸生頗有不同之處。
在嵇康看來，隱匿自己的情感可視爲私，袒現自己的情感可視爲公，這實際
上是指人們對待思想感情的態度，至於這種思想感情本身的是否正確、是否
合理、是否合乎正義，嵇康認爲並不重要。換言之，在嵇康看來，公觀念並
不必然與正確、合理相聯繫，因爲借助於國家權力機構，統治者很容易把有
利於其統治的意識形態等同於正確、合理，故嵇康把個人對待事物的態度和

〔註19〕　徐復觀：《兩漢思想史》卷一，臺灣學生書局，1985年版，第190頁。
〔註20〕　嵇康：《釋私論》，戴明揚校注：《嵇康集校注》，人民文學出版社，1962年版，
　　　　　第236頁。

行爲與公、私觀念相聯繫。顯然，嵇康的這一論斷，與其著名的「越名教而任自然」是相一致的。某種程度上，嵇康並非是眞正的反對名教，只不過他對名教已淪爲司馬家族的統治工具而深爲不滿。凡與統治者利益相一致的思想、情感和行爲，就被貼上正確也就是公的標籤；與統治者利益相背離的思想、情感和行爲，就被貼上錯誤也就是私的標籤。如此，傳統名教借助於道德和禮儀規範等外在手段，操控了判定人們思想、情感和行爲本身的正確與否的標準。嵇康對此深爲痛恨，所以他要提出「越名教而任自然」之說，他沒有否認公私觀念自身的倫理性和道義性，即公觀念仍等同於善，私觀念仍等同於惡，但他卻抽去了公私觀念的具體價值內涵，因爲具體價值內涵總體現爲統治階層的意圖；取而代之地，是以人們對待這種具體價值內涵的態度爲準的。嵇康的這一解讀，新意是不言自明的，也使得統治者難以再借助於公私之名來推廣符合其利益的具體價值內涵，某種程度上有助於人的主體意識的覺醒。

魏晉以後，隨著隋唐大一統帝國的重新建立，公私觀念重新恢復到秦漢以來的軌道。至宋代，隨著理學的興起，公私觀念發展爲一種較爲成熟嚴密的理論形態。

在宋代理學家那裏，公私觀念首先是一種處事的態度和立場，分別對應無我、有我之境，「將天下正大底道理去處置事，便公；以自家私意去處之，便私」，〔註 21〕即便是天下事，如果帶有私意去處理，那麼也可稱爲私，即「雖公天下事，若用私意爲之，便是私」。〔註 22〕其次，這種私意在一般情況下是個人難以避免的。這方面朱熹有精妙的解釋，他分心爲兩個部分：「道心」，或稱「天命之性」，簡稱爲「性」；「人心」，或稱「氣質之性」。「道心」和「人心」的產生，「或生於形氣之私，或原於性命之正，而所以爲知覺者不同，是以或危殆而不安，或微妙而難見耳。然人莫不有是形，故雖上智不能無人心；亦莫不有是性，故雖下愚不能無道心。二者雜於方寸之間，而不知所以治之，則危者愈危，微者愈微，而天理之公卒無以勝夫人欲之私矣。」〔註 23〕又說「夫人自有生而梏於形體之私，則固不能無人心矣。然而必有得

〔註21〕 黎靖德編、王星賢點校：《朱子語類》卷十三（第 1 冊），中華書局，1986 年版，第 228 頁。

〔註22〕 程顥、程頤：《二程遺書》卷五，上海古籍出版社，2000 年版，第 128 頁。

〔註23〕 朱熹：《四書章句集注·中庸章句序》（新編諸子集成第一輯），中華書局，1983 年版，第 14 頁。

於天地之正，則又不能無道心矣。」〔註24〕可見「人心」和「道心」的產生，都是必然的，由此也可進一步推論出「正大底道」、「自家私意」兩種處事態度和立場。第三，由於天地至公、聖人至公，私作爲公的對立面必須加以大力克服，而且由於「氣質之性」的天然存在，私的克服就成爲一樁十分棘手之事，人們必須以高度的警惕和力氣去克服私，即便是王者也是如此，「才有一毫利心，便非王道，便是伯者之習。」〔註25〕存天理、滅私欲之說也由此引發出。所以二程說：「人心私欲，故危殆；道心天理，故精微。滅私欲則天理明矣。」〔註26〕至於至於具體的手段和方法，就是「克己復禮」，朱熹《四書集注》解釋稱：「克，勝也。己，謂身之私欲也。復，反也。禮者，天理之節文也。」

　　除此之外，宋代理學家還將公私等同於義利。如程頤說：「義與利只是個公與私也。才出義，便以利言也。」〔註27〕陸九淵說：「凡欲爲學，當先識義利公私之辨。今所學果爲何事？人生天地間，爲人自當盡人道，學者所以爲學，學爲人而已，非有爲也。」〔註28〕如此，公與義、私與利之間就劃了個等號。由於義利等同於公私，陸九淵還以「義利二字判儒釋，又曰公私，其實即義利也」，原因則爲「儒者以人生天地之間，靈於萬物，貴於萬物，與天地並而爲三極。天有天道，地有地道，人有人道。人而不盡人道，不足與天地並。人有五官，官有其事，於是有是非得失，於是有教有學。其教之所從立者如此，故曰義曰公。釋民以人生天地間，有生死，有輪迴，有煩惱，認爲甚苦，而求所以免之。其有得道明悟者，則知本無生死，本無輪迴，本無煩惱，故其言曰生死事大。如兄所謂菩薩發心者，亦只爲此一大事。其教之所立者如此，故曰利曰私。惟義惟公曰經世，惟利惟私曰出世。」〔註29〕在陸九淵看來，佛教關注的只是教人以出世方法來擺脫世間諸苦，勘透生死，

〔註24〕郭齊、尹波點校，朱熹著：《朱熹集》卷三六《答陳同甫書》，四川教育出版社，1996年版，第1598頁。

〔註25〕黎靖德編、王星賢點校：《朱子語類》卷二五（第2冊），中華書局，1986年版，第629頁。

〔註26〕程顥、程頤：《二程遺書》卷二四，上海古籍出版社，2000年版，第369頁。

〔註27〕程顥、程頤：《二程遺書》卷二四，上海古籍出版社，2000年版，第224頁。

〔註28〕鍾哲點校、陸九淵著：《陸九淵集》卷三五《語錄下》，中華書局，1980年版，第470頁。

〔註29〕鍾哲點校、陸九淵著：《陸九淵集》卷二《與王順伯書》，中華書局，1980年版，第17頁。

其動機和打算都從個人角度出發，自然可歸之於私。

宋明理學是「具有思辨性的儒學」，也是「將儒家倫理學說概括、昇華為哲學基本問題的儒學」，〔註30〕結合這兩點來看，再比照先秦時期的公私觀念，可以發現宋代理學家實際上是將先秦公私觀就已經開闢確立的立公滅私方向，進一步加以精緻化、系統化和理論化。同時，理學家又試圖為公和私兩者劃出明確的界限，當然，這一劃分界限的目的仍然是為了實現立公滅私的理想。對於前者，理學家們的努力基本是是卓有成效的。天理即自然而普遍的準則規律，也就是必然之理、通天下之理，自然既是道義所在，又是大公的非一人之私意，如此，理欲之辯、義利之辯，同樣可以抽象等同為公私之辯，無論採用哪一種表述，其根本要求都是以理滅欲、以義勝利、以公滅私。對於後者，理學家們的努力卻未必見得效果。按理學家的說法，凡不得不滿足的欲望，即人生存必須具備的的條件，非人欲而謂天理，如饑而求食，寒而求衣等；凡不是必須滿足的欲望，即追求享受，非天理而謂人欲。把人的行為分為生存必需與追求享受，表面上看這兩者有著本質的區別，但事實上這兩者的背後都是欲望，不但無法為兩者劃出明確的界線，甚至在某種程度上泯滅了兩者的界線，這一點上，清代學者戴震有著頗為精當的論述。

宋代除了理學興起處，還有與之相對立的功利主義流派不容忽視。北宋歐陽修、李覯、王安石，南宋呂祖謙、陳亮、葉適等學者，反對心性之空談，推崇富強之實務，注重實際和民生利益，與秦漢以來的傳統儒學一味重仁義的旨趣大不相同，故稱之為功利學者。

功利學者們在義利、理欲、公私等方面均與理學家們持有迥異觀點，基本上肯定利、欲、私的存在。李覯大力為受到理學貶斥的利、欲正名，「利可言乎？曰：人非利不生，曷為不可言。欲可言乎？曰：欲者人之情，曷為不可言。言而不以禮，是貪與淫矣。不貪不淫而曰不可言，無乃賊人之生，反人之情。世俗之不喜儒，以此。孟子謂何必曰利，激論。焉有仁義而不利乎？」〔註31〕利、欲皆為人之常情，蘇洵不僅稱「利之所在，天下趨之」，更作《利者義之和論》，其中稱「利在則義存，利亡則義喪」，〔註32〕故絕不能以一種

〔註30〕張立文：《宋明理學研究》，中國人民大學出版社，1985年版，第85頁。
〔註31〕王國軒點校、李覯著：《李覯文集》卷二九《原文》，中華書局，1981年版，第326頁。
〔註32〕蘇洵著、曾棗莊等箋注：《嘉祐集箋注》，上海古籍出版社，1993年版，第278、

不可言的態度來對待。李覯的努力得到了南宋陳亮等人的一脈相傳，南宋時期的陳亮與朱熹就三代和隋唐歷史人物的評價進行反覆辯難。朱熹認爲王與霸無法兼容，三代爲王道，漢唐爲霸道，即便是漢高帝、唐太宗之所作所爲，「其無一念之不出於人欲也」，只不過「其能假仁借義以行其私，而當時與之爭者才能智術既出其下，又無有仁義之可借，是以彼善於此而得以成其志耳。」〔註33〕陳亮表示反對，他認爲「然謂三代以道治天下，漢唐以智力把持天下，其說固已不能使人心服。而近世諸儒遂謂三代專以天理行，漢唐專以人欲行，其間有與天理暗合者，是以亦能長久。信斯言也，千五百年之間，天地亦是架漏過時，而人心亦是牽補過日。萬物何以阜蕃，而道何以常存乎？」〔註34〕就像李覯認爲義利不可截然分開一樣，陳亮也認爲王霸不彼此排斥，王霸皆能體現道，只是深淺純駁有殊罷了。再至葉適，則明確對朱熹列董子「正其義不謀其利，明其道不計其功」爲白鹿洞書院學規表示不同意，他反駁稱：「仁人正誼不謀利，明道不計功。此語初看極好，細看全疏闊。古人以利與人而不自居其功，故道義光明。後世儒者行仲舒之論，既無功利，則道義者乃無用之虛語爾。然舉者不能勝，行者不能至，而反以爲詬於天下矣。」〔註35〕葉適認爲義與利其實是不可分離的，要求民眾只重視義而完全忽視利，那只是一種「無用之虛語」。

　　在李覯、陳亮、葉適等人眼中，被理學家貶低到極點的利、欲，及與之相關的私觀念，顯然具有一定的合理性。尤其是陳亮，他特別注重公、私問題，曾經自稱：「平生所學，所謂公私兩字者」。〔註36〕有學者指出：「陳亮和另外一些更早期的儒者並非對人欲持絕對否定的態度。他們的倫理觀也不局限於儒學菁英的範圍。」相應地，陳亮的私觀念也與前人有所不同，他「不像其它的中國哲學家那樣對私持完全否定的態度」，主要原因是在陳亮之前「那些哲學家的思想裏，『私』的確切意思是應該是自私（selfishness）。但在

282 頁。

〔註33〕郭齊、尹波點樣，朱熹著：《朱熹集》卷三六《答陳同甫書》，四川教育出版社，1996 年版，第 1592 頁。

〔註34〕鄧文銘點校、陳亮著：《陳亮集》卷二八《又甲辰秋書》，中華書局，1987 年版，第 340 頁。

〔註35〕葉適：《習學記言序目》卷二三，中華書局，1997 年版，第 324 頁。

〔註36〕鄧文銘點校、陳亮著：《陳亮集》卷二九《與石應之書》，中華書局，1987 年版，第 396 頁。

陳亮思想中，私指『self-regard』。」〔註37〕事實上，不僅陳亮將私視爲
「self-regard」，即「（關注）自身利益」，與陳亮先後的李覯、葉適等功利學者
恐怕都有類似的意圖，因爲如前所述，在李覯、葉適等學者那裏，私與欲、
利等觀念並沒有受到理學家那樣的嚴格摒棄。當功利學者們將私觀念的倫理
色彩剔除後，即作爲一種惡的傾向被淡化後，私的另一含意即「（關注）自身
利益」自然而然就會凸顯出來。

當然，即便是陳亮，也沒有爲私觀念完全正名，在陳亮的理想社會圖景
中，私固然有一席之地，仍然是需要加以克服的。陳亮指出，「天運之公，人
心之私。苟其相值，公私合一」，〔註38〕將私與公相提並論，並認爲兩者可以
合一，這的確說明陳亮至少沒有把私視爲一個完全否定性的概念。但是細察
陳亮對公和私的態度，可以看出陳亮意謂的公仍然與天相連，私仍然與人心
相連，而且私仍然是人的對自身利欲的不合理追逐，是一種有待糾正的的道
德傾向，否則，陳亮不會強調人類社會的最終發展趨勢，應該是化私爲公了。
他在參加禮部考試時的文章《勉強行道大有功》中稱：「人心之多私，而以法
爲公，此天下之大勢，所以日趨於法而不可禦也。……法者公理也，使法自
行者私心也。」儘管使法自行者是「私心」，但「人心之多私」說明人心之本
質爲私，而這種私是需要克服的，而克服的手段就是法。

17 世紀以前的公私觀念，在宋代出現了兩種呈全然相反的發展態勢，一
種以理學爲代表，強化了先秦以來的公私截然對立、以公滅私的傾向；另一
種以功利學者爲代表，公私觀念出現了一定程度上的調合，尤其是私觀念與
價值之惡相連的倫理色彩有所淡化。蕭公權先生曾指出：「宋代政治思想之重
心，不在理學，而在與理學相反抗之功利思想。」〔註39〕在某種程度上，功
利主義學者的諸多觀點，正是明清之際啓蒙思潮的先聲，但遺憾的是，功利
思想在兩宋終究沒有成席卷之勢。而理學雖一度受到北宋官方的通令禁止，
但畢竟只是一場誤會，得到官方支持的理學從南宋至明王朝，就愈來愈成爲
社會的主流思潮。隨著理學的流行，等同於欲、利的私觀念，也愈來愈受到
社會主流觀念的排斥，直到明清之際啓蒙思潮的興起。

〔註37〕 田浩：《陳亮論公與法》，載田浩編：《宋代思想史論》，楊立華等譯，社會科
　　　　 學文獻出版社，2003 年，第 520、528 頁。

〔註38〕 鄧文銘點校、陳亮著：《陳亮集》卷三三《祭王道甫母太宜人文》，中華書局，
　　　　 1987 年版，第 441 頁。

〔註39〕 蕭功權：《中國政治思想史》，新星出版社，2005 年，第 297 頁。

三、17 世紀以後的公私觀念

　　明代中後期以來，以江南、嶺南地區為代表的商品經濟發展迅速，大批工商業城鎮興起，民眾的逐利意識和欲望日益蘇醒和凸顯，理學所倡導的傳統義利觀、理欲觀在現實生活中受到了愈來愈多的挑戰，傳統公私觀出現了新的動態和趨勢，其主要特徵體現為以往受到絕對摒棄的私觀念得到了前所未有的重視和肯定。再至明末清初的 17 世紀，又迎來天崩地解的一個特殊歷史時期。農民起義加上異族南下，令看似強大的明王朝驟然覆亡。明清之際的學者在總結明亡經驗教訓時，不約而同地將予頭指向了明王朝的君主專制，進而意識到明王朝滅亡的深層次原因正在於專制君主將天下視為一己之有，令天下人不敢自私、不敢自利，由此提出合私為公論，又從政治哲學的角度對公私觀念作出了新的貢獻。故明清之際的公私觀，上接宋代功利學者的餘緒，下啓民國初的西方思潮，在我國的公私觀念史上的重要地位也可見一斑。由於後文主要針對明清之際的公私觀念展開論述，故這裏不再贅述。

　　但需要指出的是，明清之際的啓蒙思想就深度而言在中國思想史上達到了空前的高度，但那些先進知識分子的思想觀念在當時並未能得到廣泛傳播，更沒能成為一種蔚為流行的社會思潮。李贄之書冠以「焚」、「藏」，唐甄之書冠以「潛」，黃宗羲之書冠以「待訪」，就傳遞出這些思想家的小心翼翼心態，不僅其著作有可能為官方所不容，即便是當時的民間社會也可能不予以接受。更為遺憾的是，清鼎定中原後，以武力鎮壓和文化懷柔雙管齊下，由此「中國學術的歷史主流，由宋明的思辨哲學向清代考證和經世的轉變」。〔註40〕故有清一代的學界，考據之風盛極一時，尤其是乾嘉學者們，更是孜孜埋首於漢唐文獻中，諸如公私、義利、理欲等與現實社會有著重要聯繫的概念，清代學者相對較少加以留意。

　　當然，仍然有不少清代學者試圖對宋代理學提出的一些概念加以清釐。戴震就是其中一位，作為歷代批評存天理、滅私欲之說最激烈的學者之一，戴震指出「聖人治天下，體民之情，遂民之欲，而王道備」，民眾皆有欲，能夠滿足民眾種種欲望的，就是聖人，所行的就是王道，所以「天理者，節其欲而不窮人欲也。是故欲不可窮，非不可有；有而節之，使無過情無不及情，可謂之非天理乎？」天理只是指節制欲望而非扼殺欲望，如果一味強調理欲

〔註40〕王茂、蔣國保等：《清代哲學》，安徽人民出版社，1992 年，第 248 頁。

之辯，那麼「此理欲之辨，適成忍而殘殺之具」，〔註41〕故在此基礎上，戴震提出了著名的「理者存乎欲者也」的命題。除此之外，戴震的另一貢獻在於「分別欲與私爲二，不善原於私，而欲非即私」。〔註42〕也就是說，戴震否定了理學家將欲等同於私的做法，欲並非惡，「天下古今之人，其大患，私與蔽二端而已。私生於欲之失，蔽生於知之失；欲生於血氣，知生於心。」〔註43〕惡之源在於私、在於蔽，私又源於「欲之失」，蔽又源於「知之失」，欲本身並非惡，只是「有失」的欲才是私、才是惡。可以看出，戴震爲理學家所極力貶斥的欲觀念正了名，但在某種程度上，他仍然視私爲惡。

清代考據學者中，錢大昕的公私觀亦值得一觀。錢大昕指出，宋人有言「天下無不是的父母」，這句話「施於家則可，施於天下國家則不可」，原因是「父母未有不愛其子者，子之於父，雖有拂意，不敢疾怨，所以安人子之分。至於政事之得失，自有公論，是非之心，人皆有之。」這一意思錢大昕還有更簡潔有力的表述：「尊親，一人之私也，是非，天下之公也」。〔註44〕這裏的私，可以理解爲從個人角度出發的對親人之私心，錢大昕認爲這種私其親人之心在家的範圍之內並無不可，但如果擴大到天下國家，那麼就不能僅從個人角度出發私其親人，更應該從全體民眾的角度考慮問題，這就是公心。錢氏之論，很大程度上就是針對傳統儒家的親親原則。與之相似的觀點，在明清之際的思想家那裏也可以見到，如王夫之就曾說過「一姓之興亡，私也，而生民之生死，公也」，〔註45〕可以說頗爲接近。不過，錢大昕在明確承認個人私心的同時，並進一步非常明確的將其限制在家庭領域內，當超出家庭領域時，錢大昕強調強調統治者必須站在公心的角度和立場去治理天下國家，這一對公私領域的界定當是錢氏高明之處。

到清末，龔自珍時以論證天地、聖帝、忠臣、孝子、貞婦等都有私的方式，明確指出私不等同於惡。在龔自珍身上可以看到李贄、顧炎武的痕迹，

〔註41〕何文光整理、戴震著：《孟子字義疏證》卷下，中華書局，1982 年版，第 58 頁。
〔註42〕張岱年：《中國哲學大綱》，江蘇教育出版社，2005 年，第 421 頁。
〔註43〕何文光整理、戴震著：《孟子字義疏證》卷上，中華書局，1982 年版，第 9 頁。
〔註44〕錢大昕著、呂友仁標校：《潛研堂集》「原孝下」，上海古籍出版社，1989 年版，第 281 頁。
〔註45〕王夫之：《讀通鑒論》卷十七「敬帝」，中華書局，1975 年版，第 1358 頁。

他認爲天地日月、聖帝哲后、忠臣孝子、寡妻貞婦無不有私,他有一段頗爲有名的論證:「天有閏月,以處贏縮之度,氣盈朔虛,夏有涼風,冬有燠日,天有私也;地有畸零華離,爲附庸閒田,地有私也;日月不照人床闥之內,日月有私也。聖帝哲后,明詔大號,勳勞於在原,咨嗟於在廟,史臣書之。究其所爲之實,亦不過曰:庇我子孫,保我國家而已,何以不愛他人之國家,而愛其國家?何以不庇他人之子孫,而庇其子孫?……忠臣何以不忠他人之君,而忠其君?孝子何以不慈他人之親儷慈其親?寡妻貞婦何以不公此身於都市,乃私自貞私自葆也?」〔註46〕龔氏對私的肯定力度並不遜於明清之際的思想家,如其所指出的那樣,人們愛國並非愛他人之國,忠君也不是忠他人之君,乃至人們孝其父母、愛其子女、貞於其夫,這種種行爲都是有私心、私欲的表現,故完全離於私心、私欲的行爲根本是不存在的。龔氏之論,某種程度上也是針對先秦「天無私覆,地無私載」之說而提出的,他和顧炎武一樣,同以《詩經》文字爲例,歸納其中體現出的公私關係有「先私而後公」,有「先公而後私」,有「公私並舉之」,還有「公私互舉之」,卻唯獨沒有「大公無私」,故龔氏反對的正是大公無私之說,「今日大公無私,則人耶,則禽耶?」

龔自珍的論證是頗爲雄辯有力的,他所生活的年代正處於 18 世紀末至 19 世紀中葉,正是西學開始大規模進入晚清帝國的前夕,故龔自珍身上的西學因素並不顯著。從他身上,可以再一次清晰地看到明清之際湧動的爲包括私心、私欲、私利在內私觀念正名的潮流,這可以說是傳統公私觀沿著自身的軌迹發展演變的結果。

從 19 世紀中後期開始,隨著西學開始大規模的進入傳統中國,傳統的公私觀念亦開始受到西方文化的薰染。

縱觀清末民初的公私觀念,首先可以看到明清之際確立的公爲私之集合,即顧炎武所謂的「合天下之私以成天下之公」觀在清末民初得到了進一步的認可和發展,而且由於西學的傳入,特別是具有個人主義背景的權利、自由等觀念的影響,使得個人之私又在一定程度上擺脫了私心、私欲、私利等傳統束縛,成爲個人權利、個人自由的代名詞,並進而成爲維護「天下之公」或者是達到「天下之公」的途徑之一。如此,中西方的公私觀念某種程

〔註46〕龔自珍:《論私》,《龔自珍全集》,上海人民出版社,1975 年,第 92 頁。

度上出現了殊途同歸的一些迹象。但需要指出的是，在傳統私觀念的地位借助於西學得到進一步擡升的同時，公觀念並沒有受到明顯的削弱，公觀念仍然與倫理之善緊緊融合在一起，並且成爲國家、群體的代名詞。

較具代表性的論述爲刊登於 1903 年的《浙江潮》第 2 期《公私篇》一文，該文將中國的「沉沉二千年、暗暗二十四姓」歸結於一句話，即「惟公之故，惟無私之故，」〔註 47〕指出正是公私觀念的二元截然對立造成了這一情形。在論證私觀念合理性的過程中，該文首先指出，「今夫孝子何以不孝他人之親而孝其親？今夫寡妻貞婦何以不愛他人之夫而愛其夫？今夫令主誼辟何以不保他人之子孫而保我子孫？何以不保他人之黎民而保我黎民？則私之爲也。」這一段與上述龔自珍《論私》中的語調不無相似之處，很可能是受到龔氏的影響。由此出發，《公私篇》的作者提出了這樣一個論點：「夫私之云者，公之母也；私之至焉，公之至也」，視私爲公之母、公之至，私觀念地位的擡高可以說是破天荒的，這是出現於 20 世紀初的一種公私觀念，也是明清之際公私觀演變的必然結果。當然，《公私篇》受西學的影響更爲顯著，「及今而人人挾其私智，出其私力，奮其私一國、私一省、私一府、私一州縣、私一鄉區之熱心，以圖救其私一國、一省、一府、一州縣、一鄉區之私人，勵獨立之氣，復自主之權，集競爭之力，鼓愛國之誠，以與暴我者相抗拒、相角逐，以還吾中國眞面目，則中國雖弱，未有艾也」。這一段又似受到顧炎武的影響，顧炎武曾設想寓封建於郡縣之中，以府縣之「私」來成全天子之「公」。如果說，顧炎武設想的府縣之「私」還只是針對少數社會精英、特權群體，那麼這一段讀來蕩氣迴腸的「私一國、私一省、私一府、私一州縣、私一鄉區」之語，無疑包括了每一位社會成員，而且是具有國民權利的社會成員，可以說是具有近代意義上的個體之私了。

私觀念的地位在清末民初之所以能提高，與西學的傳入有著密切關係，尤其與以個人主義爲基礎的民主、自由、權利觀念有著密切的關係。在一些學者眼裏，私和倫理色彩即惡、非正義已沒有太多聯繫，而是權利、自由之說的強有力支撐點，只有擁有權利、自由的個體，才是眞正的個體，這樣的個體，可以稱之爲國民、公民，可以成爲一個國家、民族的立國之本。如此，私觀念首先在政治領域得到了強有力的肯定，這是清末民初私觀念的地位大

〔註47〕《公私篇》，《浙江潮》1903 年第 1 期，載張枬、王忍之編：《辛亥革命前十年間時論選集》（第一卷下冊），第 493 頁。

大擡高的重要原因之一。例如嚴復，他對西方文化的瞭解是透徹的，「夫自由一言，眞中國歷古聖賢之所深畏，而從未嘗立以爲教者也。彼西人之言曰：唯天生民，各具賦畀，得自由者，乃爲全受，故人人各得自由，國國各得自由，第務令毋相侵損而已。侵人自由者，斯爲逆天理，賊人道，其殺人傷人及盜蝕人財物，皆侵人自由之極致也。故侵人自由，雖國君不能，而其刑禁章條，要皆爲此設耳。」〔註48〕人人各得自由，也即人人享有權利，個體因爲享有了權利和自由，遂成爲眞正意義上的獨立個體，這樣的個體，是群、公德和國家的前提，所以梁啓超指出，「邊沁以人群公益一語，實道德學上最要之義也。雖然，前此稱道之者，其界說往往不明。夫人群者，無形之一體也，而其所賴以成立者，實自群內各各特別之人，團聚而結構之。然而所謂人群之利益，合群內各個人之利益，更無所存，於是邊沁乃創爲公益私是一非二之說。」〔註49〕又說：「夫聚群盲不能成一離婁，聚群聾不能成一師曠，聚群怯不能成一烏獲。故一私人而無所私有之德性，則群此百千萬億之私人，而必不能成公有之德性，其理至明也」，「是故欲鑄國民，必以培養個人之私德爲第一義，欲從事於鑄國民者，必以自培養其個人之私德爲第一義」。〔註50〕不僅如此，「一部分之權利，合之即爲全體之權利；一私人之權利思想，積之即爲一國家之權利思想。故欲養成此思想，必自個人始，人人皆不肯損一毫，則亦誰復敢攖他人之鋒損其一毫者。」〔註51〕這段文字，既是明清之際合私爲公論的進一步拓展，又發揮了先秦楊朱的觀點。而這種享有權利和自由的個人，即是國民，也就是國家的主人，「國也者，積民而成，國家之主人爲誰？即一國國民是也」。〔註52〕

清末民初學者所指出的，個人之總和是爲群，個人私德之總和即爲公德，個人權利之總和是爲國家之權利，從表面上看，與明清之際顧炎武「合天下之私以成天下之公」之論不無相似之處，實際上，明清之際學者在論證私的

〔註48〕嚴復：《論世變之亟》，《嚴復集》第一冊，中華書局，1986年版，第2～3頁。
〔註49〕梁啓超：《樂利主義泰斗邊沁之學說》，《梁啓超全集》，北京出版社，1999年版，第1046頁。
〔註50〕梁啓超：《新民說·論私德》，李華、吳嘉勳編：《梁啓超選集》，上海人民出版社，1984年版，第249頁。
〔註51〕梁啓超：《新民說·論權利思想》，《梁啓超全集》，北京出版社，1999年版，第673頁。
〔註52〕梁啓超：《中國積弱溯源論》，《梁啓超全集》，北京出版社，1999年版，第414頁。

合理性時，主要論證的是個體私欲、或者說是人的欲望的合理性，而清末民初學者在論證私的合理性時，主要論證的是享有權利和自由的個體即其自身的合理性，兩者的角度其實不盡相同。

然而正如學者所指出的那樣，西學中的權利、自由之說是以個人主義為基礎的，而個人主義在中國傳統中，始終處於被有意消抑、弱化的處境，故中國的學者很難對西方的個人主義傳統有一種真正之理解，再加上特定的歷史時代，他們會很自然地視西學中的權利、自由為工具、手段，而非目標。如史華茲先生指出由於國家主義觀念的強大影響，嚴復無法真正理解以個人自由、個人權利為終極價值的西學傳統，故最後仍不可避免的以國家富強為最終價值取向。〔註53〕黃克武先生在此基礎上通過對嚴譯《群己權界論》與密爾原著《論自由》的逐句逐段的比較，進一步指出嚴復對彌爾的誤會處不在其不能接受關於個人自由和個人權利的看法，而在於彌爾關於自由的所以然，即嚴復同樣具有強烈的批判意識和自覺精神，但他難以響應或者說不自覺地排斥，西方文化中關於人性的幽暗意識以及消極自由觀念。嚴復完全能理解並肯定彌爾關於個人自由尊嚴的諸多看法，但對於彌爾偏向於為柏林所謂的「消極自由」內容和傾向，則難以欣賞和接受。〔註54〕張灝先生則認為，梁啓超對西方的自由主義沒有一個統一的和一貫的看法，他並沒有一個從集體主義到個人主義價值觀的轉變，這樣，梁啓超等雖然「接受了西方開明的自利和維護個人權利的人格思想，但接受這些西方理想並不是作為內在的價值觀，而是作為有助於維護國家集體權力的次要的價值觀。」〔註55〕

上述諸位學者的觀點無疑是細緻深入的，以嚴復和梁啓超為代表的清末民初思想家群體，堪稱融「西學」、「西藝」與傳統思想文化於一爐的智者，他們既在很大程度上洞悉西方文化的精髓之處，又對自身的傳統文化抱有一份溫情和敬意。但是，他們研究、學習西學的最終目的，仍然是借助西學為古老的中華帝國開出一方良藥，因此，如果說嚴復、梁啓超等對西方文化的精髓之處不甚瞭解，那是基於他們的根本立足點和出發點，總是試圖在調合東西方文化的不適、試圖將兩者融合為水乳無隙的一體，從而為母國的振興

〔註53〕參見史華茲：《尋找富強：嚴復與西方》，江蘇人民出版社，1990年版。

〔註54〕參見黃克武：《自由的所以然——嚴復對約翰彌爾自由主義思想的認識與批判》，上海書店出版社，2000年版。

〔註55〕張灝：《梁啓超與中國思想的過渡（1890～1907）》，新星出版社，2006年版，第135頁。

提供藥方。這種調適的必然結果，就是在西學中挖掘出適合中國傳統的相關資源，至於那些爲西方傳統所秉持、並被視爲理所當然，而東方卻因缺少相關傳統而歷來罕見的相關資源，他們自然會下意識地加以挑選並摒棄。

　　以對西學瞭解最透的嚴復的公私觀爲例，他在民國以後，仍然極其重視個體和個人價值，視個人爲群己關係的基礎，1913 年他在《天演進化論》一文中，引述斯賓塞的觀點指出：「是故治國是者，必不能以國利之故，而使小己爲之犧牲。蓋以小己之利而後立群，而非以群而有小己，小己無所利則群無所爲立，非若生物個體，其中一切么匿支部，捨個體苦樂存廢，便無利害可言也。」〔註56〕不能打著國家、群體、集體之利益的旗號而隨意犧牲個體利益，這一論述可謂深得西方古典自由主義之菁華。但在同時，嚴復又受著傳統文化的長久薰陶，這正如史華茲所指出的那樣，嚴復始終有一個希望中國富強的國家主義觀念，所以嚴復在肯定私觀念的同時，也將公視爲國家、群體，這使得私觀念的最終落足占仍然在於公，他在《法意》的案語中提出「居今而爲中國謀自強，議院代表之制雖不即行，而設地方自治之規，使與中央政府所命之官和同爲治，於以合億兆之私以爲公，安朝廷而奠磐石，則固不容一日緩者也。失今不圖，行且無及！」〔註57〕嚴復認爲地方自治是「合億兆之私以爲公」，表面上看與上述顧炎武之論頗爲一致，只不過，顧炎武之「公」謂君主朝廷，而嚴復之「公」謂主權國家。這種迹象在梁啓超等人身上表現得更爲明顯。梁啓超曾多次將西方民主政體、傳統專制政體與公、私觀念相聯繫，「今夫國家者，全國人之公產也，朝廷者一姓之私業也，國家之運祚甚長，而一姓之興替甚短，……有國家而後有朝廷，國家能變置朝廷，朝廷不能吐納國家」，〔註58〕「國之強弱悉推原於民主，民主斯固然矣。君主者何，私而已矣；民主者何，公而已矣。」〔註59〕譚嗣同也稱：「君者公位也。」〔註60〕這些知識分子在接受西方政治制度的同時，也順理成章地將西方政治制度視爲公觀念的體現，而將傳統專制政治體制視爲君主一己之私欲的體

〔註56〕嚴復：《天演進化論》，《嚴復集》第 2 冊，中華書局，1986 年版，第 315 頁。
〔註57〕〔法〕孟得斯鳩著、嚴復譯：《法意》，商務印書館，1981 年版，第 374 頁。
〔註58〕梁啓超：《中國積弱溯源論》，《梁啓超全集》，北京出版社，1999 年版，第 413 頁。
〔註59〕梁啓超：《與嚴幼陵先生書》，《梁啓超全集》第 1 冊，北京出版社，1999 年版，第 72 頁。
〔註60〕譚嗣同：《仁學》，《譚嗣同全集》，中華書局，1998 年版，第 334 頁。

現。也就是說，他們驅散了籠罩在傳統君主政治體制上的價值之善迷霧，同時又將這種價值之善的倫理觀念重新賦予了新的主權國家及相關的政治體制，故學者指出：「他們言及『公』與『公共』，很大程度上皆是針對『國家』與『政府』立說，同樣是將『天下為公』之『天下』轉換為『國家』與『政府』。」〔註61〕在公觀念與國家、群體相聯繫的背後，可以看到公觀念等同於倫理之善仍然深深烙刻於中國知識知識分子的潛意識之中，

　　對西學有著深厚造詣的嚴復、梁啟超尚且如此，普通知識分子自不待言。從19世紀末至20世紀初，私觀念由於和西方的個人權利、自由之說相聯繫，其地位得到了極大提升，而公觀念雖然受到了一定程度的衝擊，但依舊代表著善與正義，並進而與國家、群體融合為一體，其地位並沒有受到根本性的質疑和動搖。至20世紀上半葉第一次世界大戰爆發，令一些知識分子產生了對西學的嚴重懷疑，使得一些本來傾向於西化的人紛紛回歸到傳統，其中梁任公及其《歐遊心影錄》堪稱代表。一戰結束後，中國人非但沒有迎來公理戰勝強權的新氣象，反而目睹了民族危機的進一步加深，於是就出現了學者指出的救亡壓倒啟蒙現象，「救亡的局勢、國家的利益、人民的飢餓痛苦，壓倒了一切，壓倒了知識者或知識群對自由、平等、民主、民權和各種美妙理想的追求和需要，壓倒了對個體尊嚴、個人權利的注視和尊重」。〔註62〕

　　於是，代表著國家、群體的公觀念再一次昂揚，並以一種勢無可擋的趨勢席捲全中國，這一過程從思想史的角度可歸納為：「自群與己兩者價值關係解釋，進一步立刻引起兩個新觀念：一個是社會有機體的觀念。他們很快接受並承認個人在民族、國家、社會中間，如同一個物體的細胞，物體與細胞生命的共同延續，息息相關。另一個是由社會有機體觀念，再推衍出來的『小己大群』觀念。就是對待一個國家民族的群體而言，個人價值為輕，群體價值為重。」〔註63〕例如孫中山大力提倡自由、平等，但在國家自由與個人自由兩者的關係上，卻認為「個人不可太過自由，國家要得到完全自由。到了國家能夠行動自由，中國便是強盛的國家。要這樣做去，便要大家犧牲自己。」

〔註61〕章清：《近代中國對「公」與「公共」的表達》，許紀霖主編：《公共性與公共知識分子》，江蘇人民出版社，2003年，第197頁。

〔註62〕李澤厚：《啟蒙與救亡的雙重變奏》，《中國現代思想史論》，天津社會科學院出版社，2004年版，第27頁。

〔註63〕王爾敏：《中國近代思想史論》，中國社會科學出版社，2003年版，第34頁。

〔註64〕爲了公即群體、國家的利益，可以犧牲私即個體、小我的利益，在很大程度上，孫中山的這種提法不僅與當時的社會潮流相契合，而且是傳統的以公滅私觀在新時代的另一種表現形式，而且，這種公私觀之後得到不斷的強化，完全左右了20世紀下半葉的中國社會。

第二節　對歷史上公私觀念的哲學分析

上文對歷史上公私觀念的演進作了一番大致的梳理和歸納，在此基礎上，可以對公私觀念進一步作形而上的分析。這就首先涉及到作爲一種概念的公和私，在一定程度上，觀念可以看成是個人或群體頭腦中對某一事物的主觀看法和印象，而概念卻是經過嚴格的定義，有著明確的內涵和外延。不同人的認識中的觀念很可能會千差萬別，但是對於概念的認識則需取得一定程度的認可。當然，在現實社會中，概念的界定和給出並不是那麼容易的，尤其是在人文和社會學科領域內，較之於自然學科，要對某一個概念 —— 哪怕是人們運用已久、已經耳熟能詳 —— 作出恰如其分的、多數人認可的準確界定，是相當困難的。鑒於此，這裏不嘗試對公私概念作出嚴格的界定，而試圖對公私概念的歷史內涵進行梳理。

此外，公私觀念體系中除了公私基本概念外，還應該包括公私關係，這兩者顯然處於一種既有聯繫、又有區別的辯證統一關係。從歷史的角度看，公和私這兩者之間曾經存在過兩種模式：以公滅私和合私爲公。以公滅私論自先秦以來，就在中國傳統社會中佔據主流地位，宋明理學時期一度達到高峰，並對當今中國社會仍然有著顯著影響。這種公私關係至少有以下三個理論基礎：形而上基礎、倫理基礎和經濟基礎。合私爲公論可以看成是對前者的一種對立和反抗，先後流行於明末清初和清末民初，但並未成爲社會的主流思潮。

一、公私概念的歷史內涵

有學者試圖對公私概念作出定義性的描述，例如日本的黑住眞先生，他將公「寬泛地定義爲『所有人都參與』的一種理想的狀態。也就是說，無論

〔註64〕嶺南文庫編委會、廣東中華民族文化促進會編：《孫中山文粹》下卷，廣東人民出版社，1996年版，第841頁。

事情與話語，只要其與眾人相關，它就是『公』，而事情與話語的發出者和接受者，則都是一種『公』的存在」。〔註65〕黑住眞先生對公概念的定義主要落足於「所有人都參與」，強調了公這一概念的開放性，這的確是公概念的一大特徵，具備有一定的哲學抽象意義。但從現實社會看，「所有人」就如政治學理論中的直接民主一樣，其實現條件難以保障。再者，這一定義將公概念界定爲一種狀況，那麼像與日本不同，傳統中國的公觀念有著強烈的倫理性，這又該作如何強調呢？

確實，要對公私概念的定義作出明確的界定是一樁非常棘手的事情，更何況從歷史上看，公和私恐怕是傳統文化中內涵最爲豐富、同時也最不確定的概念之一。故而有更多的學者另闢蹊徑，側重於梳理公私概念的內涵。

日本學者溝口雄三先生在探尋中國公觀念的起源時，認爲公一詞在甲骨文、金文時代指與共同體的首長相關的東西或對它的尊稱，並包括共同體的設施、財物，到戰國末期再新添公正、公平等倫理上的意義。結果，公概念衍生出三組內涵：「由與首長相關的部分派生出了公門、朝廷、國家、政府的意思（第一組）；由與共同體相關的部分派生出了公田、公開、公共的意思（第二組）；再就是由平分之中派生出了均等、公正的意思（第三組）」。〔註66〕溝口雄三先生的視角是從中日文化比較的層面出發的，這使得他能夠敏銳地注意到與日本相比，中國的公增添了公平的內涵，而日本的公概念卻不存在這第三組內涵。顯然，溝口先生指出了中國傳統公概念的一個重要特點。

臺灣的陳弱水先生則從中國思想史的角度，把公、私概念的內涵歸納爲五種類型，其梳理顯得清晰透徹，茲介紹如下：第一類成型最早，作爲一個政治社會概念，公的最初涵義是統治者或政府之事，衍申出來，也有公眾事務的意思。與之相對應的私，就有民間、私人的意思。第二類，其核心意義是「普遍」或「全體」，指的不是朝廷、政府，而及於國家、天下，甚至可以是人間宇宙的總和，是一種規範性觀念，尤指普遍的人間福祉或普通平等的

〔註65〕 〔日〕黑住眞：《「公共」的形成與近世日本思想》，黃俊傑、江宜樺編：《公私領域新探：東亞與西方觀點之比較》，華東師範大學出版社，2008年版，第107頁。

〔註66〕 〔日〕溝口雄三：《中國思想史中的公與私》，佐佐木毅、金泰昌主編：《公與私的思想史》（公共哲學叢書/第1卷），北京：人民出版社，2009年版，第38頁。又參見溝口雄三：《中國與日本「公私」觀念之比較》，香港《二十一世紀》，1994年2月號。

心態，並有著強烈的道德內涵，即「平均」、「均等」。與之相對應的私是妨礙普遍利益實現的私利行爲或特殊關心，同樣具有強烈的道德內涵。這一類型的公概念與私處於尖銳對立的位置，並對中國歷史影響極大，在此影響下，私無論作何解釋，都具有負面意義，處於被壓抑、被消除的地位。第三類由第二類變化而來，但比第二類還要抽象，倫理色彩也更濃。公概念直接代表「善」或世界的的根本原理，如道、義、正、天理等，並把公規定爲儒家道德的一個基本性格，指涉的對象卻不必是公眾全體，具體涵義也不必然是普遍、平等。與之相對應，私不是指錯誤的行爲或事物，而是指錯誤的來源，如私心、私意、私欲等。第四類，公概念的大致涵義仍然是普通、全體，但卻承認私概念的正當性，甚至認爲理想的公，就是全天下的私都得到合理實現的結果和境界，這使得與之相關的私概念得到無可置疑的正當性。這一類型的公私觀，萌芽於明代晚期，是對類型二、三的一種反動，然而到清代統治穩固後又趨於消沉，直到清末再一次得到闡揚。第五類是語言演變的結果，而非明確的思想觀念，這個類型的公概念以「共同」、「眾人」爲主要涵義，可指涉生活中許多層次的事務和行爲，包括政治領域、家族宗族領域和一般社會生活領域，這個類型的公通常情況下不與私並舉，但當帶有倫理意義時，與之對應的私就蘊含貶義，意思是少數人的、私心的。〔註67〕

　　此外，還有學者對清末民初、西學傳入背景下的公私概念作出了辨析。章清先生認爲，公的表達在近代中國已經出現了新的格局，時人對公觀念的認識和表達，是將公作爲「公理」、「公正」的體現，並與私爲對照，以此爲基礎反觀中國古代歷史之演變，則無論是公還是公共，在很大程度上都是針對國家和政府而言。而且，公觀念的載體，也由傳統士大夫言必稱的「三代」轉向爲西方，以西學中的民族主權國家、地方自治爲立足點。至於私概念也已不僅僅是公的回應，時人對私的辯護，更多著眼於個人的獨立自主性，甚至還明顯希望擺脫私觀念所摻雜的道德評判，這裏的關鍵之點在於，隨著個人權利逐漸受到關注，個人所依託的私，逐漸被納入「個人權利」而得到正面的肯定。〔註68〕

〔註67〕 參見陳弱水：《中國歷史上「公」的觀念及其現代變形 —— 一個類型的與整體的考察》，《公共意識與中國文化》，新星出版社，2006 年版，第 74～100 頁。

〔註68〕 章清：《近代中國對「公」與「公共」的表達》，許紀霖主編：《公共性與公共知識分子》，江蘇人民出版社，2003 年，第 192～201 頁。

　　上述幾位學者對公私概念內涵的把握無疑是十分精僻的。在此基礎上，中國傳統社會中的公私概念可歸納出以下三個較為顯著的特點：多樣性、層次性和倫理性。

　　所謂多樣性，是指公私概念在不同的語境和場景下具有不同的內涵和指稱。在傳統社會中，公在早期可以指代共同體、氏族首長，此後指代掌握了政治權力的君主、朝廷、官府，甚至直接代指官方、官事、官物等，又可以指代與政治權力關係不大、與單個個體相對的民間團體和民間事務，如行會、公所、善堂、善會、宗族、家族等小團體和小群體，更可以抽象為某種最高價值規範諸如公理、公道、公義等。到了近代，公所指代的對象又演變為主權國家、議會、地方自治和民主制度等，與之相適應的，公所內蘊的抽象價值規範也增添了公共性、正義性。同樣，在傳統社會中，私除了指代個人、個體外，以及社會經濟和生活領域內的民間團體和民國間事務外，更多地指代人性中的自私自利、尤其是損人利己的傾向和行為，並進而被抽象為某種負面性價值規範的來源，如私心、私欲、私利，到了近代，私所指代的個人、個體被置於權利和自由的前提，個體是指享有權利下前提下方擁有義務的個體，例如國民、公民、市民等。

　　所謂層次性，是指公私概念所具備的不同內涵和指稱可以分為不同層次，如下圖所示：

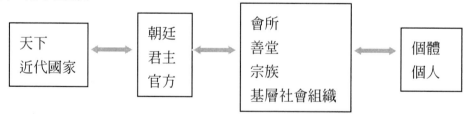

圖1：公私概念不同內涵示意圖

　　其中「天下」與近代意義上的主權國家居於最高層，「個體」即個人居於最底層，自然，中間層次與「天下」相比較為私，與「個體」相比較又可以為公。如會所、善會和宗族等，由於不掌握政治權力，故在政治領域裏，和掌握了權力的官方、朝廷相比較當然是私。但在社會和經濟生活領域裏，會所、善堂和宗族又是個體的聚合體，會館公所以城鎮商業經濟活動為基礎，善堂善會以民間慈善事業為基礎，宗族同樣以義莊祠田的方式對族內個體進

行救恤，故這三者從群體、眾人的角度看均可以稱之公。再如家國一體的傳統國家以朝廷、君主爲代表，與以會所、善堂、宗族爲代表的基層社會組織，當然可以稱爲公，但如果站在天下、近代主權國家的角度去觀察，又可以稱爲私。此外，位居最高層的「天下」又與最底層的「個體」有相通之處，即兩者可以通過「天下爲天下人之天下」的觀念打通，這使得公私觀念的各個組成部分既彼此分立，又渾然一體。這一情形，正如費孝通先生所觀察到的，在中國的社會結構中，「公和私都是相對而言的，站在任何一圈裏，向內看也可以說是公的」。〔註69〕向內看，所站之處即是公；向外看，所站之處即是私。

　　所謂倫理性，是指籠罩於公私概念之上的某種價值準則和取向。這種倫理性也就是溝口雄三指出的道義性，他在比較中、日兩國的公私觀時就已經指出，公的內涵在中國具有公平、公正的意思，這一點正是日本的公私概念所沒有的。由於公概念含有公平、公正意義，使得公概念本身成爲價值之善諸如善、正義的一個來源，公概念由此獲得一種道義性的支持力量，凡公者，皆爲善、正義。與此同時，與公相對的私概念，自私、自利的一面被放大，並被提升到惡、非正義的高度。在傳統社會中，不少學者也承認人性自私自利觀念的客觀存在，但爲了將這種自私自利從人的本性中完全剔除出去，就將私視爲惡、非正義的來源。如此，當公概念的地位在不斷提升的同時，私概念的地位則不斷的貶低，凡私者，皆爲惡、非正義。這種倫理性，到明清之際、清末民初出現了新的動向，體現爲公概念的道義性色彩不變、甚至有所加強的前提下，私概念的非道義性色彩大大弱化。直至明清之際，公私概念的倫理性才有所減弱，這主要體現爲私概念地位的上陞，再至清末民初，借助西學中的權利、自由之說，私概念的非正義色彩進一步淡化，但自始至終，公概念的正義性色彩從未得到任何程度的削減。

　　上述多樣性、層次性和倫理性這三個特點，或許會有助於我們對中國傳統社會中的公私概念作出更準確的把握和理解。在此基礎上，筆者試將中國歷史上的公私概念的內涵歸納爲以下類型：

　　Ⅰ、從實體層面看，公指群體、大家，可延伸至指較大的單位、機構，尤其可指代傳統意義上的官府、朝廷和近代意義上的政府、國家；私指個體、個人，可延伸至指代小的單位、機構。

　　Ⅱ、從價值觀層面看，公等同於善和正義、崇高，在道德層面被完全肯

〔註69〕費孝通：《鄉土中國・差序格局》，北京出版社，2005年，第39頁。

定；私則等同於惡和非正義、非崇高，且具備道德貶義色彩，基本屬於被完全否定的一方。

III、從知識論層面看，公是從群體角度出發對客觀事物和世界的認識，可以分為兩種情形：一種情形是完全否認個人的自利動機，另一種情形則以滿足個人的自利動機為前提；私指從個人角度出發對客觀事物和世界的認識，同樣可以分為以下兩種情形：一種情形體現為個人純粹的自利動機和行為，這可以視為人的一種本能欲望，並無價值否定性色彩；另一種情形體現為個人的損人利己的動機和行為，因為以損及他人利益為前提，故帶有道德上的價值否定色彩。

IV、從經濟層面看，公擁有由官府、朝廷和近代意義上的政府、國家所有而引申出的公有內涵，並體現為相關社會制度安排；私擁有從個人、個體所有而引申出的私有內涵，包括相關社會制度安排。

在上述界定中，需要注意的是類型III中兩類情形之間的區別在於，於個人在實現其自利動機和行為時，即在追逐滿足自身利益和欲望的同時，有沒有損害第三者的利益。如果損害第三者利益，就屬於第二種情形；如果不損及第三者利益，那就屬於第一種情形。上類型III與類型II之間的區別，則在於類型II總是對私持完全否定、貶視態度，類型III則將私理解為個人、個體的自利動機和行為，承認其存在的合理合法性，只是在其滿足自利動機過程中損害到第三者的特定情形，予以否定。可以看出，如果對私概念不問青紅皂白、一古腦地加以否定和抹殺，其必然結果將會是以下兩種：其一，否認私概念本身的合理合法性，尤其是個人、個體的自利動機和行為；其二，否認個人、個體有在不損害他人利益的前提下，找到並實現滿足其自身利益的方式和途徑。

二、傳統社會的主流公私關係：以公滅私

在對公私概念的內涵作出一定程度的界定之後，緊隨而來的一個問題就是這兩者之間的關係如何？即在中國傳統社會中，公與私之間到底處於一種什麼樣的關係？能否對公私關係作一抽象並概括出其特點？這一問題之所以重要，是因為將影響到公私觀念的日後發展趨勢。

單就公私關係本身而言，公私關係可以表現為或對抗鬥爭、或和諧共存的關係，而中國傳統社會中一個顯而易見的特點，就是以公滅私，顯然中國

傳統的公私關係可以用對抗鬥爭來概括。再進一步，理論上的假設可以這樣推定，公私之間如果互為對抗，那麼可能出現的情形既包括以公滅私，也包括以私侵公，但顯然，由於在傳統社會中公觀念往往與掌握了政治權力的官方相結合，因此從歷史上看，以公滅私情形的出現當更為普遍。

回顧上述中國歷史上公和私的觀念演變史，就可以清晰看出，自先秦時期，中國的公私關係就以《尚書‧洪範》中的「以公滅私」之論為典型代表，此後更演變為中國傳統社會中的一股主流思潮，進而在宋明理學時期發展到極致，此後在明清之際、清末民初有所弱化，但自上個世紀 50 年代起，與「以公滅私」相一致的「大公無私」論再一次得到強化。無論是「以公滅私」還是「大公無私」，這其中的「公」概念既包含有朝廷、君主、官府、官事之意，又包含有平等、正義的道義性內涵，這就產生了一個頗令人不解的悖論，公含有平等、正義的道義性內涵，最後演繹出的結果卻是對私欲、私利甚至是個體之私的強烈排斥和否定，這本身豈非就是一種不平等、非正義？

如果從政治哲學的角度看，之所以產生這一悖論的關鍵之處恐怕在於公概念在現實社會中的具體落實。事實上，「以公滅私」之中的「公」，與其說是平等、正義等道義性內涵的體現，不如說是朝廷、君主、官府借用了這種道義性內涵，結果導致價值之善與統治者兩者間劃上了等號。而為了維護統治者的利益，只有壓抑和排斥以私概念為代表的被統治者利益一途，這一情形，與哈貝馬斯指出的歐洲的「代表型公共領域」如出一轍。哈貝馬斯認為，歐洲中世紀中期的封建社會不存在一個與私人領域相分離的特殊領域即公共領域，但封建制度的個別特徵如君主也具有「公共性」，但這只是因為所有權有一種公開的代表形式，所以這種代表型公共領域只是一種地位的標誌，佔據這一地位的人將其公開化，其形式是以一整套關於「高貴」行為的繁文縟節出現在民眾面前，以此顯示出偉大、尊崇、榮耀、尊嚴等一切崇高的價值，但是，「他們在民眾『面前』所代表的是其所有權，而非民眾」。〔註 70〕馬克思在分析法國小農經濟與君主專制的關係時，指出小農經濟的分散性即小農的生產方式，使得他們不是相互交往，而是相互隔離，這樣農民無法「形成共同的關係，形成全國性的聯繫」，這樣，「他們不能代表自己，一定要別人來代表他們。他們的代表一定要同時是他們的主宰，是高高站在他們上面的

〔註70〕〔德〕哈貝馬斯著、曹衛東等譯：《公共領域的結構轉型》，上海學林出版社，1999 年版，第 7 頁。

權威，是不受限制的政府的權力，這種權力保護他們不受其它階級侵犯，並從上面賜給他們雨水和陽光」。〔註71〕

哈貝馬斯指出的「代表型公共領域」和馬克思指出的「主宰、權威代表小農」，同樣適用於中國傳統社會。在數量眾多的普通民眾面前，朝廷、君主、官府無疑是掌握了政治權力的強大所有者，在觀念的層面上，他們與平等、正義等道義性價值觀念緊密相聯，但事實上朝廷、君主、官府無法代表民眾，他們向民眾所展示的也只能是威風凜凜的皇權，哪怕傳統社會中的統治階層煞費苦心的借助儒家禮法、意識形態來來維護其威權，都不可能真正代表平等、正義等道義性價值。既然朝廷、君主、官府無法真正「代表」廣大民眾，那麼公與私之間也就失去了聯繫、溝通的管道，當兩者的利益都無法得到有效的保護和兼顧時，以公滅私、以私侵公都會出現，只不過，由於朝廷、君主、官府掌握了政治權力和話語權，以公滅私也就自然而然成為了社會的主流話語，而以私侵公雖然成為官方和主流社會口誅筆伐的對象，但在事實層面，卻是無法遏制的，而且潛流洶湧，尤其是當朝廷、君主、官府成為少數家族、同鄉或者被稱為利益既得階層、團體的代表時，以私侵公就更有了充分的理由。

至此，以公滅私觀的理論基礎已經呼之欲出了。以公滅私論至少有以下三個理論基礎：形而上基礎、倫理基礎和經濟基礎。

以公滅私論的形而上基礎，是以整體主義或者說是集體主義為基礎的一元論，體現在政治體制上將走向專制主義、極權主義。整體主義與個人主義相對立，都是個人和共同體兩者間關係的一種概括。整體主義者認為共同體是一個有機體，有機體是第一位的，個人則是部分，各部分是彼此協作而非分離的關係，其存在目的是為了促進有機體的健康存活和發展，即促進整體利益，整體利益高於一切，在必要情況下，可以犧牲個人來促進共同體的利益。對此，波普爾曾引用柏拉圖的話予以入木三分的說明：「部分為了整體而存在，但整體並不為部分而存在……你是因整體而被創造，而整體的被創造並非為了你。」〔註72〕再從歷史的角度看，整體主義愈是在生產力不發達的古代，其傾向在人類社會中也表現得愈是明顯，「我們越往前追溯歷史，

〔註71〕《馬克思恩格斯選集》第 1 卷，人民出版社，1995 年版，第 678 頁。
〔註72〕〔英〕卡爾·波普爾著、陸衡等譯：《開放社會及其敵人》上，中國社會科學出版社，1999 年版，第 200 頁。

個人，從而也是進行生產的個人，就越表現爲不獨立，從屬於一個較大的整體」。〔註 73〕由此出發，外化爲君主、朝廷、官府等形象的公無疑代表著整體，被視爲私的廣大個體民眾則可以被當作部分，按照整體主義整體大於、決定部分的邏輯，當然可以得出公大於私、公決定私的結果，當爲了整體的利益不惜犧牲個體利益時，以公滅私論就堂而皇之地登上了歷史舞臺。

以公滅私論的倫理基礎，是人性至善、道德至善論。人性的善惡之爭，古今中外都曾經有過熱烈的爭論，不管其結果如何，有一點可以肯定，人性善、人性惡的任何一方觀點都不曾取得過絕對的優勢。但當至善論一味強調人性中善的一面，強調理想的崇高與美好，卻斷然否認人性中惡的一面，不承認每個人所追求的善並不完全一致時，這種人性至善、道德至善本身就會演化爲一種終極目標，此時，出現包括思想控制甚至暴力在內的種種手段就會順理成章。所以就其本質而言，人性至善論、道德至善論都是一種道德理想主義，但這種至善論並不是合乎理性的理想主義，而是劣等的理想主義，原因就在於至善論者「他希望弘揚理想——他的腳總是踩著加速器——卻沒有對他宣揚的理想加以控制」。〔註74〕人性至善論、道德至善論往往會滑向單一的至善理想，因而容易忽視其它類型的善，尤其是其加快追求單一至善理想的步伐時，常常會採取政治手段強迫其它社會成員跟上這一步伐，由此造成惡劣的後果，這樣的例子在歷史上並不少見。故有學者指出，道德理想主義「應該定位於社會，而不是定位於國家；定位於政治批判，而不是政治設計；定位於政治監督，而不是政治操作」。〔註75〕

再看以公滅私論的經濟基礎，在傳統社會中體現爲家國不分的的王有制，而在現代社會常體現爲公有制。所有社會財富在名義上都屬於王者，甚至包括被稱爲臣民的民眾自身。由於在傳統社會中，社會財富主要體現爲土地，因而在土地的所有權問題上可以看出以公滅私的清晰痕迹。如《詩經·小雅·北山》就已經記載稱「普天之下，莫非王土；率土之濱，莫非王臣」，《左傳·昭公七年》載：「封略之內，何非君土；食土之毛，誰非君臣」，《管子·國畜篇》曰：「予之在君，奪之在君，貧之在君，富之在君」，秦始皇更

〔註73〕　《馬克思恩格斯全集》第 46 卷上冊，人民出版社，1979 年版，第 21 頁。
〔註74〕　〔美〕喬·薩托利著、馮克利等譯：《民主新論》，北京東方出版社，1993 年，第 62 頁。
〔註75〕　朱學勤：《道德理想國的覆滅——從盧梭到羅伯斯庇爾》，上海三聯書店，1994 年，第 278 頁。

在山東琅邪刻石驕傲地宣告天下：「六合之內，皇帝之土」，〔註76〕都明確宣佈了王權對土地的最終佔有權。由於土地在農業社會中是最重要的社會財富，這就意味著王權從根本上控制了農業社會的主要社會財富，所以在中國傳統社會中，不存在完整意義上的土地私有產權。誠如馬克思指出，在亞洲，「國家就是最高的地主。在這裏，主權就是在全國範圍內集中的土地所有權。」〔註77〕缺乏對私有財產的嚴格保護和尊重，就意味著個體之私連生存都要仰鼻息於與公觀念渾然一體的王權，以公滅私更成為必然的一種結果了。

那麼在傳統社會的公私關係中，私概念有沒有獲得過某種程度的正當性、合理性呢？答案是肯定的，但這種正當性、合理性只是表面上的，並只在以下兩種情況下體現出來：一是體現為個體之私在公概念之前的彼此平等。這種情形，就如同基督神學時期的西方有上帝面前人人平等之說，可以指人人都要無條件地服從上帝和教會，甚至法律面前人人平等之說，也可以指人人都要服從國家和政府制訂出來的任何法律法規。個體之私在公概念之前的彼此平等也是如此，表面上看個體之私彼此之間是平等的，但所有的個體之私都臣服於代表著公概念的統治者，即個體之私之間是平等的，但個體之私相對於公而言，沒有任何平等可言。傳統中國社會正是這種情形，專制王權掌握了一切政治權力，並且壟斷了以公觀念為代表的價值資源，而處於社會底層的普通民眾沒有嚴格意義上的權利。所以黑格爾說：「東方人還不知道，『精神』──人之所以為人的本質──是自由的，因為他們不知道，所以他們不自由。他們只知道一個人是自由的。……所以這一個人只是一個專制君主，不是一個自由人。」〔註78〕二是體現為個體之私對公概念的無條件服從、尊從的過程和結果中，這導致私對於公只有義務，而沒有權利，在公概念面前，所有的個體之私都只是義務主體。由於在傳統社會中公概念同時還是朝廷、君主、官府的代表，所以，作為個體之私的普通民眾只有在完全服從朝廷、君主、官府的前提下，才會被賦予正當、合理的色彩。顯然，這種情形下的正當性、合理性是自上而下的一種恩賜，同樣不是真正意義上的平等、正義，所以稱之為表面上的正當性、合理性。所以，在以公滅私的理

〔註76〕司馬遷：《史記》卷六《秦始皇本紀》，中華書局，1982年版。

〔註77〕《馬克思恩格斯全集》第25卷下，人民出版社，1974年版，第891頁。

〔註78〕〔德〕黑格爾著、王造時譯：《歷史哲學》，上海書店出版社，2001年版，第18頁。

論框架中，公概念雖然有著內在的平等、正義價值觀，但只是停留於高高在上、凌駕於私之上的公概念自身，私概念由於缺少真正意義上的平等、正義價值觀念的支撐，因而自身無法不具備強大的正當性、合理性。

傳統社會中的以公滅入私由於片面強調公，以抹殺私的存在、發展為前提，因而只能代表統治階層即特權階層的利益，不但無法成為全體社會員都認同的一種價值觀念，反而會催生出與之相對立、相反抗的觀點，那就是在明清之際、清末晚初一度興起的合私為公論，這可以說是公私關係在傳統社會中的另一顯著特點。這正如蕭公權先生在論及北宋政治思想時曾經指出，北宋功利思想的萌生緣於時勢所刺激，合私為公論的產生，也可以看成是當時時勢的刺激，以及針對以公滅私論的反動。

先秦時集諸子大成的《呂氏春秋‧貴公》篇提出「天下非一人之天下也，天下之天下也」，這或許可以看成是合私為公論的最早萌芽。事實上，天下非君主一人之天下的觀念一直植根於傳統知識分子的心靈深處，成為不少知識分子與王權相抗爭的理論武器之一。但直至明清之際，合私為公論才有明確、完整的表述，在這方面，顧炎武堪稱代表人物之一。顧炎武反對不少儒者津津樂道的「有公無私」論，他指出「天下為家，各親其親，各子其子」是正常現象，而真正的王政也應該循此常情，「合天下之私以成天下之公」。〔註79〕顧炎武公私觀的可貴之處，還在於提出了合私為公的具體主張，即「寓封建之意於郡縣之中」。〔註80〕再至清末民初，一些受過西學薰陶的革命志士，驀然發現明清之際思想家的諸多主張與西學有頗多契合之處，於是大力宣揚，為革命營造聲勢，合私為公論的影響力也進一步擴大，以致於在 20 世紀初期出現了「夫私之云者，公之母也；私之至焉，公之至也」〔註81〕的觀點。當然，清末民初時期的私，較之於明清之際更增添了個人權利和自由的內涵，使得這一時期的私概念擁有一塊堅實的基石，又和明清之際的私概念有著明顯不同。

〔註79〕顧炎武著、陳垣校注：《日知錄校注》，安徽大學出版社，2007 年版，第 120 頁。

〔註80〕顧炎武：《顧亭林詩文集‧亭林文集》卷一，中華書局，1983 年版，第 12 頁。

〔註81〕《公私篇》，《浙江潮》1903 年第 1 期，載張枬、王忍之編：《辛亥革命前十年間時論選集》（第一卷，下冊），三聯書店，1960 年版，第 493 頁。

第二章 明清之際公私觀念的時代背景

　　梁任公論及時代思潮時有言：「凡文化發展之國，其國民於一時期中，因環境之變遷，與夫心理之感召，不期而思想之進路，同趨於一方向，於是相與呼應洶湧，如潮然。」又說「凡『思』非皆能成『潮』；能成『潮』者，則其『思』必有相當之價值，而又適合於其時代之要求者也。凡『時代』非皆有『思潮』；有思潮之時代，必文化昂進之時代也。」〔註1〕明清之際就是這樣一個社會思潮洶湧起伏的歷史時期，公私觀的嬗變和演進只是其中尤為惹人注目的一個方面。

　　然而，歷史上任何一種社會思潮和觀念的興起，必然有其特定的社會背景在其中。完全的、單向的社會存在決定社會意識固然只是一種機械論調，否認作為一種社會意識的思潮背後的社會現實也同樣陷於武斷。從歷史上看，某一時期即便是最令人怦然心動的某種思潮觀念，在掙脫特定社會現實對其束縛和制約的同時，亦不能不受彼時社會現實和制度的束縛和制約。由此看來，明清之際的公私觀作為一種蔚然流行的社會思潮，也自有其相應的社會背景在內。尤其是作為一種觀念的公和私，又往往和具體的社會制度有著糾葛在一起，成為一種社會現實。鑒於此，本章從經濟、政治和文化三方面探討明清之際公私觀的歷史背景，經濟背景包括商品經濟的發展和市民階層的形成，政治背景包括君主集權的強化和政治鬥爭新形式的出現，文化背景包括中西方文化的交流和溝通。

〔註1〕梁啓超著、朱維錚導讀：《清代學術概論》，上海古籍出版社，1998 年版，第 1 頁。

第一節　經濟背景

一、商品經濟的進一步發展

　　明代社會自中後期以來，最引人注目的一大特點就是商品經濟的迅猛發展，尤其是在江南和嶺南等地區，以致於學界歷來有資本主義萌芽之說。〔註2〕考慮到資本主義作爲一種特殊的歷史運動現象，其產生並不具有普遍性，〔註3〕而且如黃仁宇先生所言，「資本主義這個名目，在不同作家筆下會有不同解釋。一個歷史學家所看到的資本主義，可能與一個經濟學家所看到的資本主義迥然不同。」〔註4〕事實上，經過數百年的爭論與探討，資本主義已經成爲一個內涵極其複雜的名詞，既可以說是經濟體制，又可以指爲社會制度，甚至成爲一種意識形態。由於資本主義這一名詞本身的不確定性，故這裏並不擬採用資本主義萌芽之說，而採用學界通用的商品經濟之說。

　　眾所週知，人類社會不同歷史時期的經濟形態，大致可以分爲自給自足的自然經濟和互通有無的交換經濟階段，〔註5〕自然經濟曾經在人類經濟生活中長期佔據主導地位，但隨著社會大分工、生產工具的改進和剩餘產品的出現，交換活動不可避免地成爲人類經濟生活的主導內容。商品經濟就是直接以市場交換爲目的的經濟形式，它包括商品生產和商品流通，與自然經濟相

〔註2〕學界對資本主義萌芽的研究已經較爲深入，可參見中國人民大學中國歷史教研室編：《中國資本主義萌芽問題討論集體》、《中國資本主義萌芽討論集續編》，北京三聯書店，1957年、1960年版；許滌新、吳承明主編：《中國資本主義發展史（第一卷）中國資本主義的萌芽》，人民出版社，2003年版；仲偉民：《資本主義萌芽問題研究的學術史回顧與反思》，載《學術界》，2003年第4期；范金民：《中國資本主義萌芽探討的三個階段》，載〔韓國〕《中國學報》，37卷（1997）。

〔註3〕如顧準先生認爲：「資本主義是從希臘羅馬文明產生出來的，印度、中國、波斯、阿拉伯、東正教文明都沒有產生出來資本主義，這並不是偶然的」。（《顧準文集》，貴州人民出版社，1994年版，第318頁。）嚴格意義上的資本主義肇始於英國，並不具備普遍性。如李伯重先生認爲英國模式在歐洲並不具有普遍意義，所以，「如果沒有外部因素介入，明清江南經濟發展不會導致近代工業化」。（《英國模式、江南道路與資本主義萌芽》，載《歷史研究》2001年第1期。）

〔註4〕黃仁宇：《資本主義與二十一世紀》，北京三聯書店，1997年版，第492頁。

〔註5〕馬克思在《資本論》中，提出自然經濟、商品經濟和產品經濟三大經濟形態說，並把人類歷史相應地劃分爲「人的依賴關係」、「物的依賴性」和「個人全面發展」三大階段。

對立。當然，商品經濟並不完全等同於市場經濟，只有當市場機制對價格和
生產者的經營活動能直接起調節作用，即市場在社會資源配置中起基礎性作
用時，商品經濟才發展爲市場經濟。從這個意義上可以說，市場經濟是商品
經濟的高級發展階段。

　　作爲一種客觀存在和發展的經濟形式，商品經濟以社會分工和不同經濟
利益主體的存在爲前提，以具有不同經濟利益生產者之間交換勞動、進行勞
動聯繫爲特定內容，以商品貨幣關係實行等價交換爲最終目的，這樣一種經
濟形式顯然自先秦以來就一直存在中國傳統社會中，而且在某一特定歷史時
期還呈現出欣欣向榮的生機和活力，例如魏晉時期、兩宋時期等，在中國經
濟史上都以商品經濟發達著稱。而自明代中後期開始，商品經濟再一次迸發
出蓬勃的生命力，以經濟相對發達的江南和嶺南地區爲中心，呈燎原之勢席
卷全國。可以說，正是明代中後期商品經濟的進一步發展，才使得當時的中
國民間社會充滿了生機和活力。

　　事實上，在皇權的制約下，有明一代的經濟和社會經歷了一個由倍受鉗
制到相對自由的發展過程，這以江南區域社會尤爲典型。明代弘治年間王錡
描摹蘇州城市的一段話把這種變化勾勒得非常清晰：

　　　　吳中素號繁華，自張氏之據，天兵所臨，雖不被屠戮，人民遷
　　　　徙實三都、戍遠方者相繼，至營籍亦隸教坊。邑里瀟然，生計鮮薄，
　　　　過者境感。正統、天順間，余嘗入城，咸謂稍復其舊，然猶未盛也。
　　　　迨成化間，余恒三、四年一入，則見其迥若異境，以至於今，愈益
　　　　繁盛。閭簷輻輳，萬瓦甃鱗，城隅壕股，亭館布列，略無隙地。輿
　　　　馬從蓋，壺觴罍盒，交馳於通衢。水巷中，光彩耀目，遊山之舫，
　　　　載妓之舟，魚貫於綠波朱閣之間，絲竹謳舞於市聲相雜。凡上供錦
　　　　綺、文具、花果、珍羞奇異之物，歲有所增，若刻絲累漆之屬，自
　　　　浙、宋以來，其藝久廢，今皆精妙，人性益巧而物產益多。至於人
　　　　才輩出，尤爲冠絕。……此固氣運使然，實由朝廷休養生息之恩也。
　　　　人生見此，亦可幸哉。〔註6〕

明立國初期，由於朱元璋對江南刻意採取鉗制政策，江南區域社會在各方面
呈現出一種停滯局面。經濟上江南民眾被加以重賦，令民眾不堪重負，明宣
宗即位時廣西布政使周幹巡視蘇常諸地後指出：「諸府民多逃亡，詢之耆老，

─────────

〔註6〕王錡：《寓圃雜記》卷五《吳中近年之盛》，中華書局，1984年版，第42頁。

皆云重賦所致。」〔註7〕文化上推行高壓政策，顧瑛、高啓、張羽等眾多名士均在明初或罹難、或貶謫，江南士人噤若寒蟬。除此之外還有強制遷徙富豪、限制海運貿易等多種舉措。在明初朱元王朝的高壓政策下，江南社會和經濟由元末的繁榮一度陷入停滯。至明中葉的弘治、正德年間，一方面明王朝的政治高壓政策漸漸鬆動，另方面江南地區的工商業發展迅速，商人階層的力量大大增長，江南社會這才重新恢復了生機和活力。王錡生於宣德八年（1433），卒於弘治十二年（1499），又是土生土長的吳人，蘇州城市的亭館閣樓、工商生產、商業消費、絲竹歌舞之盛，都爲其親眼目睹，所以才會有如此之感慨。

上述蘇州城市的發展過程，可以看成是江南區域社會一個縮影；而江南地區經濟和社會的發展過程，又在一定程度上可視爲整個明王朝的縮影。明代初期，經歷長期戰爭創傷後，明王朝百廢待興，此後朱元璋大肆誅戮功臣，「靖難之役」又歷時三年，但大都屬於統治者上層的權力爭鬥，雖然殘酷血腥，與民間社會卻沒有太大關係。明成祖朱棣去世後，就出現了爲史家盛讚，與文景之治、貞觀之治、開元盛世並垺的「仁宣之治」。其時上有仁宗朱高熾、宣宗朱瞻基，下有以寬厚剛直著稱的文官群體「蹇、夏」、「三楊」，再加上統治者實行與民休息的寬鬆政策，民眾安居樂業，賦稅負擔較輕，海外貿易增關，遂使得社會財富迅速累積起來，時稱「宇內富庶，賦入盈漾，米粟自輸京師數百萬石外，府縣倉廩蓄積甚豐，至紅腐不可食。」〔註8〕之後的英宗正統年間、憲宗成化年間，雖然皇權專制的弊端日益突出，諸如宦官專權斂財、民眾負擔日重、礦稅使之爭等問題，但有明一代的經濟和社會仍然呈現出一種慣性的向前發展趨勢，廣大民眾的生產活動無論是農業還是手工業生產，都能夠具有較高的自主權，可以按照商品市場的需要和要求，進行以商品化爲目標的生產和經營活動，這是明代中後期在政治體制腐敗後，經濟和社會仍然向前發展的重要原因所在。

明代中後期商品經濟的進一步發展有著多方面的表現。江南地區人多地少，土地原本種植水稻等糧食作物，爲了追求更多的經濟利益，改種收益更高的棉、桑、棉、煙草等經濟作物，糧食作物的種植則向內地轉移，相應地，兩宋時期的民諺「蘇湖熟、天下足」也轉變爲明清時期的「兩湖熟、天下足」；

〔註7〕張廷玉等：《明史》卷七八《食貨志二》，中華書局，1974年。
〔註8〕張廷玉等：《明史》卷七八《食貨志二》，中華書局，1974年。

棉、桑等經濟作物的種植爲當地的手工業生產提供了豐富了原料，反過來刺激了江南地區絲織、紡布業的發展，出現了「機戶出資、機工出力」的雇傭勞動關係，出現了直接介入和支配農村手工業生產的商業資金，出現了諸如盛澤這樣的新興工商業城鎮；全國範圍內的水陸交通網絡日臻完善，爲大範圍內的商品流通和交換提供了可能和條件，尤其是江南地區四通八達的水路運輸，爲江南商品經濟的發達和商品市場的繁榮提供了不可或缺的交通條件；除了江南區域商品市場外，廣東、福建、山東、四川和兩湖、西北地區等隨著不同經濟作物的種植，也形成了各具特色的區域商品市場，彼此之間商品交換如水之趨下、周流天下；以計畝徵銀爲重要特徵的一條鞭法自萬曆時期開始推行，到萬曆九年（1581）正式以法典的形式頒行全國，變實物賦稅和勞役賦稅爲貨幣賦稅，這既是商品貨幣經濟繁榮的結果，又進一步促進了農產品的商業貨幣化，農民的生產活動和以交換爲目的商品經濟更加水乳交加；明初實行嚴厲的海禁政策，「片板不許下海」，〔註9〕「禁瀕海民不得私出海」、「禁瀕海民私通海外諸國」、「敢有私下諸番互市者，必置之重法」、「申禁人民無得擅出海與外國互市」，〔註10〕明正德年間以後，西方航海勢力向印度洋和太平洋大力擴張，也同樣給予了中國海外貿易的機會，自明隆慶年間開放海外貿易後，私人海外貿易也出現了前所未有的繁榮。〔註11〕

　　有學者指出，明代中後期商品經濟發展的一個突出現象，「就是新型市鎮如雨後春筍般崛起，遍佈於大江南北，成爲近代城市的雛形。其形成過程與西方中世紀後期崛起的工商城市頗爲相似。」〔註12〕是爲精僻之論。市鎮可以說是商品經濟的產物，作爲市場的載體，新型市鎮與傳統城市不同，後者的繁榮更多與以皇權爲代表的政治權力結合在一起，如漢代的長安、東漢的洛陽、北宋的開封等，一旦皇權統治中心發生轉移，城市的繁榮也隨之成爲過眼煙雲。而新型市鎮的興盛或者借助於便宜的交通優勢，或者借助於專業

〔註9〕　張廷玉等：《明史》卷二〇五《朱紈傳》，中華書局，1974 年。
〔註10〕　分見《明太祖實錄》卷七〇、一三九、卷二三一、卷二五二，中央研究院歷史語言研究所校印，1962 年版，第 1300 頁、2197 頁、第 3374 頁、3640 頁。
〔註11〕　關於明代海外貿易的詳情，可參見林仁川：《明末清初私人海上貿易》，華東師範大學出版社，1987 年版；李金明：《明代海外貿易史》，中國社會科學出版社，1990 年版；晁中辰：《論明代的私人海外貿易》，載《東嶽論叢》，1991年第 3 期。
〔註12〕　馮天瑜、謝貴安：《解構專制——明末清初「新民本」思想研究》，湖北人民出版社，2003 年版，第 70 頁。

化的高效率商品生產，但都體現為商品經濟的結果。這類市鎮往往出現在與政治權力中心如縣城距離較遠的偏僻之地，之所以如此，在於傳統社會是一個以政治特權為主軸的等級社會，而政治特權恰恰是以平等交換為本質的商品經濟最大阻礙之一，偏僻之地遠離權貴，自然可以少受特權的干擾和束縛。西方城市的起源也說明了這一點，「中世紀城市所從由來的『堡』不是老的衛戍堡……它是一個新的堡。一個有木柵的或有城垣的圈圍地，形成於封建城堡之外，或者在有古羅馬城市的情況下，形成於舊『城堡』（castrum）之外；實際上，它是一個近郊」。〔註13〕近代西歐商品經濟源自於城市，而彙集了商人的城市雛形正是自歐洲封建制外的「空隙」、「邊緣地帶」即貴族特權階層控制較弱的區域開始生長的，並最終壯大成為改變整個世界的歐洲近代市場經濟潮流。

事實上，無論是在江南地區，還是在長江中上游、閩廣、陝甘地區，以手工業者和商賈為居住主體的新型市鎮都星如棋布。萬曆年間編纂的安徽地方志《歙志》卷一〇《貨殖》稱：「今之所謂都會者，則大之而為兩京，江、浙、閩、廣諸省（會），次之蘇、松、淮、揚諸府。臨清、濟寧諸州，儀眞、蕪湖諸縣」。至於商品經濟最為發達的江南地區更為典型，馮夢龍「三言二拍」中關於絲織重鎮盛澤的描摹最為人們熟知：「話說這蘇州府吳江縣離城七十里，有個鄉鎮，地名盛澤，鎮上居民稠廣，土俗淳樸，俱以蠶桑為業，男女勤謹，絡緯機杼之聲，通宵徹夜，那市上兩岸綢絲牙行，約有千百餘家，遠近村坊織成綢匹，俱到此上市。四方商賈來收買的，蜂攢蟻集，挨擠不開，路途無佇足之隙。」〔註14〕學者根據明正德年間的《姑蘇志》，統計出蘇州府屬各州縣的市鎮分佈極為稠密：吳縣有市1鎮6，長洲縣有市5鎮3，崑山縣有市4鎮5，常熟縣有市9鎮5，吳江縣有市3鎮4，嘉定縣有市9鎮6，太倉州有市10鎮4。明中葉以後，江南各府縣下屬的市鎮數量增長極快，例如蘇州府下吳江縣從弘治至崇禎一百幾十年中，由6個市鎮猛增為17個市鎮；松江府下二縣所屬的市鎮數量，從正德年間的40餘個增加到崇禎年間61個。〔註15〕

〔註13〕〔比〕亨利・皮朗著、樂文譯：《中世紀歐洲經濟社會史》，上海人民出版社，2001年版，第42頁。

〔註14〕馮夢龍：《醒世恒言・施潤澤灘闕遇友》，海南出版社，1993年版，第208～281頁。

〔註15〕參見樊樹志：《明清江南市鎮探微》，復旦大學出版社，1990年版，第66～74

目前，學界對明代中後期新型市鎮的研究已經頗爲深入，〔註 16〕故不贅述，但需要指出的是，明末以來新型工商市鎮的迅猛發展，與以縣治、府治所在的大中城市商業經濟互相呼應，共同造就了在明末歷史舞臺上扮演重要角色的市民階層。

二、市民階層的湧現和壯大

一般認爲，市民階層的概念是侯外廬等學者最早提出的。侯先生將明後期的政治形勢與 16 世紀初葉德國農民戰爭作過一番比較，以馬克思的市民等級理論爲指導，認爲中國 17 世紀的反抗運動雖然不能和德國相提並論，但像長江流域以無錫爲中心的東林黨的運動，就具有中等階級的城市反對派的性質；像長江流域和其它地區的市民暴動，是含有平民反對派的性質，這類平民反對派侯先生概括爲「中等階級破產的分子和無公民權利的城市居民群眾，如手工業工人、日工和流氓無產階級的各種萌芽」。〔註 17〕也就是說，侯外廬先生認可的明代市民階層以城市工商業者和手工業工人爲主體。由於馬克思在《共產黨宣言》中視「中世紀的城市市民和小農等級是現代資產階級的前身」，〔註 18〕故明後期的市民階層與資本主義萌芽也有著密切的關係。此後，吳晗先生認爲，「隨著商業城市的增加，商人、手工業工人也增加了，這就形成了一個市民階層（這個階層主要是指手工業者、中小商人）。……所謂『市民』這個概念不能亂用。有些人把當時的進士、舉人、秀才等官僚都算作市民，這就模糊了階級界限。這些人都是當時的統治者，不是被統治者。」〔註 19〕

目前，關於中國傳統社會中市民階層的研究已經在學界達成了一定共識，「第一，中國古代市民階層的研究主要是對工商者階層的研究；第二，對市民階層在中國古代的社會地位有初步的認識，如認爲 1.中國古代的市民階層只是集權專制體系中被統治的對象，2.在政治上處於邊緣地位，3.專制政府只允許工商業者在有限的範圍內發展，4.工商業者的力量在宋元特別是明清以

頁。

〔註 16〕 研究綜述可參見任放：《二十世紀明清市鎮經濟研究》，載《歷史研究》，2001
　　　　 年第 5 期。

〔註 17〕 侯外廬：《中國思想通史》（第五卷），人民出版社，1956 年版，第 23 頁。

〔註 18〕 馬克思、恩格斯：《共產黨宣言》，人民出版社，1997 年版，第 52 頁。

〔註 19〕 吳晗：《明史簡述》，中華書局，1985 年版，第 87 頁。

後有所發展並努力尋求主流社會地位等等。」與此同時，文學史領域開展的針對明清市民文學和市民文化的研究，基本上可以勾勒出一個相對獨立的市民階層形象和市民文化，這樣，「從文學史料本身提供的信息出發，提出了市民階層獨立的意識形態、市民文化和儒家宗法文化關係、市民與士人社會地位關係等鮮明的『以中國歷史經驗』為起點的研究思路。」〔註20〕

需要稍加補充的是，以城鎮工商業者為主體的市民階層，在中國傳統社會中歷來以邊緣群體的形象出現，這主要是因為，傳統社會是一個以政治權力為中心和主軸的等級社會，政治權力在古代中國社會結構中佔據著最突出、最醒目的位置，可以稱之為一個「王權支配社會」的國家，〔註21〕「在世界文明史上，沒有任何一個國家像中國古代這樣，在幾千年的歲月中，政治權力在社會生活中發揮著支配一切、主宰一切的巨大威力」。〔註22〕皇帝和受命於皇帝的官僚階層共同把持了所有的政治權力，也因此成為傳統社會中最突出的特權階層，任何個人或是群體人，只要能佔有或分享到這種政治權力，就可以在財富佔有、社會聲譽、生活享樂等社會生活的幾乎所有利益分配方面佔據不容置疑的優勢，由於這種利益分配基本上是按照個人的政治地位所決定的，也即完全是一種按政治等級分配製度。在這種體制下，社會各普通民眾都成為特權階層奴役的對象，他們作為人而與生俱有的利益訴求則被置於被抹殺、被限制、被消解的處境。如明末清初的白話小說《醉醒石》有這樣一段話，「大凡大家，出於祖父，以這枝筆取功名。子孫承他這些蔭籍，高堂大廈，衣輕食肥，美姬媚妾，這樣的十之七。出於祖父，以這鋤頭柄博豪富，子孫承他這些基業，也良田腴地，豐衣足食，呼奴使婢，這樣的十之三。」〔註23〕當時的富人，由功名致富者十分之七，力耕致富的僅十分之三，雖然是小說家言，但畢竟道出了傳統社會中因權力而致富的真相。

以士、農、工、商為例，士人唯有埋首於官方指定的教材，以消解知識階層特有的獨立思考和社會良心為代價，才能以學優為仕為途徑，成為特權階層即統治者的一部分。否則，士人階層就連養活自己都不可求，故我國知識分子，「抑压於專制政治之下，非曠代大儒，即不能完成人格精神之獨立自

〔註20〕吳錚強：《中國古代市民史研究述評》，《雲南社會科學》，2003年第1期。
〔註21〕劉澤華：《中國的王權主義·引言》，上海人民出版社，2000年版，第1頁。
〔註22〕朱義祿：《逝去的啓蒙——明清之際啓蒙學者的文化心態》，河南人民出版社，1995年版，第77頁。
〔註23〕東魯古狂生編：《醉醒石》第八回，北京金城出版社，2005年版，97頁。

主；而政治主動性之被完全剝奪，更無論矣」〔註 24〕；數量最多的廣大農民則成爲沉重賦稅徭役的承擔者，他們的勞動成果被統治者白白拿走，還要被視爲理所應當，並忍受統治者的種種苛刻之舉，這其中的辛酸，千年前的柳宗元就已經爲之鳴不平：「凡民之食於土者，出其什一傭乎吏，使司平於我也。今受其直怠其事者，天下皆然。豈惟怠之，又從而盜之。」〔註 25〕手工業者階層從周代號稱工商食官到明代的匠戶制度，都不得不直接服務於官府，連完整的人身自由權利都不可盡得，更何況官府還壟斷著各種自然資源，山川林澤和金、銀、銅、錫、鉛等金屬都歸屬官府；商人階層歷來忝居四民之末，在官府名爲重農抑商，實爲既不重農、只抑私商的幌子下，商人階層爲求生存不得不仰鼻息於官府特權，還要忍受諸如「五蠹」、「七科謫」、〔註 26〕重稅等「賤商」歧視政策，明初還強令商人不穿錦繡、綢紗，千餘年來一直被抹上一層強烈的不道德色彩。

　　到了明代中後期，隨著商品經濟的發展和新型市鎮的出現，市民階層憑藉自己的智慧和辛勤勞動，創造並擁有了大量社會財富。此時，市民階層這個群體就不再被邊緣化，反而越來越成爲在民間社會中佔據主流話語權的一個社會群體，從當時廣爲流傳的「三言二拍」爲代表的文藝小說就可以看出，市民階層的價值觀念、人生追求已經成爲民間社會的主流，而且其影響力日益深遠廣泛。同時，隨著商品經濟的進一步發展，市民階層經濟實力的日益增加，他們越來越不能忍受傳統社會中以皇帝和官僚爲代表的特權階層對他們的超經濟掠奪，於是以市民階層爲主體、以反對官府超經濟剝削爲內容的抗爭事件在各個工商業城鎮屢屢上演，這不能不看成是市民階層爲了捍衛其經濟利益而訴諸政治鬥爭的必然結果。

　　故而，和其它社會群體相比較，明末市民階層在某種程度上可以視爲商

〔註 24〕徐復觀著、陳克艱編：《中國知識分子精神之迴向》，《中國知識分子精神》，華東師範大學出版社，2004 年版，第 55 頁。

〔註 25〕柳宗元：《送薛存義序》，《柳河東集》，上海人民出版社，1974 年版，第 391 頁。

〔註 26〕韓非子在理論上把商人和農民對立起來，把商人說成是農民的最大剝削者，《韓非子·五蠹》稱「其商工之民修治苦窳之器，聚弗靡之財，蓄積待時，而侔農夫之利」，故把商工之眾納爲「五蠹」之一，即像蛀木的蠹蟲一樣禍國殃民；秦漢的「七科謫」指謫戍邊疆的七種人：犯罪的小吏、逃離原籍的人、入贅女家爲婿的人、攤販商人、曾經入過市籍的人、父母中有市籍的人和祖父母有市籍的人，幾乎把商人看成罪犯。

品經濟的產物，商品經濟運行所必需具備的自利性訴求和自由、平等性訴求，既成爲市民階層追求的目標和捍衛的對象，又在市民階層身上鮮明地體現出來，並爲明末社會注入了新的生機和活力。具體而言，明末市民階層具有以下兩個特點：

其一，作爲商品經濟的主體，明代市民階層具有鮮明的逐利意識和欲望，以及商品經濟市場所亟需的誠信經營、公平買賣等道德倫理觀念。商品經濟的倫理前提爲滿足每個人的欲望即滿足人的自益性追求，而且這種自利往往力求最大化，即對外表現爲利潤的最大化。實際上，當人類個體對自身利益的強烈關懷和追求，發展爲對追求個體利益的相應觀念、制度支持和保障時，人類社會才不會失去前進的最終動力，如果失去了這種對自身利益的強烈關懷和追求，人類社會就會淪爲波瀾不驚的一潭死水。在此激勵下，明末市民階層有著大膽追求人生各種幸福、各種享樂的世俗想法，以及爲了實現這種人生幸福、享樂而不惜付出全部的努力和汗水的實際行動，這對歷來受到統治者大力抑制其利益訴求的下層社會民眾而言，無疑具有震聲發聵的衝擊性效果。因爲傳統倫理注重的是按等級原則，自上而下、有差等地滿足不同社會群體的利益訴求，個體離權力中心愈遙遠，社會地位也就愈低下，滿足利益訴求的可能性也就越低。商品經濟的自利性原則無疑極大地衝擊了這一切，於是乎，原本佔據主流、以維護等級特權爲主旨的身份、權勢、富貴、天理、禮法等綱常名教，統統讓位於普通人追求物質享受、自由婚姻、人生幸福的世俗觀念和實際行支，並迅速席卷整個民間社會，成爲其它社會群體包括文人群體在內爭相傚仿的標杆，相應地，明末民間社會的價值觀念、文化面貌、社會氛圍以及文藝創作、審美情趣，都清晰折射出了這一巨大變化。

例如明末清初最著名的思想家之一顧炎武就曾自稱：「夫人生一世，所懷者六親也，所愛者身也，所戀者田宅貨財也，所以與居者姻舊鄉曲也。」〔註27〕顧炎武這封信是爲處理私人恩怨關係而寫，由於其家族內部矛盾，顧炎武不得不以便宜一半的價格將家中八百畝田產典給當地豪族葉姓，故顧炎武此言可謂眞實心迹之披露；不但是眞實心迹之披露，更是眞實心迹之坦然披露。這種「愛身」、「戀財」之語，在同時代以正統自居的道學家那裏幾乎是看不到的，與李贄的名言「夫私者人之心也。人必有私而後其心乃見；若無私則

〔註27〕 顧炎武：《蔣山傭殘稿》卷一《答再從兄書》，《顧炎武詩文集》，中華書局，
　　　　1983 年版，第 193 頁。

無心矣。如服田者，私有秋之獲而後治田必力；居家者，私積倉之獲而後治家必力；爲學者，私進取之獲而後舉業之治也必力」，〔註28〕可以說有著異曲同工之效。不同的是，前者如一把以自己心靈爲解剖對象的手術刀，後者如一把匕首般投向道學家放縱自身、抑制他人的虛僞之處。相同的是，兩者都是商品經濟大潮下，市民階層自益自利意識的直接反映，所以有學者指出，顧炎武「這種顯示其自私自利眞性情的『愛身』『戀財』的人生價值觀與當時市井小人的的價值觀是完全一致的」，「而且從他一生的營生經歷來看，其人皆有『愛身』『戀財』之心的自私自利觀是貫穿於其整個治生活動之始終的」。〔註29〕

　　至於作爲社會存在眞實反映的文學藝術，明末的文學藝術更眞實地反映出市民階層的價值觀念、人生追求在當時社會的大行其道。據學者統計，「三言」、「二拍」近二百篇作品中，以市民爲主人公或涉及到市民的作品約七十篇，占三分之一強；其中《喻世明言》十一篇，《警世通言》十三篇，《醒世恒言》九篇，《初刻拍案驚寄》十六篇，《二刻拍案驚寄》十八篇，〔註30〕市民階層的風頭如此之強勁，在唐宋傳奇、宋元話本那裏是看不到的。包括「三言」、「二拍」在內的明末文藝作品雖然也有對市民階層貪婪、輕浮、虛榮、欺詐等人性醜陋面的描述，有對世人金錢至上、唯錢是拜的辛辣諷刺，〔註31〕但就總體而言，市民階層在當時文藝作品中的整個格調是積極向上的。

〔註28〕李贄：《藏書》卷三二《德業儒臣後論》，《李贄文集》第 2 卷，社會科學文獻出版社，2005 年版，第 626 頁。

〔註29〕周可眞：《明清之際新仁學——顧炎武思想研究》，中國大百科全書出版社，2006 年版，第 41 頁。

〔註30〕參見馮天瑜：《「三言」、「二拍」表現的明代歷史變遷》，載《明清文化史散論》，華中理工大學出版社，1998 年版，第 112 頁。

〔註31〕萬曆十五年（1587）左右，河北安定人薛宏道著有一組 12 則散曲《北雙調·沉醉東風·題錢》，1～4 則描摹人們如何獲得金錢，5～8 則描摹人們擁有金錢時的情形，9～12 則描摹人們缺少金錢時的情形，反映出 16 世紀中國社會的金錢膜拜，較之西晉魯褒所作的《錢神論》、莎士比亞《雅典的泰門》中關於黃金的精對白述毫不遜色，如「（1）人爲你跋山渡海，人爲你覓虎尋豹，人爲你把命傾，人爲你將身賣。細思量多少傷懷，銅臭明智是禍胎，吃緊處極難布擺。（5）有你時肥羊美酒，有你時緩帶輕裘。有你時百事成，有你時諸般就。有一朝金盡床頭，一任英雄貫斗牛，告人難誰憐素手。（9）不得你赤身露體，不得你忍餓耽饑。不得你言語低，不得你精神細，不得你半步難移。哪怕聲名山斗齊，空著手高高弔起。」（參見《林石逸興》卷五，續修四庫全書本）

　　例如，明清通俗小說塑造了諸多以「老實」聞名、注重商譽的市井商販，如《醒世恒言》中《賣油郎獨佔花魁》中住在宋代臨安城的秦重，平素誠懇待人，受誣被受逐出家門後，獨身一人挑擔賣油，「忠厚老實不貪心」，既得街坊照顧，買家也對他信任有加，對花魁美娘雖慕其美色，但敬重有加，有情有義，照顧醉酒的美娘一個晚上，令其感動萬分，最後有情人終得著屬。小說中秦重的形象，用美娘的話來說，完全是一個「難得這好人，又忠厚，又老實，又且知情識趣，隱惡揚善，千百中難遇此一人。」〔註32〕像秦重這樣在商業圈中以「老實」出名、信譽可觀的「義商」、「德商」形象，在馮夢龍編撰的「三言」中曾多次出現，如《蔣興哥重會珍珠衫》中的經商世家蔣興哥、《楊八老越國奇逢》中的陝西商人楊八老、《李秀卿義結黃貞女》中的黃公、《劉小官雌雄兄弟》中的劉德夫婦、《施潤澤灘闕遇友》中的施復和朱恩、《徐老僕義憤成家》中的老僕阿寄、《呂大郎還金完骨肉》中的呂大郎；在淩蒙初編的「二拍」中也可以找到多位，如《轉運漢遇巧洞庭紅　波斯胡指破鼉龍殼》中的蘇州商人文若虛、《烏將軍一飯必酬　陳大郎三人重會》中的蘇州商家子弟王生，《韓侍郎婢作夫人　顧提控橼居郎署》中的賣餅小商人江榕，等等。「老實」一詞在傳統文化中常常是無能、怯懦的同義，然而，西方市場經濟的發展歷程早已經證明，與「老實」基本等同的誠信，正是市場經濟能夠有效運行的最重要道德基石。西方早在羅馬法中就提出「誠信契約」，依據該契約，債務人不但要承擔契約的義務，還要承擔誠實善意的補充義務。此後，誠信原則為西方的大陸法系和英美法系普遍接受，成為規範民事活動中的最基本道德規範之一，不僅成為市場經濟的基本原則，甚至成為整個社會的基本原則。因此，真正健康發展的市場經濟，需要的正是大量這種童叟無欺、信譽優良的商販，也只有這樣「老實」的商販才能通過頻繁的交易中贏得其它交易者的信任，在激烈的市場競爭中佔據主動並脫穎而出，成為市場經濟制度下的勝利者。從這個角度看，明清通俗小說中的「老實」商販，體現的正是現代市場經濟倫理的精髓。

　　其二，明代市民階層堅決反對官府對市場的壟斷和限制，具有較為明顯的抗爭精神。商品經濟的本質是交換經濟，交換活動立足於契約的平等訂立，也就是說，商品經濟必然要求自由和平等性原則，契約活動意味著人與人之間的平等的交換關係，這與自然經濟條件下的人身依附關係背道而馳，勢必

〔註32〕馮夢龍編：《醒世恒言》，海南出版社1993年版，第44頁。

在現實社會中促成「從身份到契約」的運動。〔註 33〕馬克思更進一步，不僅
明確指出「商品是天生的平等派」，〔註 34〕而且分析了市場經濟是如何催生自
由和觀念的，「流通中發展起來的交換價值過程，不但尊重自由和平等，而且
自由和平等是它的產物；它是自由和平等的現實基礎。作爲純粹觀念，自由
和平等是交換價值過程的各種要素的一種理想化的表現；作爲在法律的、政
治的和社會的關係上發展了的東西上，自由和平等不過是另一次方上的再生
產物而已。」〔註 35〕自由和平等的社會制度，正是市民階層熱烈憧憬和嚮往
的理想社會制度，當然，即便是在觀念上，明末的市民階層也不可能明確提
出自由和平等觀念，畢竟，數千年中國傳統社會一直等級分明，普通民眾稍
越雷池就會遭到掌握了幾乎所有社會資源的特權階層的嚴厲打擊，這使得自
由、權利和平等觀念的種子在中國傳統中幾乎無處可以生根發芽。

　　然而，隨著明中後期商品經濟愈見發達，市民階層呼喚經濟自由和平等
的呼聲開始日益強烈，他們堅決反對官府對市場的壟斷和限制，更痛恨統治
者憑藉政治特權無償佔有他們的勞動成果。《警世通言》卷五《呂大郎還金完
骨肉》記載了一個吝嗇的金員外，他平生有「五恨」，第五恨皇帝，「恨皇帝
者，我的祖宗分授的田地，卻要他來收錢糧。」金員外在書中雖以負面形象
出現，但這段話卻表露了市民階層被統治者無端收去私有財產的不滿，可以
看成是明清之際思想家注重辨析土地「官有」和「民有」、爲民眾爭取私有財
產權利的一個生動注腳。事實上，明末市民階層反對政治特權的鬥爭在中國
歷史上是罕見的，這主要體現爲明後期發生全國各主要城市的各種市民運
動，史書中稱之爲「盜礦」、「罷市」、「民變」。〔註 36〕如劉志琴先生指出，我
國城市產生迄明代的幾千年間，除唐代德宗時的長安和北宋初年的開封，曾
有過類似商人「罷市」之舉外，再也找不到相關市民運動的記載。到明代後
期萬曆、天啓年間，市民運動驟然高漲、連綿不斷、蔚爲壯觀，僅萬曆年間
就有五六十次，其中有明確記錄萬曆、天啓朝達共計 46 次。〔註 37〕波及範圍

〔註 33〕〔英〕梅英著、沈景一譯：《古代法》，商務印書館，1959 年版，第 97 頁。
〔註 34〕馬克思：《資本論》（第 1 卷），人民出版社，2004 年版，第 104 頁。
〔註 35〕《馬克思恩格斯全集》第 46 卷下，人民出版社，1972 年版，第 477 頁。
〔註 36〕明代市民階層的反抗活動大體上包括兩類，一類是市民階層中的少數，即單
　　　　純由行業性雇傭工人組成的集體抗議行動，規模和影響都較小；另一類範圍
　　　　較廣，是以市民階層爲主體、地方士大夫亦參與其中的城市騷亂運動，規模
　　　　和影響巨大，可稱爲「民變」。
〔註 37〕參見劉志琴：《城市民變與士大夫》，《晚明史論——重新認識末世衰變》，江

北至遼東，南達嶺南，東涉江浙，西延雲貴，可以說遍及全國各地。

萬曆中期以後，明廷軍事上內外吃緊，二十四年（1596年），神宗以坤寧、乾清兩宮遇火災重建為由，不顧反對意見，於當年七月宣佈開礦榷稅，之後，大批宦官充任的礦監稅使如蝗蟲般分赴全國各地。本來，礦稅針對開礦而言，商稅針對經商而言，但在實際操作過中，「礦不必穴，而稅不必商；民間丘隴阡陌，皆礦也，官吏農工，皆入稅之人也。公私騷然，脂膏殫竭」，〔註38〕「不論地有與無，有包礦、包稅之苦；不論民願與否，有派礦、派稅之苦」。〔註39〕也就是說，即便沒有從事礦業、商業，也要交納礦稅、商稅，這當然令普通民眾無法容忍。於是，「民不堪命，攘臂而起，告變者屢矣」，〔註40〕以市民階層為主體的各種反礦監稅使運動風起雲湧、此起彼伏。萬曆四十八年（1620年）7月，神宗病死，遺詔令礦稅使返京，至此礦稅使四出擾民之舉告一段落，但此後宦官擅權的現象又日益突出，於是市民運動的內容又轉為以反對宦官為中心。此時，大明王朝離壽終正寢之日不遠矣，對此，清人趙翼引用時人之稱明確指出：「論者謂明之亡，不亡於崇禎而亡於萬曆云」。〔註41〕

明後期的市民運動至少有以下四個特點：首先，由於市民階層大多聚居於城鎮之中，人數集中，故很容易一呼百應，演變為人數動輒上萬、規模較大的群體性事件。如萬曆二十七（1599）12月，武昌、漢陽發生「武昌、漢陽民變」，市民1萬餘人共同反對湖廣稅監陳奉；萬曆三十六（1608）發生「遼東民變」，稅監高淮在當地市民的群起攻擊下狼狽入關；尤其是萬曆二十七年（1599）3月發生於山東的「臨清民變」，數萬市民罷市，燒毀稅監衙門，並殺死稅監馬堂的隨從37人，規模空前，影響強烈。這些被稱為「民變」的市民運動，事先並沒有專門性的籌劃、組織和發動，大抵可以看成是民怨民憤累積的結果所致。其次，市民運動在大多數情況下，都得到其它社會群體尤其是士人階層和少數正直官員的同情和支持，涓涓細流很快就彙聚成巨浪滔

　　　　西高校出版社，2004年版，第133～138頁。
〔註38〕張廷玉等：《明史》卷二三七《田大益傳》，中華書局，1974年版。
〔註39〕馮琦：《為災異迭見時事可虞懇乞聖明謹天戒憫人窮以保萬世治安疏》，《明經世文編》卷440。
〔註40〕謝國楨：《明代社會經濟史料選編》（下），福建人民出版社，1981年版，第294頁。
〔註41〕趙翼：《廿二史劄記·萬曆中礦稅之害》，中國書店出版，1987年版，第502頁。

天。這一點前已指出，這裏不再贅述。第三，市民階層在驅逐礦稅使、反對宦官的運動鬥爭中，表現出前所未有的大無畏氣慨，其中的關鍵人物，往往在事件告一段落、官府追究責任時，主動站出承擔所有責任，並英勇赴死。典型者，如「臨清民變」後當地人王朝佐在官府秋後算帳株連多人時挺身而出，萬曆二十九年（1601 年）「蘇州民變」後織工葛成主動攬責、昂首步入官府衙門，以及天啓六年（1626 年）年蘇州市民顏佩偉等五人為反抗魏忠賢暴政而英勇就義。這些市民階層中的佼佼者同時贏得了士大夫階層在內的極大尊重，無論是王朝佐還是葛成、顏佩偉等被處死後，地方官員和士大夫都為其樹碑立傳，葛成還被尊稱為「葛賢」、「葛將軍」，顏佩偉等五義士被合葬，著名文人張溥親作《五人墓碑記》。第四，明晚期市民階層通過正常的經濟手段擁有了一定的社會財富，這使得他們反對政治特權的抗爭顯得尤為有力。

總之，明後期以市民階層為主體的市民運動，是市民階層的自身經濟利益受到一而再、再而三損害後的爆發，目的是為維護自身的經濟利益，與生活陷入絕境、不得不揭竿而起的農民起義固然不同，也沒有達到為自身爭取政治權力的高度，但如果假以時日，隨著市民階層自身實力的進一步壯大，權利意識的進一步萌發，由經濟自由而政治平等或是一條必由之路。

第二節　政治背景

一、君主專制體制的加強

中國專制政體之弊，〔註 42〕徐復觀先生曾痛切地指出：「我國自秦政開大一統專制之局，凡二千一百三十二年，為世界規範最大，歷史最久之專制政治。舉凡文化精神，與夫民族生命力，摧拆於此專制之下者，非可以數字計。」〔註43〕真可謂誅心之論。尤其至明清時期，專制體制日益加強和完善，蕭公權先生不無惋惜地指出：「明代開基，揭民族革命之大義，成光復漢土之偉業，實為中國歷史上之空前創舉。所可惜者，太祖及其佐治之大臣雖能顛覆民族之政權，而不知徹底改造積弊已深之專制政權。」在蕭先生看來，

〔註42〕關於專制概念的探討，可參見本書第四章第二節。
〔註43〕徐復觀著、陳克艱編：《中國知識分子精神之迴向》，《中國知識分子精神》，華東師範大學出版社，2004 年版，第 54 頁。

明太祖朱元璋驅除異族，頗有近代民族革命之意義，本可以爲中華民族開闢出一個新天地，遺憾的是包括朱元璋在內的明代統治者根本意識不到專制之弊，「有明諸帝，倚專制君主之淫威，薄待朝臣、摧殘士氣，爲前代之所未見。」最後他歸結爲：「明政之弊雖有多端，然究其病源，實在於君主專制之一事」，〔註44〕可謂精僻。

有明一代君主專制的態勢自朱元璋時就已經砥定。開國之君朱元璋，從社會最底層登上標誌著最頂層的皇帝之位，可謂天縱英才，可惜他在位多年，專心致志的只是皇權和統治的鞏固。在統治階層內部，將功臣集團殺戮殆盡，又一舉廢除通行千餘載的丞相體制，使得皇權再不受以功勳大臣爲倚靠的相權之制約，「有明之無善治，自高皇帝罷丞相始也」。〔註45〕六部直接向皇帝負責後，又分大都督府爲五，撤銷地方上權柄過重的行中書省，設立互不統攝、各向中央負責的三司。這些舉措的共同目的，就是讓皇權高枕無憂。對被統治階層，朱元璋雙管齊下、軟硬兼施，極力強化一個以所掌握權力多少爲評判標準、不容僭越的等級社會。既有強硬手段，如遷徙豪民富戶、禁絕民間信仰、力推嚴刑酷法和連坐連保制度；又有懷柔手段，如先後在全國頒佈《大誥》、《大誥續編》和《大誥三編》，其醉心於禮法建設的程度與清代的雍正頗爲相似。當然，無論是朱元璋、雍正還是其它專制帝王，他們教化民間的宗旨是一致的，在於向全社會灌輸絕對服從等級秩序和效忠君主一人的奴化思想，令普通民眾成爲專制統治下的順民。

至於掌握知識、具有理性思考能力的士人階層，則最令朱元璋痛恨，他不但屢興文字獄，直接以文字罪從肉體上直接消滅士人，更大力推行文化專制政策，試圖從精神上禁錮知識階層。朱氏把儒家思想的要旨歸納爲「敬天」、「忠君」、「孝親」三者，「君能敬天，臣能忠君，子能孝親，則人道立矣」，〔註46〕但儒家思想的民本傳統卻令他深惡痛絕。《孟子》一書中有不少先秦儒家的民本思想菁華，這令朱元璋極爲不快，遂令將《孟子》刪減成《孟子節文》後頒行全國，還將孟子移出供享之廟。更令歷代帝王遜色的是，有氣節的士人階層如果不應官府請其出仕的要求，則以「寰中士夫不爲君用」

〔註44〕蕭公權：《中國政治思想史》，新星出版社，2005年版，第390～391頁。
〔註45〕黃宗羲：《明夷待訪錄·置相》，《黃宗羲全集》第一卷，浙江古籍出版社，1985年版，第7頁。
〔註46〕《明太祖實錄》卷一五二，洪武十六年二月己丑條，中央研究院歷史語言研究所校印，1962年版，第2386頁。

的罪名「誅而籍其家」。〔註47〕徐復觀曾指出：「中國文化，一向不菲薄由黃老所轉出的隱士，因為隱士是代表著不說話的自由，是代表著沉默的自由；在這種消極的自由中，還可保持一點人類的尊嚴，使政治的惡毒尚有泛濫不到之處。」〔註48〕朱元璋此舉，可以說將知識階層的最後一點尊嚴都剝奪乾淨。

明朝自朱元璋之後的歷代帝王，也有較朱元璋相對要開明、寬容一些的，如號稱「仁宣之治」的仁宗、宣宗時期，但多數帝王為昏庸之輩，即便是號稱「知人善任，表裏洞達，雄武之略，同符高祖」〔註49〕的明成祖，在以百姓苦難為代價開疆拓土的同時，更進一步加強了朱元璋以來的專制統治。從正德、嘉靖年間，皇權越來越肆無忌憚、無所顧忌，並對任何敢於限制其權力的朝臣都施以報復，如公然廷杖朝臣、放縱宦官擅權、推行特務制度等。故在某種程度上，正是皇權不受制約的無限膨脹這一不治之症，最終導致了大明帝國的轟然崩潰。

廷杖據《明史》卷九十五《刑法志三》載：「刑法有創見之自明，不衷古制者，廷杖、東西廠、錦衣衛、鎮撫司獄是已。」但據吳晗先生考證，廷杖的創始者並非明太祖，蒙古人早已用這手段對付大臣了。朱元璋在位期間，曾將工部尚書薛祥杖殺於朝堂之上，此時廷杖次數尚少，且一度廢除之，但朱元璋之後又開始廣泛施行。嘉靖年間群臣諫爭「大禮案」，被杖責的大臣多達134人，死者有16人，直至亡國之君崇禎，仍然沒有停止過廷杖。元、明兩朝廷杖有一個共通點，「是凡被打的，都是知識分子」。〔註50〕顧名思義，廷杖就是在朝廷之上對官員當眾進行杖擊，由於科舉制後，官員多為士大夫階層，故廷杖的對象確實都是知識分子。廷杖完全可以視為酷刑的一種，不僅令被施行者的肉體備感痛楚，更由於其公開施行可直接摧殘被施行者的精神意志，產生強烈的威攝作用，可以較小的代價獲得維護專制統治的巨大效果，所以廷杖和酷刑一樣，歷來是中國傳統法律體系的重要組成部分之一。漢文帝雖然一度廢除了肉刑，但之後歷朝歷代的酷刑仍然層出不窮。不同的

〔註47〕張廷玉等：《明史》卷九四《刑法志二》，中華書局，1974年版，第2318頁。

〔註48〕徐復觀：《儒家政治思想的構造及其轉進》，《學術與政治之間》，華東師範大學出版社，2009年版，第19頁。

〔註49〕張廷玉等：《明史》卷七《成祖三》，中華書局，1974年版。

〔註50〕吳晗：《廷杖》，《歷史的鏡子：吳晗講歷史》，九州島出版社，2008年版，第42頁。

是，酷刑一般只針對下層普通民眾和違法下獄的官員，先秦時更有「禮不下庶人，刑不上大夫」之說，而廷杖卻直接以在職的官員、大臣開刀，只要官員、大臣忤觸或是冒犯了皇帝，甚至只是令皇帝不快，無需具體的罪名或事實，廷杖立至，以殺一警百的方式，向群臣形象展示皇權的至高無上性和不容侵犯性。

宦官擅權在中國歷史上並不罕見，但有明一代宦官氣勢之盛、權柄之重在歷史上卻是出了名的，如趙翼所論：「東漢及唐、明三代，宦官之禍最烈。」〔註51〕明太祖朱元璋嚴禁宦官干政，並立爲祖訓，但「靖難之役」中得到建文帝身邊宦官鼎力支持的明成祖即位後，就賦予宦官高度信任，之後宦官勢力就成爲明政治舞臺中的一支重要力量，「明世宦官出使、專征、監軍、分鎭、刺臣民隱事諸大權，皆自永樂間始。」〔註52〕而且，漢、唐二朝的宦官雖同樣手握大權，但殊少士人擁附，明代卻出現了士人階層大量依附閹宦集團的現象，「明代閹之禍酷矣，然非諸黨人附麗之，羽翼之，張其勢而助之攻，虐焰不若是其烈也。中葉以前，士人夫知重名節，雖以王振、汪直之橫，黨羽未盛。至劉瑾竊權，焦芳以閣臣首與之比，於是列卿爭先獻媚，而司禮之權居內閣上。」〔註53〕到熹宗朝的魏忠賢弄權時，官員爭相投靠可謂朝廷一景，號稱「五虎」、「五彪」、「十狗」、「十孩兒」、「四十孫」等。當然，官員之中也不乏爲名節而獻身者，如楊漣、左光斗等官員以必死之念，與閹宦集團展開了幾無勝算的悲壯一擊。明後期，當宦官階層借助皇帝名義四處斂財，利益受到侵犯的市民階層也站到了宦官階層的對立面，與部分官員朝臣共同反對之。顯然，宦官擅權給明帝國帶來的危害是極其巨大的，而宦官集團的氣焰之所以如此囂張，關鍵還在於背後的皇權，在皇帝眼裏，作爲家奴的宦官縱有千般不好、萬般討厭，在皇權面前總是服服帖帖的，不會對專制皇權構成威脅，而士人階層和市民階層無疑是作爲限制皇權的對立面出現的，孰親孰遠，自是一目了然。

廠衛指錦衣衛和東、西廠等特務機構。錦衣衛設立於明太祖朱元璋時期，職責是「掌侍衛緝捕獄之事，凡盜賊奸宄，街塗溝洫，密緝而時省之」，

〔註51〕趙翼：《廿二史札記》卷五「宦官之害民」，中國書店，1987年版，第67頁。
〔註52〕張廷玉等：《明史》卷三〇四《宦官列傳·序》，中華書局，1974年版。
〔註53〕張廷玉等：《明史》卷三〇六《閹黨列傳·序》，中華書局，1974年版。

〔註54〕朱元璋晚期，一度取消錦衣衛。明成祖朱棣上臺後，不但恢復錦衣衛，另設立由信任宦官掌控的東廠，以後東廠或取消，或稱西廠、外廠，或東西廠並立，或加設內行廠，因執掌廠的宦官與皇帝朝夕相處，故威權更甚。明代的司法機構由刑部、大理寺、都察院組成，合稱三法司，但廠衛機構出現後，三法司形同虛設。廠衛既是「皇帝私人的特權偵探機關」，可偵伺一切官民，同時「也是最高法庭，有任意搜捕官吏平民，加以刑訊判罪和行刑的最高的法律以外的權力」，〔註55〕廠衛只向皇帝負責，也完全服務於皇帝個人，除了皇帝個人，不受任何第三方權力機構的限制，在事實上成為維護皇權及宦官集團的特務機關，「英、憲以後，欽恤之意微，偵伺之風熾。巨惡大憝，案如山積，而旨從中下，縱不之問。或本無死理，而片紙付詔獄，為禍為烈」。〔註56〕廠衛二字在明代成為兇險恐怖的象徵，在有明一代長盛不衰，即便是在魏忠賢被誅後仍然存在，正說明了明代中後期皇權以恐怖手段維持政治統治的實質。如漢納‧阿倫特在剖析極權主義的本質時深刻地指出：「宣傳也許是極權主義一種最重要的對付非極權主義世界的工具；相反，恐怖是它的統治形式的本質。」〔註57〕這一分析用於明帝國當同樣適用。

二、士人階層的政治自覺

這裏的士人階層，泛指掌握知識、在傳統社會中居於中心地位的一個階層，如梁漱溟先生所論，傳統社會乃是一個「倫理本位……職業分途的社會」，「士、農、工、商之四民，原為組成廣大社會之不同職業」，〔註58〕社會分層既然是以儒家倫理為核心而依次展開，掌握了儒學知識的士人階層自然居於社會中心地位。同時，與其它社會階層相比，士人階層作為官僚仕大夫的後備軍，與傳統社會的支配性力量即以皇權為代表的政治權力有著最密切的關係，這使得士人階層無論在朝廷官府，還是在地方社會都處於精英地位。每

〔註54〕張廷玉等：《明史》卷七六《職官志五》，中華書局，1974年版。

〔註55〕吳晗：《明代的錦衣衛和東西廠》，《歷史的鏡子：吳晗講歷史》，九州島出版社，2008年版，第169頁。

〔註56〕張廷玉等：《明史》卷九三《刑法志一》，中華書局，1974年版。

〔註57〕漢納‧阿倫特：《極權主義的起源》，林驤華譯，臺北時報出版公司，1995年版，第489頁。

〔註58〕梁漱溟：《中國文化要義》，上海世紀出版集團，2005年版，第124頁、136頁。

當傳統社會處於急劇變化的危難時刻，固然有不少官僚仕大夫可歸入頑固不化的利益既得階層，亦有不少深受儒家理想主義薰陶的士人以伸張民意、救時匡病爲己任。尤其是士人階層作爲知識階層，不僅具有專業的知識優勢，同時以社會之良心自居，他們「深切地關懷著國家、社會以至世界上一切有關公共利害之事，而且這種關懷又必須是超載於個人（包括個人所屬的小團體）的私利之上的」，〔註59〕正因爲如此，余英時先生視中國傳統社會中的士人階層非常接近於西方近代方才出現的「知識分子」。

有明一代的專制統治固然強大，但相應的對立與抗爭也隨之勢漲。在專制皇權的肆虐下，明代整個社會正趨向於魚爛河決、潰敗決裂，此時一些士人階層出於道德良知的激勵，攘臂而出，運用自己的知識和思想，爲處於困境的明末社會謀求解決之道，這正是中國士人階層的傳統使命。從這個意義上看，士人階層的政治自覺行爲在傳統社會各個歷史時期都可以見到，如先秦諸子的著述立說、東漢太學生的品評時政、兩宋士大夫的「同治天下」，〔註60〕等等。只不過在明末，士人階層的這種努力顯然尤爲顯著。謝國楨先生指出，「一般士大夫階級活躍的運動，就是黨；一般讀書青年人活躍的運動，就是社。『黨』和『社』，名詞雖然不同，但都是人民自覺的現象。」〔註61〕張灝先生在討論近代中國處於轉型時期的特徵時，指出「報章雜誌、學校和自由結社三者同時出現，互相影響，彼此作用，便利新思想的傳播達到空前未有的高度」，又認爲學術性與政治性相給的學校、自由結社在中國傳統社會並非找不到，「晚明東林復社、幾社就是顯例」，〔註62〕只不過，清王朝的建立基本上扼殺了這一傳統。

如果將謝、張兩位學者的觀點加以綜合，可以看出，近代意義即具新聞事業特性的報刊雜誌要到19世紀末隨著西學的傳入才眞正出現於中國社會，但學校──這裏主要指書院──和帶有政治性質的自由結社這兩者確實在晚明社會已經盛極一時，而且書院多爲士大夫階層、也即黨人活躍的場所，而社則爲一般讀書青年人活躍的場所。但無論是官僚士大夫還是一般讀書青

〔註59〕 余英時：《士與中國文化‧引言》，上海人民出版社，2003年版，第2頁。
〔註60〕 余英時先生謂「同治天下」體現了宋代士人政治主體意識的顯現，參見氏著《朱熹的歷史世界》上冊第三章，三聯書店，2004年版。
〔註61〕 謝國楨：《明清之際黨社運動考》，中華書局，1982年版，第1頁。
〔註62〕 張灝：《中國近代思想史的轉型時代》，《幽暗與意識與民主傳統》，新星出版社，2006年版，第136～137頁。

年人，都可以歸結爲掌握知識的士人階層，故明後期興起的書院與結社之風，在很大程度上即意味著士人階層的政治自覺。

學校古稱癢序，《孟子·梁惠王章句上》稱「謹癢序之教，申之以孝悌之義，頒白者不負戴於道路矣」，《荀子·大略》第二十七也稱：「立大學，設癢序，修六禮，明十教」。官學自西周就已經出現，但歷朝歷代均深諳思想教化的重要性，故對學校教育總是加以嚴密控制，「蓋學校多近於科舉，不足以饜學者之望，師弟子不能自由講學，故必於學校之外，另闢一種講學機關」，〔註63〕柳氏所說的「學校」當指官學，而「另闢一種講學機關」就是宋明時期蔚爲流行的民間書院。明初注重學校教育，尤其用力於官學，京師設國子監，地方設府州縣各級學校，「蓋無地而不設之學，無人而不納之教。癢聲序音，重規疊矩，無間於下邑荒徼，山陬海涯。此明代學校之盛，唐、宋以來所不及也」。〔註64〕

在這類與官學相對的私學即民間書院中可以清晰看到明代士人的政治自覺。自兩宋起，書院就大爲流行，對此錢穆先生稱之爲「社會自由講學之再興起」，所謂「再興起」當相對先秦諸子時期而言，又指出宋明諸儒「熱心講學的目的，固在開發民智，陶育人才。而在最終目的，則仍在改進政治，創造理想的世界。」〔註65〕錢穆先生此論剖出彼時士大夫熱心書院講學的深層次目標所在，頗爲高明，但宋明朝書院講學雖然盛極一時，「自由講學」的高度似有所不逮。至明代，有書院約1500餘所，遍佈南北二京及十三省，類型大致可分爲宣講式書院、考課式書院、祭祀式書院、聚徒式書院和教習武學式書院。〔註66〕或者主要分爲兩類，「書院有會講式書院，有考課式書院，而明以會講式之書院爲盛」。〔註67〕這種會講式書院除了講學等學術教育活動之外，學者們還會以書院爲陣地，對現實政治、社會問題發表自己的觀點和言論，影響所及，不僅成爲民間輿論的指向標，連廟堂之高也會受到一定程度的左右。

〔註63〕柳詒徵編著：《中國文化史》，中國大百科全書出版社，1988年版，第574頁。

〔註64〕張廷玉等：《明史》卷六九《選舉志一》，中華書局，1974年版。

〔註65〕錢穆：《國史大綱》下冊，商務印書館，18991年版，第786、807頁。

〔註66〕參見李國鈞主編：《中國書院史》，湖南教育出版社，1994年版，第538～593頁。

〔註67〕張正藩：《中國書院制度考略》，江蘇教育出版社，1985年版，第64頁。

　　顯然，書院中的士人階層已非單純以科舉、入仕爲目標，深沉的時代危機感和社會責任感，迫使和激勵著他們以挽救明亡危機爲己任。最爲典型的當然是東林書院，萬曆二十二年（1594 年）吏部文選司郎中顧憲成以正直敢言而遭貶斥，遂回家鄉講學，常州知府歐陽東鳳等爲之營構東林書院，顧憲成遂與高攀龍等志同道合者講學其中。東林書院的參與者不僅誦讀經書，講授義理，「亦多裁量人物，訾議國政，亦冀執政者聞而藥之也」，〔註 68〕《明史》顧憲成本傳也稱「其講習之餘，往往諷議朝政，裁量人物。朝士慕其風者，多遙相應和，由是東林名大著，而忌者亦多」。〔註 69〕這些士人也因此被稱爲東林黨人。在傳統社會中，普通知識分子品議時政歷來爲統治者大忌，哪怕是已經去職的朝廷官員也是如此，目之爲結黨。結黨者，緣於自身因志同道合而彼此聯合，於激揚清濁、題拂人物之際，體現出結黨者共同的政治理想和願望；統治者則視爲限制其權力、甚至危及其統治的大敵，全力禁絕打擊，必置於死地而後快，還要給結黨者抹上營私的道德貶義色彩，東漢黨錮之禍即是典型一例。明統治者對書院同樣並無好感，從嘉靖中期到天末天啓年間，朝廷先後四次下令禁絕。〔註 70〕在很大程度上，以東林黨人爲代表的書院已成爲一些士人對政治局勢發表觀點的陣地，儘管他們臧否人物往往流於派系之爭，言語之間也常見意氣用事，所提政治主張和對策也並不見得有多高明或切中要害，但以東林書院黨人爲代表的士人階層確實主動、深層次地捲入了明代後期的政治鬥爭，成爲明末士人政治自覺的一大代表。

　　包括東林書院在內的講學活動也可以視爲一種結社活動，但書院參與者的身份或多或少具有出仕背景，而明末參與結社的則大量士人大多則不具備縉紳身份，他們對當時時政所表現出來的熱情和敏感，更多的是由知識階層所特有的經世濟民意識所推動。

　　社的淵源較早，《說文》釋「社」爲「地主也，從示、土。……《周禮》：

〔註 68〕黃宗羲：《明儒學案·東林學案》，《黃宗羲全集》第八冊，浙江古籍出版社，1992 年版，第 731 頁。

〔註 69〕張廷玉等：《明史》卷二三一《顧憲成傳》，中華書局，1974 年版，第 6032 頁。

〔註 70〕第一次是在嘉靖十六年（1537 年）二月，御史遊居敬彈劾王守仁、湛若水「私創書院」，世宗令有司毀其書院，但未行株連；第二次在次年五月，吏部尚書許贊要求將禁絕所有書院；第三次是在明神宗萬曆七年（1579 年）張居正當政期間；第四次發生在天啓五年（1625 年）魏忠賢擅權期間，東林書院、首善書院首當其衝，並「拆毀天下書院」。

二十家爲社，各樹其土所宜之木」，〔註71〕說明社主要是指民眾在其所居住地進行祭祀土地神的活動，進而引申出聚會之意。歷史上較早的結社如東晉時期帶佛教性質的白蓮社，〔註72〕中唐時出現了文學性質的結社，其名稱常見有文會、詩盟、詩酒會、詩社等，中唐著名詩人白居易牽頭組織的香山九老會就名噪一時，此後文人結社日益增多，或指由文人組織的有相對固定成員參加和活動地點、時間的規模不等團體，或指無固定成員的臨時性的群體聚會活動。到明代發展到極盛，不僅文學性質的詩社林立，而且出現了政治性質和內容的結社活動，謝國楨先生將明代結社分爲三個發展階段：「（1）嘉靖到歷歷初年的社集以文會友，是社集萌芽的時代。（2）崇禎年間社局，由詩文的結合而變爲政治的運動。（3）弘光以後，由政治的運動而變爲社會革命的運動。」〔註73〕實際上，「社會革命的運動」也可以歸入廣義上的政治運動。〔註74〕

　　明末的社團之所以由文學性質轉爲政治性質，和書院本以學術研究爲宗旨卻成爲品議時政之所有著異曲同工之效。文人本好結社，或以文會友或文詩酒宴，邀一幫志同道合之輩彼此唱和，佐以酒宴，怡情自始，樂此不疲。但隨著明末期宦官擅權、廠衛肆行，士人階層深受儒家入世理念薰陶，他們關切國家社會前途的憂國憂民之心就被激發出來，文人本屬士人階層的一部分，於是本以文章學問爲主題的結社活動就自然而然轉爲以政治爲宗旨。甚至出現了以直接參與政治鬥爭爲宗旨之社團，如成立於崇禎元年（1628 年）的燕臺社，時人杜登春的《社事始末》稱「自熹宗之朝，閹人焰熾，君子道消，朝列諸賢，悉罹慘酷，……是時，婁張張天如先生溥、金沙周介生先生鍾，並以明經貢入國學，……慨然結衲，計立壇坫，於是先君與都門王敬哉先生崇簡，倡燕臺十子之盟，漸至二十餘人。」至於成立於崇禎二年（1629年），合幾社、聞社、南社、則社等十餘社成立的復社，更以與閹黨勢不兩立的鮮明立場而受到諸多士人的追捧，復社少則百餘人、多則數千的近十次社集，對晚明社會風尚起著一種激昂大義、蹈死不顧的振奮士氣之功。

〔註71〕　《說文解字》，北京九洲出版社，2001 年版，第 7 頁。
〔註72〕　晉佚名《蓮社高賢傳》載晉元興元年釋慧遠、劉遺民等人在廬山白蓮池結社念佛，「率眾至百二十三人，同修淨土之業」。
〔註73〕　謝國楨：《明清之際黨社運動考》，中華書局，1982 年版，第 10 頁。
〔註74〕　晚明士人的結社宗旨是多方面的，並不僅僅局限於政治目的，如共同琢磨製義文章訣巧，編印出版各類科舉制義範文以獲取利潤，也是結社目的之一。

　　以今天的角度來看，無論是書院講學還是結社活動，士人階層爭取的正是一種具有中國特色的公共輿論的自由表達權利，也即思想和言論自由。密爾這樣讚美出版自由：「讓我有自由來認識、發抒己見、并根據良心作自由的討論，這才是一切自由中最重要的自由。」〔註75〕中國傳統社會中或許不具備思想和言論自由的嚴格概念，但卻有清議傳統。東漢末期，太學生萬餘人因宦官當道、仕途不暢，於是「匹夫抗憤，處士橫議」，「激揚名聲，互相題拂，品核公卿，裁量執政，婞直之風，於斯行矣」。〔註76〕儘管到魏晉時期，清議轉為玄學家不問時事、坐而論道的清談，但東漢末期的清議，完全可以看成是士人階層借助公共輿論積極參與政治的手段之一。正是因有著這樣的傳統，明末以言論相標榜、以節氣相指稱的的書院講學和結社活動才會如火如荼，風行全國，甚至黃宗羲在《明夷待訪錄》中所大膽要求君主「公其是非於學校」，這不僅僅是明末書院之盛的直接反映，更傳達了士人階層迫切渴望思想和言論自由權利的共同心聲，所以黃宗羲是論才會得到士人階層的普遍認同。

三、士人與市民階層的聯合

　　除了書院講學和結社活動外，明末士人階層政治自覺的另一重要體現還在於其與市民階層連手發動的市民運動、城市民變中。

　　在學者列出的萬曆、天啟朝共計46次的城市民變中，以領導者身份而言，官員士大夫為首者達19次，手工業工人、商販、作坊主為首者4次，土豪為首者5次，另18次的領導者雖然身份不明，但其中8次或與士大夫有密切關係、或由迫害士大夫引起。〔註77〕這一統計頗為有力地說明了在城市民變中，士人階層所擔綱的重要角色。這裏需要補充的是，上述作為「領導者」的士人階層包括各類生員。生員作為士人階層的一個組成部分，雖然受到顧炎武等明清之際學者的極力抨擊，斥之為天下「病民者」之一，但事實上生員同樣是明末不可忽視的一支重要社會力量。朱元璋洪武十五年曾頒行《學校禁例十二條》，嚴禁生員品評時政、介入社會現實問題，凡「事非干己之大者」、

〔註75〕〔英〕米爾頓著、吳之椿譯：《論出版自由》，商務印書館，1958年版，第45頁。

〔註76〕范曄：《後漢書》卷六七《黨錮傳序》，中華書局，1965年版。

〔註77〕參見劉志琴：《城市民變與士大夫》，《晚明史論——重新認識末世衰變》，江西高校出版社，2004年版，第142頁。

「軍國政事」、「民間冤逸等事」，〔註78〕均不允許生員介入，違者甚至梟首示眾，於是生員只能埋首於官方指定的四書五經之中。自明中後期起，生員常以正統王朝的對立面出現，在當地的市民運動中功不可沒。隨舉數例，成化十八年（1483年）蘇州生員痛罵宦官王敬，萬曆六年（1578年）徽州生員程仕卿、汪時等率眾反對繳絲絹加派，萬曆二十八年（1600年）武昌生員沈希孟等發起反稅監陳奉鬥爭，萬曆四十四年（1616年）松江生員率眾搗毀董其昌家宅，天啓六年（1626年）蘇州生員參與營救周順昌、杭州生員吳瓔等發起反對建魏忠賢生祠，等等。

　　單純的士人階層因數量不多而難以形成氣候，普通民眾數量雖多卻因未受過良好教育而缺乏運籌帷幄能力，兩者一旦結合，就足以掀起令中央朝廷不得不重視的大規模社會運動了。士人階層本屬知識階層，是官僚隊伍的後備軍，在民變中卻與普通民眾攜手、走向朝廷官府的對立面，其原因是多方面的，「社會的領導層是士大夫階級，她是培育實施君主獨裁政治的官僚的母體。另一方面，士大夫階級也有其自身意志，有時表現出對中央政府壓力的抵抗。」〔註79〕但除此之外，士人與市民階層經濟利益的一致即士大夫商人化，是不能忽略的重要原因之一。

　　明代中後期，最大的特權者當然是皇帝，其次是依附在皇權之下宦官和少數壟斷鄉曲的大官僚階層，後者如董其昌等，大多數普通士人不管是否出仕，都捲入了日益席卷整個明代社會的商品經濟大潮中。例如徽州地區很多士大夫都兼營工商業，今存徽州文獻中屢屢出現「賈而儒行」、「士商異術而同志」〔註80〕等記載。江南地區也是如此，「吳人以織作為業，即士大夫家多以紡績求利，其俗勤嗇好殖，以故富庶」，〔註81〕嘉靖十九年去世的黃省曾在《吳風錄》中記載吳地風俗時稱：「至今吳中縉紳士夫多以殖殖為急，若京師官店、六郭開行債典，興販鹽酤，其術倍克於齊民。」〔註82〕還有儒生公開

〔註78〕《全明文》卷二四《學校禁例十二條》，上海古籍出版社，1992年版，第466頁。

〔註79〕〔日〕宮崎市定：《明代蘇松地方的士大夫和民眾》，劉俊文主編：《日本學者研究中國史論著選譯》（第六卷明清），中華書局，1993年版，第256頁。

〔註80〕張海鵬、王廷元編：《明清徽商資料選編》，黃山書社，1985年版，第439～440頁。

〔註81〕于慎行：《谷山筆麈》卷四，轉引自中國社會科學院歷史研究所明史室編：《明史資料叢刊》第三輯，江蘇人民出版社，1983年版，第35頁。

〔註82〕黃省曾：《吳風錄》，王稼句編：《蘇州文獻叢鈔初編》，蘇州古吳軒出版社，

宣稱放棄攻讀科舉，如松江人陳繼儒 29 歲「取儒衣冠焚棄之」，他號稱隱居並被清人納入《明史》中的「隱逸」一類，實則編輯出版一些頗受市民歡迎的各類普及讀本，「或刺取瑣言僻事，詮次成書，遠近競相購寫」，〔註 83〕堪稱商品經濟中的自由撰稿人、出版商。士商之間的聯姻現象也比較常見，「近乃有起家鉅萬之豪僕，聯姻士流，多挾富而欺其主，亦有奮迹賢科之義孫，通名仕籍，則挾貴而卑其主」。〔註 84〕當然，更多士人則是經商、務農、出仕三位一體，此誠如傅衣淩先生所論，明末「出現了一些與工商業有聯繫的知識分子的最初萌芽」，〔註 85〕東林黨的顧憲成、繆昌期以及和東林黨有聯繫的朱國楨，他們的家世都是出身於工商業者。

與此同時，明代學者們還從理論上對亦儒亦商的士大夫商人化現象給出解釋。王陽明雖不完全同意元代學者許魯齋所稱的「言爲學者，治生最爲先務」，但亦承認「雖治生亦是講學中事。但不可以爲首務，徒啓營利之心。果能於此處調停得心無累，雖終日作買賣，不害其爲聖賢，何妨於學？學何貳於治生？」〔註 86〕治生即經商，王陽明承認治生與治學兩者互不相妨，實際上也就認可了士、商的合二爲一。陳確在此基礎上推進一步，「確嘗以讀書治生爲對，謂二者眞學人之本事，而治生尤切於讀書」，也即「學者以治生爲本」，〔註 87〕治生的地位甚至高於讀書，陳確賦予商賈的地位不可謂不高。至於明清之際朱舜水、唐甄、顧炎武等思想家直接經商行賈的行爲，或爲牙於市，或抱布貿絲，學者早有考證。〔註 88〕唐甄理直氣壯地稱自己經商，「人以爲辱其身，而不知所以不辱其身也」，〔註 89〕顧炎武晚年頗重錢財、株釐必較，兩

2005 年版，第 320 頁。

〔註 83〕張廷玉等：《明史》卷二九八《隱逸列傳・陳繼儒傳》，中華書局，1974 年版。

〔註 84〕管志道：《從先維俗議》卷 2，《故宮珍本叢刊》第 477 冊，海南出版社影印本，2001 年版。

〔註 85〕傅衣淩：《明代江南市民經濟試探》，上海人民出版社，1957 年版，第 109 頁。

〔註 86〕王陽明：《傳習錄拾遺》，《王陽明全集》，上海古籍出版社，1992 年版，第 1171 頁。

〔註 87〕陳確：《學者以治生爲本論》，《陳確集》，中華書局，1979 年版，第 158 頁。

〔註 88〕參見朱義祿：《逝去的啓蒙——明清之際啓蒙學者的文化心態》，河南人民出版社，1995 年版，第 49～554 頁；顧炎武的經商行迹參見周可眞：《明清之際新仁學——顧炎武思想研究》，中國大百科全書出版社，2006 年版，第 50～72 頁。

〔註 89〕唐甄著、注釋組注：《潛書注・養重》，四川人民出版社，1984 年版，第 273

人絕非見錢眼開的市井之輩，而是從其生活實踐中認識到了學者唯有經濟獨立、生存無虞，方能保證治學獨立，進而追求人格獨立之眞諦。從這個角度看，明清之際的思想家群體重視工商是有道理的。如果學者連自謀生計都不可得，只能仰鼻息於他人或是官府，那麼具有獨立意義的求學問道從何而來？工商業正可以提供了個人不依賴於官府的另一種謀生路徑，是個人自立的經濟基礎和前提條件，自然要受到學者們的大力肯定了。

第三節　文化背景

　　這裏所謂的文化背景，主要指受外來文化的影響。當「南北朝時，中國思想界又有大變動。蓋於是時佛教思想有有系統的輸入，而中國人對之亦能有甚深瞭解。」〔註90〕佛教的傳入確實是影響中國思想界的一椿大事，自南北朝以來的中國社會，無時不受到佛教思想的浸潤。但在明代中後期，佛教思想的影響力開始式微，特別是作爲社會精英的知識階層，對佛教彌有興趣者相對減少。其中原因，除了中國傳統文化自身因儒學復興而步入另一發展高峰而魅力大增，還有就是西學開始傳入，都令佛教思想和觀念在中國社會中的影響爲之遜色。

　　明代泰西之學得以進入中國，借助的是基督教耶穌會傳教士之力。基督教早在唐代就已經傳入中國，但影響甚微，也未有傳教士進入。明世宗嘉靖三十年（1552 年）8 月，耶穌會教士聖方濟各・沙勿略（St.Francois Xavier）由印度輾轉到廣州上川，這是西傳教士進入中國之始。由於明朝的海禁政策，聖方濟各未能進入中國內地，一直停留在離廣州僅 30 海里的上川島直至年底去世。眞正爲中西方文化交流開創新局面的是著名的利瑪竇（1552～1610年），他於 1582 年左右進入中國內地，先後去過肇慶、韶州、南昌、南京、北京等城市，並於萬曆二十九年（1601 年）定居北京，至萬曆三十八年（1610年）5 月病故，在中國居留時間達 28 年之久。利瑪竇不僅將自鳴鐘、世界地圖、天象儀器、透明三棱鏡等新奇器具帶入中國，更將天文、數學、地理學、物理學、建築學等西方學術體系和知識介紹到中國。〔註91〕繼利瑪竇之後，

　　　　頁。
〔註90〕馮友蘭：《中國哲學史》下冊，上海華東師範大學出版社，2000 年版，第 111頁。
〔註91〕參見沈福偉：《中西文化交流史》，上海人民出版社，1985 年版。

龐迪我、熊三拔、羅如望、湯若望等傳教士接踵而來，中西方文化交流更趨深入。

如果說，中國文化從佛教中汲取的主要是思想和觀念等形而上的意識形態，如眾生平等、因果報應、地獄六道等，那麼明末西學帶給中國的則主要集中於科技知識及其方法論這一領域，「西方在 17 世紀初年及其以前取得的成果，基本上都在明末傳入了中國。」〔註 92〕這主要集中在自然科學技術領域。

和西方傳教士有密切往來的明末學者，以方以智和徐光啟為代表。方以智學問淵博，一生著述良多，特別在科學和哲學方面有著極深的造詣，而這又得益於他對西學的研習和熟悉。如侯外廬先生指出，方以智的書中提到泰西之學的地方，不下數十處，〔註 93〕他在論述音韻、地圓、風力、水力等說時都引述泰西相關學說。難能可貴的是，方以智對待西學絕不迷信，經常佐以自己的判斷，如對西方傳入的地心說，他在《物理小識》卷二《地類》中堅持中國古代的地動說：「地恒動不止，如人在舟中坐，舟行而人不知。」方以智向來膺服西學的「詳於質測」即實證之長，而他本人對西學的不盲從不迷信，也說明注重實證、尊重事實的科學真精神已在他身上生根發芽。另一位學者徐光啟，堪稱同時代學者中受西學影響最深的一位，萬曆三十一年（1603年），他在南京受洗禮加入天主教，教名保祿（Paul）。徐光啟早已認識到西洋學術多為本國所未聞，是「國家致盛治，保太平之策」，〔註 94〕加入天主教為他向國人引介西學提供了更多便利，《幾何原本》、《測量法義》、《泰西水法》等譯著相繼問世，令國人耳目一新。當然，作為嚴謹學者的徐光啟並不會滿足於翻譯層次，他致力的是中西學的會通，甚至在此基礎上的反超，這是促使他在天文、數學、農業等近代科學領域取得卓越成就的動力所在。

西學傳入中國，為尚處於中世紀的中國社會帶來了一股全新的血液，其意義之重大，如梁任公先生評價稱：「中國智識線和外國智識線相接觸，晉唐間的佛學為第一次，明末的曆算學便是第二次。在這種新環境下，學界空氣，

〔註92〕童鷹：《世界近代科學技術發展史》上冊，上海人民出版社，1990 年版，第 217 頁。

〔註93〕侯外廬：《方以智的社會思想和哲學思想》，《侯外廬集》，中國社會科學出版社，2001 年版，第 306 頁。

〔註94〕徐光啟：《辨學章疏》，《徐光啟集》下冊卷九，中華書局，1963 年版，第 436 頁。

當然變換。」〔註95〕事實上，就明末學者的科技成就而言，已經體現出一種類似於近代科學特徵的實驗、歸納和綜合、演繹之風氣，如李時珍的《本草綱目》、徐宏祖的《徐霞客遊記》、宋應星的《天工開物》以及徐光啓的《農政全書》。〔註96〕應該說，這既是中國傳統向近代轉型的自身努力所致，也是西學之風吹拂的結果。

　　要指出的是，明末傳入中國的西學的局限性也是較爲明顯的，這主要是因爲，耶穌會傳教士來華的眞正目的是爲傳教，他們夢寐以求的是中華大地一統於上帝耶穌，所以傳教士們傳授西方的科學知識，就和他們易華服、習華言、讀儒書，以及廣贈西洋新奇器物一樣，都不是他們的目標，而是吸引中國人、尤其是士大夫階層皈依天主教的巧妙手段之一，這就是「學術傳教」方針。美國歷史協會主席、著名漢學家史景遷指出，利瑪竇將訓詞用漢語刻在他可調節的日晷儀底盤等行爲，說明他「所做的一切，主要目的就是使中國人關心他的科學成就，從而使他們更易於接受基督教的信仰」。〔註97〕對西方傳教士的這一意圖，與之有著密切交往的中國學者並非全然不知，但西方的自然科學知識和理論正是傳統中國的知識體系中最匱乏的，例如中國古代也有很多數學家借助於經驗總結和簡單歸納法，提示出許多頗具典型性的數學現象，但終因不能提高到數學科學的理論高度。因此利瑪竇等傳教士甫一展現所攜帶的西學，就令徐光啓等學者傾心相慕，這與其說是宗教的吸引，不如說是學者對知識、對眞理的眞誠嚮往。對此，日本學者稻葉君山早已指出，李之藻、楊廷筠、徐光啓等名士入教，固然爲傳教之功，「然彼等名士之入教，非絕對信仰教宗，要皆利瑪竇誘引法，與中國固有思想，不甚背弛。又當時士人，對於西洋科學，需要頗急，致使然也。」〔註98〕即便是盛讚西方傳教士爲「泰西諸君子，以茂德上才，利賓於國」的徐光啓，也覺察出傳教士在傳播西學有某種隱情。當他向意大利傳教士熊三拔請教時，觀察到其「唯唯者久之，察其心神，殆無吝色也，而顧有怍色」，徐光啓遂「試虛心揣

〔註95〕梁啓超：《中國近三百年學術史》，東方出版社，1996 年版，第 9 頁。

〔註96〕這幾位學者及其著作體現出來的科學精神和思維方式，朱義祿先生的《逝去的啓蒙──明清之際啓蒙學者的文化心態》第五章有著詳細論述，河南人民出版社，1995 年版。

〔註97〕〔美〕史景遷：《利瑪竇的記憶之宮：當東方遇到西方》，世紀出版集團、上海遠東出版社，2005 年版，第 204 頁。

〔註98〕〔日〕稻葉君山：《清朝全史》第二冊，上海中華書局，1925（民國 14 年）版，第 160 頁。

之：西方諸君子而猶世局中人也，是者種種有用之學，不乃其秘密家珍乎？亟請之，往往無吝色而有怍色，斯足以窺人矣。」〔註99〕

　　從整體上看，明清之際的東西方社會其實並不存在巨大的差距。李約瑟認為，這一時期的中西方交往由於耶穌會教士的貢獻，促成了「兩大文明之間文化聯繫的最高範例」，〔註100〕他甚至認為當時中國人的天文學傳統反而要比利瑪竇的天文學更為「近代」一些。謝和耐也指出：「我們必須避免認為，17世紀初葉的歐洲在原則上佔有優勢；基督教的西方和中國社會在這個歷史時代都具有同樣多互相學習的內容」。〔註101〕誠然，17世紀西方的科學知識可能領先中國，但如前所述，彼時中國的科學積累絕非一片空白，更何況《天工開物》等著作已經體現出中國傳統向近代科學轉型的艱難努力。在社會思想和政治領域內，17世紀的歐洲社會湧現出一大批有著卓越見識的啓蒙思想家和巨匠式人物，諸如格勞秀士（1583～1645年）、霍布斯（1588～1679年）、斯賓諾莎（1632～1677年）、洛克（1632～1704年）等等，並提出了對後世影響巨大的自然法和社會契約等系統理論。而明清之際的中國社會也產生了顧炎武、黃宗羲、王夫之等一大批與西方類似的啓蒙思想家，其理論的縝密性和系統性雖然不及前者，但畢竟完全萌發於中國傳統社會，因而他們的藥方可能更適合於中國傳統社會的近代轉型。當然在17世紀，西方社會政治思想和學說沒有被傳教士引入傳統中國，進而與中國的政治思想和學說產生碰撞，這是頗爲令人遺憾的，但更關鍵的是，格勞秀士、洛克等人的自然法和社會契約等系統理論對西方社會產生了根本性的影響，此後西方社會的發展基本沿著這一方向前行，而黃宗羲等人的社會改造方案在明清鼎革後湮滅不聞，這才是最令人痛心和最遺憾的。

　　由此，筆者將中西方文化交流列爲明清之際公私觀的歷史背景之一，但和前述政治和經濟背景相比，文化背景的重要性相對不如前者。

〔註99〕徐光啓：《泰西水法序》，《徐光啓集》上冊，中華書局，1963年版，第67～68頁。

〔註100〕〔英〕李約瑟：《中國科學技術史》第四卷，科學出版社、上海古籍出版社，1990年版，第693頁。

〔註101〕〔法〕謝和耐著、耿升譯：《中國社會史》，江蘇人民出版社，1995年版，第393頁。

第三章　私觀念的肯定──
以人性論爲視角

　　前兩章對歷史上的公私觀念以及明末的歷史背景作了一定程度的梳理，從本章開始，我們要將目光投向於明清之際的公私觀念。

　　公和私所涵蓋的領域可以說極其寬泛。作爲一種思想觀念，公和私涉及到人性、道德、倫理、哲學、政治、經濟等領域。進而，這種思想觀念又必然會對一定的、具體的社會制度及其設計產生影響，因此，公私觀念在中國傳統社會中歷來呈現出紛繁複雜的面貌。人性論帶有一定的理論抽象色彩，關係到人之爲人的根本問題，個人和社會共同體的共同價值取向，對道德、利益等人類社會根本問題的根本取向，往往成爲東西方學者思考社會問題的共同的原始出發點，〔註1〕進而影響到每一個社會共同體的政治和經濟選擇，形成各具特色的政治和經濟制度，因而人性問題的重要性是不言自明的。公私觀念和人性論緊密相聯，從明清之際人性論的前後流變，可以較爲清晰的看出明清之際公私觀念的特性所在。

第一節　理學的人性觀

　　人性是古今中外學者都予以高度重視的一個話題，歷來討論不休、歧義紛雜。人性問題之所以重要，在於涉及到人之爲人的根本性問題。

〔註 1〕近代以前，西方學者考慮社會問題的另一重要出發點是上帝，而中國傳統社會中則是聖人。

在中國傳統文化中，雖然也有人性無善惡或超善惡之說，但性善論與性惡論始終是爭論的主要焦點，且性善論又相對佔據上風。孟子主性善，認爲惻隱、羞惡、辭讓、是非之心乃仁義禮智之端，即爲根本善，每個人生而有之，無需訓練就已經具備，「仁義禮智，非由外鑠我也，我固有之也。」〔註2〕當然，孟子所謂的仁義禮智僅僅是四善端，他同樣說過「人之所以異於禽獸者幾希」，〔註3〕因此，孟子所謂性善，「並非謂人生來的本能都是善的，乃是說人之所以爲人的特殊要素即人之特性是善的。孟子認爲人之所以異於禽獸者，在於生來即有仁義禮智之端，故人性是善。」〔註4〕荀子則主張性惡，認爲「人之性惡，其善者偽也」，〔註5〕人生來都貪利多欲，本性中只存在惡的一面，一切善的行爲舉止，都是後天的教育訓練的結果。不過，荀子認爲人性本惡並不影響「塗之人可以爲禹」，人人都有爲善的可能，特別是經過後天的道德薰陶後，但這種可能或事實在荀子看來，並不能證明性善，恰恰說明了人性之偽。

孟、荀二說，自有其道理，只是側重點各有所不同。孟子並非沒有看到人性之惡處，恰恰相反，仁義禮智諸德作爲人之爲人的特性，絕非已經完成，或是已然成形，充其量只是一種萌芽，所以孟子稱之爲「端」。這只是善的開始，亦或是爲善的一種可能性，更重要的是接下來的一步，「凡有四端於我者，知皆擴而充之矣。若火之始然，泉之始達。苟能充之，足以保四海；苟不充之，不足以事父母。」〔註6〕顯然，孟子非常清楚這種善端非常稀薄，以致於人只要稍稍放縱就會湮滅這種善端，所以他最希望看到並全力倡導的，是大力擴充這種善端，最後如火燃泉達一樣蔓延拓展，這正如「浩然正氣」的培育一樣。從這裏可以看出，孟子性善論的著重點在於擴充人性中善的可能性，旨在從正面鼓勵人們積極向上、奮發作爲。而荀子認定人性爲惡，否定人性中存在著生而具備的善的可能性，但並沒有否定人向善的可能性，其本意在於提醒人們，好利惡害、趨樂避苦、好生惡死、好榮惡辱都是人們的天性，如果個人任由這些天性的發展就會墮落，社會也將無法因此而滅亡，「今人之性，生而有好利焉，順是，故爭奪生而辭讓亡焉；生而有疾惡焉，順是，故

〔註2〕楊伯峻譯注：《孟子譯注·告子章句上》，中華書局，1960年版，第259頁。
〔註3〕楊伯峻譯注：《孟子譯注·離婁章句下》，中華書局，1960年版，第191頁。
〔註4〕張岱年：《中國哲學大綱》，江蘇教育出版社，2005年，第188頁。
〔註5〕荀子著、章詩同注：《荀子簡注》，上海人民出版社，1974年版，第258頁。
〔註6〕楊伯峻譯注：《孟子·公孫丑章句上》，中華書局，1960年版，第80頁。

殘賊生而忠信亡焉；生而有耳目之欲，有好聲色焉，順是，故淫亂生而禮義文理亡焉。」〔註7〕從這裏看出，荀子的著眼點在提醒人們要時時刻刻警惕和防範人性，從反面警示人們積極向上、奮發作爲。因此，孟荀二說實有互相裨益之效。

孟、荀以後，性善與性惡論在爭執中各有發展，但就總體而言，性善論佔據上風。至宋明理學時期，理學家們將兩者加以糅合，演繹出一種融性善、性惡於一體的人性學說。張岱年先生稱之爲「性兩元論」，〔註8〕即將人性分爲兩種：一是「天地之性」，或稱「義理之性」，純然爲善；一是「氣質之性」，或僅稱爲「氣質」，有善有惡。性兩元論創始於張載，精緻於二程，大成於朱熹。

在張載之前，還有一位理學開山人物周敦頤，在他那裏可以找到性兩元論的最初迹象。周敦頤的《通書‧誠幾德》稱：「誠，無爲；幾，善惡。」「誠」是一種處於寂然不動的本體狀態，這裏周敦頤借用道家「無爲」概念來解釋，靜而無爲，無爲而無不爲，誠可以說是一種純粹的至善。而「幾」的概念出自於《易‧繫辭》：「幾，動之微」，「誠」一旦由靜而動，哪怕是意念稍有萌動，本體之狀就無法保持，於是就有了善、惡的區別，如果動而正，那麼還可保持善；如果動而不正，就成爲惡。繼周子之後，張載明確提出了性兩元論，他將人性一分爲二：天地之性和氣質之性。「形而後有氣質之性，善反之則天地之性存焉」，〔註9〕天地之性指全宇宙的普遍之性，精純而無所偏倚，也是純善的；氣質之性是有形體的事物各自具備的特殊之性，萬物分殊，有善有不善。張載的人性論築基於他的宇宙論，太虛凝聚爲氣，氣凝聚爲萬物，氣爲宇宙之根源，萬物皆由氣而來，都稟受氣之本性以爲性，這就是天地之性；同時萬物又都自己的形體，形成特殊的體性，這就是氣質之性。

張子的天地之性和氣質之性之說，被後來的二程、朱熹接受，〔註10〕而且進一步加以完善和精緻化，形成一套頗具說服力的人性學說。《二程遺書》

〔註7〕章詩同注、荀子著：《荀子簡注》，上海人民出版社，1974年版，第258頁。

〔註8〕張岱年：《中國哲學大綱》，江蘇教育出版社，2005年，第207頁。

〔註9〕章錫琛點校、張載著：《張載集》，「正蒙‧誠明篇第六」，中華書局，1978年版，第23頁。

〔註10〕張載另值得注意的是他反對減欲，《張子語錄》稱：「情未必惡」，《正蒙‧乾稱》又稱：「飲食男女皆性也，是烏可滅？」顯然，張載的這一觀點不爲二程、朱熹所接受。

卷二十四稱：「『生之謂性』與『天命之謂性』同乎？性字不可一概論。『生之謂性』，止訓所稟受。『天命之謂性』，此言性之理也。今人言『天性柔緩』、『天性剛急』，俗言天成，皆生來如此，此訓所稟受也。若性之理也則無不善，曰天者，自然之理也。」〔註11〕這裡的「生之謂性」就等同於「氣質之性」，而「天命之謂性」相當於「天地之性」。和張載一樣，二程認為天地之性完全是天生的，在人還沒出現之前，就已經存在，因此這天地之性也就是天地之理，即性與理等，而且是純粹善，不滲雜一絲雜質。而氣質之性則是人出現後才具備的，雖然也是人的天性，但卻是後天的，因此有善有惡，原因就在於氣有偏有正，《二程外書》卷七：「性（天命之性）無不善，所以不善者才也。受於天之謂性，稟於氣之謂才；才之善不善，由氣之有偏正也。」從氣質之性有善有惡出發，二程並沒有將世俗社會中的情、欲一概斥之為惡，而是將超出理的情才稱為惡，解決的方案為「性其情」而不是「情其性」。同樣，超出理的欲即私欲才稱為惡，解決的方案也就是「存天理，滅私欲」。

如果說，二程在解釋氣質之性為何有善惡時僅含糊以「氣有偏正」帶過，那麼朱熹的解釋可以說頗為周全了。朱熹認為宇宙由理和氣雜糅而成，人性亦是如此，《朱子語類》卷四稱：「人之所以生，理與氣合而已。天理固然浩浩不窮，然非是氣，則雖有是理而無所湊泊。故必二氣交感，凝結生聚，然後是理有附著。凡人之能言語、動作、思慮、營為，皆氣也，而理存焉。」天地性之性是指理，氣質之性則指理與氣合，理是純善的，所以天地之性也是純善；氣有清濁，所以氣質之性可分善惡。理與氣雖然不同，但終究不可分，理掩藏在氣之後，氣則是理的物質載體，你中有我，我中有你，兩者是一個無法分割的統一體。理是人的本然之性，人人皆善，無有不同，當然，朱熹將這種善的具體內容限定為仁義禮智。但現實生活中人各有賢與不肖，這都是由於氣質之性，對此朱熹有一段較為精彩的比喻：「有是理而後有是氣，有是氣則必有是理。但稟氣之清者，為聖為賢，如寶珠在清冷水中。稟氣之濁者，為愚為不肖，如珠在濁水中。所謂『明明德』者，是就濁水中揩拭此珠也。物亦有是理，又如寶珠落在至污濁處。」〔註12〕如果再追問氣何以會導致清濁？朱熹的答案是人情、人欲，這與二程提到的情、欲全然合拍。

〔註11〕 程顥、程頤著，王孝魚點校：《二程集·河南程氏遺書》，中華書局，1981 年版，第 313 頁。

〔註12〕 黎靖德編、王星賢點校：《朱子語類》卷四，中華書局，1986 年版，第 73 頁。

這樣，從周敦頤、張載到二程、朱熹，理學家們構築了一個系統、完整的性兩元論，或許不能說完全絲絲入扣、完美無隙，但整體上可以自圓其說是顯而易見的。那麼，這一理論能否視為性兩元論呢？

筆者認為，從表面上看，天命、氣質之說可以看成是性善說和性惡說兩者互相妥協的結果，因為無論是朱熹還是二程，都承認惡也是人的天性，如《朱子語類》卷九十五稱「善，固性也，惡亦不可不謂之性也」。但實際上，天命、氣質之說中性善與性惡兩者的地位並不對等，性善為主，性惡為輔。具體體現為以下兩點：其一，天命之性總是純善，不混雜一絲一釐的惡，不會因時因勢而發生變化。此時，性與氣相對，只有性可稱為善、稱為天理。也就是說，天命之性是根本，是普遍之理，是不可能改變的，氣質之性則各有不同，是可以改變的，這正如朱熹所說的「理一分殊」、「性一分殊」；其二，承認氣質之性中有惡的目的是為了將其徹底消除。氣質之性有善有惡，此時，氣質之性與天命之性相對立，唯天命之性可稱為善。氣質之性中也有惡，惡也是天性，但承認惡是天性，目的是為了促使由惡而善的轉變，更關鍵的是，由惡而善只有唯一一個途徑，那就是將惡完完全全的排斥、剔除出去，不給人欲、人情留一絲一毫的退路和空隙。如二程所說，「然而才（氣質之性）之不善，亦可以變之，在養其氣以復其善爾。故持其志，養其氣，亦可以為善。故孟子曰：『人皆可以為堯舜。』唯自暴自棄，則不可以為善。」〔註13〕在孟子那裏，導人向善的手段是養氣，只要胸中有浩然正氣，人性之惡自然無所著落。但到理學家那裏，導人向善的手段是將人性之惡徹底扼殺，即所謂的「存天理、滅私欲」之說。因而，儘管理學家們煞費苦心地提出了天命之性和氣質之性，二程、朱熹等在論及氣質之性時，也沒有把氣質之性全歸於惡，沒有完全否定私欲、私心、私利在人之生存維度方面的某種合理性，還承認人性之惡亦為天性，但是，由於這種人性論的實質仍然是性善論，而且是一種不承認人性之惡、甚至強烈排斥人性之惡的性善論。

正因為如此，與天命之性、氣質之性相對應的正是強調私觀念非正義性的公私之辯。天命之性等同於善、理、天理等形而上範疇，又等同於仁、義、禮、智這些傳統社會中具體制度規範，自然與公觀念緊密相聯。氣質之性相對天命之性而言，不但不能與善、理、天理等形而上範疇相等同，還被特別

〔註13〕程顥、程頤著，王孝魚點校：《二程集·河南程氏外書》卷七，中華書局，1981年版，第394頁。

突出氣質之性中惡的一面，如自私、自利、私情、私欲等，於是氣質之性就與私觀念緊密相聯。這樣，理學家的這種不承認人性之惡、甚至強烈排斥人性之惡的性善論，就與傳統社會中不承認私觀念、甚至強烈排斥私觀念的公私觀完全耦合，形成理學家們一再強調的公私之辯，人性之善就是公，人性之惡則爲私。當然，所謂公私之辯更準確的說，不是公私概念合理性的辨析，而只是爲什麼要完全否定和排斥私的辨析，以及如何以公滅私、尚公抑私，隨錄數語：

> 「大抵有人身，便有自私之理，宜其與道難一。」
>
> 《二程遺書》卷三

> 「有少私意，便是不仁」　　　　　　《二程遺書》卷二十二

> 「凡人須是克盡己私後，只有禮，始是仁處。」
>
> 《二程遺書》卷二十二

> 「克己之私既盡，一歸於禮，此之謂得其本心。」
>
> 《二程粹言》卷二

> 「人心，私欲，故危殆：道心，天理，故精微。滅私欲，則天理明矣。」　　　　　　《二程遺書》卷二十四

> 「己者，人欲之私也：禮者，天理之公也。一心之中，二者不容並立，……出乎此，則入乎彼，則入於此矣。」
>
> 《論語或問》卷十二

> 「將天下正大底道理去處是事，便公：以自家私意去處之，便私。」　　　　　　《朱子語類》卷十三

> 「凡一事便有兩端。是底即天理之公，非底乃人欲之私。」
>
> 《朱子語類》卷十三

上述諸論，無不將公私兩種觀念置於截然對立之中，造成一種非此即彼、水火不容、絕無調和可能的境況。自先秦以來，以立公滅私爲主要特徵的傳統公私觀，在理學家的人性論中得到了最精緻、最完善、最充分的發揮和闡釋，但由於這種觀點完全抹殺了私觀念的合理性和正當性，公觀念的合理性和正當性也難以得到保障，可以說，理學家在貶抑私觀念的同時，也將公私關係置於了一種難以挽回的困境。

第二節　功利學者的人性論

在明清之際的思想家之前，宋代的功利學者已經對理學家的人性論提出了強烈質疑。

理學人性理論實存有一個難以自圓的破綻，那就是先承認人性之惡、人性之私來自氣質之性，同樣也是一種天性，既然是天性，當然是難以根除的，可理學家又孜孜不倦於要將人性之惡完全剔除，在人性中一點都不留人性之惡的空間，這豈非是一種悖論？從這個角度看，將理學逼入絕境的正是理學家自身。如果按照理學人性論中人性之惡亦是天性的預設出發，那麼更合理的解決之道不是完全剔除人性之惡，而是將人性之惡限制在一定的範圍，或者是有條件的承認人性之惡，但最終目的仍然是導人向善。與理學同時代的宋代功利學者就是這樣認爲的。

宋代的功利學者包括區歐陽修（1007～1073 年）、李覯（1009～1059 年）、王安石（1021～1086 年）、薛季宣（1134～73）、呂祖謙（1137～1181）、陳亮（1143～1194 年）、葉適（1150～1223 年）等人，還有學者將張載也納入其中。〔註 14〕功利學者人性論的一個總體特點，是承認和肯定人性之惡和人性之私，這與理學人性論形成鮮明的對比。需要指出的是，理學人性論和荀學都承認人性之惡，但承認並不等同肯定，理學家和荀子承認人性之惡只是對客觀事實的一種認可，畢竟現實社會中體現人性之惡的現象實在太多，但他們並不準備接受這一客觀事實，所以都主張要剔除人性中惡、私的一面。爲了從理論上加以論證，就先從價值判斷上完全否定人性中自私自利的一面，因而就本質而言，理學家和荀子並非眞正承認人性之惡。而功利學者不僅承認人性之惡和人性之私，並且接受和正視這一現實，進而肯定這種人性之惡和人性之私，不對人性中自私自利的因素施以價值判斷的主觀色彩，故就本質而言，功利學者才是眞正地承認人性之惡。下即以功利學者中的代表人物李覯、陳亮、葉適爲例稍加展開。

功利學者的早期代表人物李覯的立論以頗具條理著稱，但他的人性論稍顯駁雜。李覯不大同意孟子性善論，對韓愈的性三品論表示贊同，「古之言性

〔註14〕祁志祥認爲，儘管張載有不少思想爲二程、朱熹所吸引，但張載仍有不少觀點迥異於一般嚮壁虛構、陳述迂腐的理學家，如「情未必惡」、「欲烏可減」等，這使他成爲王夫之、戴震等啓蒙主義人學的先驅。參見氏著：《中國人學史》，上海大學出版社，2002 年版，第 293～297 頁。

者四：孟子謂之皆善，荀卿謂之皆惡，揚雄謂之善惡混，韓退之謂之性之品三：上焉者善也，中焉者善惡混也，下焉者惡而已矣。今觀退之之辯，誠為得也，孟子豈能專之。」〔註15〕可他又反對性同情異論，認為性、情當一致，即便聖人也與普通一樣無例外，「形同則性同，性同則情同。聖人之形與眾同，而性情豈有異哉？」既然聖人與常人同形，自然性同，性同則情同，由於聖人也擁有和常人一樣的性和情，那麼與情相關的利、欲等自然欲望和物質追求，對聖人和普通人來說並無不同，「眾多欲而聖寡欲，非寡欲也，知其欲之生禍也。」〔註16〕從此出發，李覯大力倡導理學家極力排斥的利和欲，「利可言乎？曰：人非利不生，曷為不可言。欲可言乎？曰：欲者人之情，曷為不可言。言而不以禮，是貪而淫矣。不貪不淫而曰不可言，無乃賊人之生，反人之情，世俗之不喜儒如此。」〔註17〕李覯把抑制人追求利、欲的做法稱之為傷害人的生命、違反人的性情，這一反詰是頗為有力的。

再如陳亮與葉適，這兩位學者的人性論更為典型。陳亮明確提出，人的欲望和逐利行為都是自然屬性，作為一種客觀存在，是無法違背、抹殺和根除的，人活著就是為了滿足這些欲望。如陳亮認為，「人生何為？為其所欲」，〔註18〕人活著就是為了滿足種種欲望，這些欲望包括「耳之於聲也，目之於色也，鼻之於臭也，口之於味也，四肢之於安佚也，性也，有命焉」，〔註19〕聲色臭味以及安佚等，只要是人，都會貪圖，「好色人心之所同，達之於民無怨曠……好貨人心之所同，而達之於民無凍餒」，〔註20〕「出於性，則人之所同欲也；委於命，則必有制之者而不可違也。富貴尊榮，則耳目口鼻之於肢皆得其欲；危亡困辱則反是。」〔註21〕葉適也指出「古之聖人，其必有以合是而出者矣。其治於人也，止惡而進善，有不同焉。止之於心而不行之於事，人不見其自治之迹，而已不多其能自治之功，是雖聖人不能加也。有己則有私，有私則有欲，而既行之於事矣，然後知仁義禮樂之勝己也，折而從之。」

〔註15〕李覯著、王國軒點校：《李覯集》卷二《禮論第六》，中華書局，1981年版，第18頁。

〔註16〕李覯著、王國軒點校：《李覯集》卷二一《損欲》，第234頁

〔註17〕李覯著、王國軒點校：《李覯集》卷二九《原文》，第326頁。

〔註18〕陳亮著、郭廣銘點校：《陳亮集》卷三六《劉和卿墓誌銘》，中華書局，1987年版，第488頁。

〔註19〕陳亮著、郭廣銘點校：《陳亮集》卷四《問答下》，第42頁。

〔註20〕陳亮著、郭廣銘點校：《陳亮集》卷九《勉強行道有大功》，第102頁。

〔註21〕陳亮著、郭廣銘點校：《陳亮集》卷四《問答下》，第42頁。

〔註22〕聖人治理天下時，採取的諸種止惡揚善的手段，對於自己，採取的則是「止之於心而不行之事」的對策，所以人們看不到聖人「自治之迹」，但事實上即便是聖人也有私心私念，正所謂「有己則有私，有私則有欲」，宋代功利學者對人性之私的肯定，以葉適是論最爲簡潔鮮明。

　　需要指出的是，功利學者承認人性之私，但不承認人性之私有巨大的危害，這一點已經開始與理學分途，更大的差異在於其後的如何應付人性之私。理學家提出的應付手段要完全抹殺人性中的私情、私利和私欲，對人性之私一筆抹消，並從價値判斷的角度加以貶低，即視人性之私爲人性之惡。而功利學者同樣承認人性之私爲天性或自然性情，既然是天性，那就不能也無法被完全抹殺，從這個角度看，功利學者沒有把人性之私完全視爲價値否定的人性之惡。在著名的陳朱之辯中，陳亮有一段體現其主張的鮮明體之論：

　　　　道之在天下，至公而已矣，屈曲瑣碎皆私意也。天下之情僞，
　　豈一人之智慮所能盡防哉，就能防之，亦非聖人所願爲也。禮曰：「人
　　藏其心，不可測度也。美惡皆在其心，不見其色也。欲一以窮之，
　　捨禮何以哉？」惟其止於理，則彼此皆可知爾，若各用其智，則迭
　　相上下而豈有窮乎。聖人之於天下，時行而已矣，逆計、預防，皆
　　私意也。天運之無窮，豈一人之私智所能曲周哉，就能周之，亦非
　　聖人之所願爲也。……秘書之學，至公而時行之學也；秘書之爲人，
　　掃盡情僞而一於至公者也。世儒之論，皆有官不容針私通車馬之意，
　　皆亮所不曉，故獨歸心於門下者，直以此耳。有公則無私，私則不
　　復有公。王霸可以雜用，則天理人欲可以並行矣。亮所以爲縷縷者，
　　不欲更添一條路，所以開拓大中，張惶幽眇，而助秘書之正學也，
　　豈好爲異說而求出於秘書之外乎！〔註23〕

和朱熹一樣，陳亮也肯定道者至公，但陳亮將私意僅僅解釋爲「屈曲瑣碎」，遠沒有像朱熹那樣一而再、再而三地強調私之巨大危害性。更與朱熹不同的是，陳亮認爲即使是聖人，也難以或者不願將私意、情僞悉數排除，而理學家所追求的，正是要將私意、情僞徹底根除。所以陳亮指出，秘書即朱熹所追求的，正是「至公」之學、「至公」之人，但這種看似冠冕堂皇的追求卻造

〔註22〕葉適：《水心別集》卷五《春秋》，《葉適集》，中華書局，1961 年版，第 701頁。
〔註23〕《陳亮集》卷二八《丙午覆朱元晦秘書書》，第 354～355 頁。

成某種不良後果，就是表面上「官不容針」即法度嚴明，暗地裏卻「私通車馬」往往會出現網開一面的情形，互相牴牾，這正是「有公則無私，私則不復有公」的結果。顯然，陳亮並不認同程朱理學將公、私定性爲截然對立、甚至你死我活的關係，而是認爲公、私可以彼此並行，互不妨礙，也就是「天理人欲可以並行矣」。但是，按陳亮本意，或者說他在這裏不無委婉地表示，他與朱熹之間的分歧，僅僅在於應對人性之私具體手段的不同，他只是不同意朱熹完全否定人欲的觀點，所以提出「天理人欲並行」，不過是「更添一條路」，以「助秘書之正學」罷了。可問題恰在這裏，陳亮似乎沒有注意到，朱熹承認人性之私只是表象，強調人性之私的巨大危害、進而根除人性之私方爲實質，也就是說，兩人之間的差異，其實是功利主義與道德主義價值取嚮之間的差異。尤其是朱熹，他出於功利效果論會衝垮道德理想的擔憂，對陳亮功利價值取向的反對是極其嚴厲的，「江西之學只是禪，浙學卻專是功利。禪學，後來學者摸索，一旦無可摸索，自會轉會；若功利，學者習之便可見效，此意甚可憂！」〔註 24〕對陸氏心學，朱熹尚有所肯定，對永嘉之學，朱熹基本上予以全然否定，

第三節 人性有私論的擡頭

明清之際思想家的人性論，有學者稱之爲「自然人性論」，〔註 25〕這一觀點應該說是站得住腳的。如果說，李覯、陳亮、葉適等功利學者對人性之私的論述，已經爲人性之私的正面肯定拉啓了帷幕一角，那麼明清之際思想家的論述則使得人性有私論得以堂黨正正的出現於歷史舞臺，並成爲一種不可忽視的社會思潮。因而明清之際人性論的最大特色，在於其對人性之私的正面肯定與宏揚，明清之際的思想家們從各個角度、各個層面對人性之私作出了極其雄辯的論證和推演，使得人性之私不再等同於人性之惡，較爲徹底的擺脫了倫理之惡的干擾，這是以往任何一個歷史時期都不曾有過的。

首先，可以看到明清之際思想家們大都承認人性之私的存在，可稱之爲

〔註 24〕黎靖德編、王星賢點校：《朱子語類》卷一二三，中華書局，1986 年版，第2967 頁。

〔註 25〕參見蕭萐父、許蘇民：《明清啓蒙學術流變》，遼寧教育出版社，1995 年版，第 7 頁；馮天瑜、謝貴安：《解構專制——明末清初「新民本」思想研究》，湖北人民出版社，2003 年版，第 260 頁。

人性有私論。明清之際思想家從人性本身、重新詮釋儒家經典文獻、社會初始階段的人性等多個角度論證了人性有私。

　　最典型的當然是李贄。李卓吾一生，歷經坎坷，前後思想頗有不同。萬曆十三年（1585 年）後，受佛教影響，李贄探討人性的視角開始轉向百姓日用處，〔註26〕所謂「穿衣吃飯，即是人倫物理；除卻穿衣吃飯，無倫物矣。」〔註27〕可以從民眾的日常活動、日常言語中窺見高深學理，即從「百姓日用處」見「菩提心」。由此之故，眾生的欲望和需求如好色、好貨不但不能否定掉，反應承認其合理性，加以高度關注，這是李贄提出人性自私論的前提。至萬曆十四年，李贄在給耿定向的一封信中稱，「自朝至暮，自有知識以至今日，均之耕田而食，買地而求種，架屋而求安，讀書而求科第，居官而求尊顯，博求風水以求福蔭子孫。種種日用，皆爲自己身家計慮，無一釐爲人謀者。」〔註28〕此時，李贄的人性有私論已經基本成形，《明燈道古錄》上稱：「雖大聖人不能無勢利之心，則勢利之心，亦吾人稟賦之自然矣」，提出了人必勢利之命題，即使聖人也不例外。但最具代表的是以下這一段話：「夫私者人之心也。人必有私而後其心乃見；若無私則無心矣。如服田者，私有秋之獲而後治田必力；居家者，私積倉之獲而後治家必力；爲學者，私進取之獲而後舉業之治也必力。……此自然之理，必至之符，非可以架空而臆說也。然則爲無私之說者，皆畫餅之談，觀場之見。但令隔壁好聽，不管腳根虛實，無益於事。祇亂聰耳，不足採也。」〔註29〕在李贄之前的宋代學者葉適，也有「有己則有私，有私則有欲」之論，但葉適並沒有加以詳細論證。而李贄以服田者、居家者、爲學者爲例，一一論證私心所在，最後得出的結論是人必有私、無私則無心。應該說，李贄的論證是從經驗主義角度出發的，他並沒有從理論上加以推演，而是列舉並分析了服田、居家、爲學這些人人都可以看得見的、活生生的事例，在此基礎上再歸納得出他的結論，並將人之私視爲人類社會發展的原動力。對人性之私的正面肯定和論證，李贄的努力無

〔註26〕關於李贄思想的前後流變，詳參見許建平：《李贄思想演變史》，人民出版社，2005 年版。

〔註27〕李贄：《焚書》卷一《答鄧石陽》，《李贄文集》第一卷，北京科學文獻出版社，2000 年版，第 4 頁。

〔註28〕李贄：《焚書》卷一《答耿司寇》，《李贄文集》第一卷，第 28 頁。

〔註29〕李贄：《藏書》卷三二《德業儒臣後論》，《李贄文集》第二卷，社會科學文獻出版社，2005 年版，第 626 頁。

疑是空前的。

　　李贄的人性有私論得到了其它學者和思想家的普遍認同，但是，李贄如此痛快淋漓直呈人性之私的方式，似乎讓明清之際的其它思想家有點難以接受。〔註30〕如果說，李贄的人性有私論是在猛烈批判理學、與理學正面作戰的過程中確立起來的，表現出一種高歌猛進的姿態，那麼其它思想家的人性有私論則是通過重新詮釋儒家經典文獻來展現的，顯示出一種溫和委婉的的姿態。

　　例如陳確在他的《私說》中，提出一個很值得玩味的觀點：君子有私而小人無私。「有私所以為君子。唯君子而後有私，彼小人者惡能有私哉！……彼古之所謂仁聖賢人者，皆從自私之一念，而能推而致之以造乎其極者也。而可曰君子必無私乎哉！」〔註31〕陳確認為只有君子有私，小人反而無私，一反傳統的君子無私、小人有私之說。陳確的論證值得注意之處在於，他對君子之私的界定，是從儒家經典入手的。君子待人以誠，「然敬其兄與敬鄉人必有間矣」，君子待人以愛，「然愛其兄之子與鄰之赤子亦必有間矣」，而且，君子「愛己之子又愈於兄之子」，這的確是儒家的愛有差等之說。然後陳確又進一步推論君子愛天下必不如其愛國，愛國必不如其愛家與身，也就是說，儒家傳統中修身、齊家、治國、平天下論的起初出發點在於「私諸其身」，因此治國平天下以修身為本，「此非忘私之言，深於私之言也」，這是真私、篤私。與之相反，愚夫愚婦私其子時，總是「食必欲其飽也，衣必欲其暖也」，人譽其子則喜，人毀其子則怒，這是對孩子的溺愛之私，只會「長傲養惡」，

〔註30〕李贄受到清人的貶低自不足為奇，欽定的《四庫全書總目》中多處攻擊、謾罵李贄，如斥《藏書》曰：「贄書皆狂悖乖謬，非聖無法；惟此書排擊孔子，別立褒貶，凡千古相傳之善惡，無不顛倒易位，尤為罪不容誅。」明清之際的其它學者受李贄不少影響，但對他仍然攻擊甚力。如王夫之在《讀通鑑論》卷末《敘論三》中指責李贄「導天下於邪淫，以釀中夏衣冠之禍」，「逾於洪水，烈於猛獸」；顧炎武《日知錄》卷十八稱「自古以來，小人之無忌憚而敢於叛聖人者，莫甚於李贄」；方以智《東西均·名教》中也批評李贄「自負尖快小才，縱其偏見，欲一手抹天下，作第一人」。究其原因，一者李贄由於家庭環境和生長環境的因素，性格有所偏激，偶有激進之語，不為同時期的其它學者所接受。二者王夫之、顧炎武、方以智等可謂上繼先秦傳統的儒家學者，而李贄引佛入儒，並非純正的儒者，故前者有牴觸心理。三者顧炎武、王夫之等學者出於故國之思，反感李贄在品評歷史人物時褒贊譙周、馮道等人，擔心李贄此論將士風引入不知廉恥的歧途。

〔註31〕陳確：《陳確集·文集》卷十一《私說》，中華書局，1979年版，第257頁。

這種小人之私，並非眞正愛其兄弟妻子，而是「賊害之而矣」，〔註32〕因而屬於假私、浮私。陳確的觀點確有新意，但他的論證方式卻不是像李贄那樣直指自然人性，而是從先秦儒家的親親有別原則出發，一步步推導出修身齊家治國平天下的人生模式中，修身爲後者的出發點，由此確立起人性之私的地位，還是具有相當說服力的。不過，陳確的漏洞也很明顯，他在論及小人之私時，將小人之私解釋爲溺愛，這一解釋未免有偷換概念的嫌疑，很明顯，陳確所說君子之私與小人之私的內涵不同，兩者無法相提並論。

更爲典型的是顧炎武。顧炎武同樣旗幟鮮明的提出人情懷私，私爲人之常情，人性之私與惡無關，沒有任何不道德的成份在內，大致有以下幾條史料：

> 「天下之人各懷其家，各私其子，其常情也。爲天子爲百姓之心，必不如其自爲，此在三代以上已然矣。」
>
> 《亭林文集》卷一《郡縣論五》

> 「人之情孰不爲其身家者？」《亭林文集》卷一《生員論》上

> 「自天下爲家，各親其親，各子其子，而人之有私，固情之所不能免矣。」　　　　《日知錄》卷三《言私其豵》

> 「若乃孔子所謂大道既隱，天下爲家，各親其親，各子其子者，亦從此而可知之矣。」　　　　《日知錄》卷二《厥弟五人》

> 「夫人生一世，所懷者六親也，所愛者身也，所戀者田宅貨財也，所與居者姻舊鄉曲也。」
>
> 《顧亭林詩文集・蔣山傭殘稿》卷一《答再從兄書》

與李贄不同的是，顧炎武是在探討追溯三代歷史的時候得出上述結論的。「天下爲家，各親其親，各子其子」之說，出自《禮記・禮運篇》的「大同」、「小康」之論，「大道之行也，天下爲公，選賢與能，講信修睦。故人不獨親其親，不獨子其子，……是謂大同。今大道既隱，天下爲家，各親其親，各子其子，貨力爲己，……是謂小康」。上述這段話，在《禮運篇》中被指爲孔子所言，也許這一說法缺少明確的史實依託，但大同、小康論代表了先秦儒家學者的社會理想當可以成立。顧炎武當然清楚這一點，但在他看來，既然大道已經

〔註32〕陳確：《陳確集・文集》卷十一《私說》，中華書局，1979 年版，第 257～258 頁。

隱沒不顯，那麼大同社會的構建原則已經不能成爲現實社會的指南，換言之，《禮運篇》中小康社會「各親其親，各子其子」的倫理境界，正是現實社會應該遵循、也可以遵循的倫理原則。所以有學者指出，顧炎武「自天下爲家……」之潛在表達形式應該是「自大道行，天下爲家……」，〔註33〕這是頗有見地的。這樣看來，顧炎武在論證人性有私時採取的是重新詮釋儒家早期經典文獻，從中挖掘出早期儒家思想中的人性有私論，這種相對緩和的文獻再解讀方式，使得顧炎武的人性有私論影響彌加深遠。

還值得一提的是黃宗羲，他與上述思想家論證人性有私的方法又有所不同，他是從社會本初狀態著手的。黃宗羲在其著名的《明夷待訪錄・原君》中指出：「有生之初，人各自私也，人各自利也，……夫以千萬倍之勤勞而己又不享其利，必非天下之人情所欲居也。……好逸惡勞，亦猶夫人之情也。」針對黃宗羲的人性論，學界有不同的觀點，侯外廬、任繼愈等先生認爲其屬於自然人性論，孫叔平、李明友和張師偉等學者則綜合黃宗羲各方面論述，認爲其堅持的是孟子以來的性善論。〔註34〕黃宗羲的人性論是自然人性論還是性善論，還可作進一步探討，但《明夷待訪錄》著成於1663年，黃宗羲是從反思、總結明王朝滅亡的經驗教訓角度出發的，因而書中觀點可能會有所激進，與其一慣主張有不盡合拍之處是可以理解的。儘管如此，黃宗羲在論證「好逸惡勞，亦猶夫人之情也」時，把歷史鏡頭一直拉回到了遠古的社會本初狀態即「有生之初」，從人類社會的起點來論證人的自私自利本性，而這種方法在西方啓蒙時代思想家如馬基雅維里、霍布斯以及洛克筆端是經常可以見到的。當然，黃宗羲沒有對社會的本初狀態加以鋪陳展開就戛然而止，這不能不說是一種遺憾。

〔註33〕 參見周可眞：《明清之際新仁學——顧炎武思想研究》，中國大百科全書出版社，2006年版，第97頁。

〔註34〕 以上詳見侯外廬：《中國社會思想通史》第五卷，人民出版社，1956年版，第161頁；任繼愈：《中國哲學史》第四冊，人民出版社，1979年版，第19頁；蕭萐父、許蘇民：《明清啓蒙學術流變》，遼寧教育出版社，1995年版，第300頁；孫叔平：《中國哲學史稿》，上海人民出版社，1981年版，第312頁；李明友：《一本萬殊——黃宗羲的哲學與哲學史觀》，人民出版社，1994年版；張師偉：《民本的極限——黃宗羲政治思想新論》，中國人民大學出版社，2004年版。此外，梁啓超在《中國近三年學術史》中稱黃宗羲用氣一元論修正王氏心學，所以他既是「王學之嫡派」，又是「王學的修正者」。

　　既然人性皆有私，那麼人的欲望以及人滿足其欲望的行爲也必須加以肯定，即承認人欲望的合理性。理欲之辯是理學家也是理學家一再強調的話題，只是理學家強調理欲之辯目的是爲存理滅欲，而明清之際思想家並不同意這種理、欲截然對立的緊張關係，他們沿續宋代功利學者的路途，進一步調整理欲關係，如承認人性有私一樣承認人有欲望，承認欲望的合理性，但同時不至於滑入縱慾論。如下文所論，陳確謂「人欲即天理」、「天理中亦有人欲」，或如王夫之謂「理欲皆性」，或如顏元謂男女之欲爲「人之眞情眞性」，或如唐甄謂欲爲「人之恒情也」，等等，無不肯定人生種種欲望，在很大程度上洗去了籠罩在人欲之上的價值之惡色彩。〔註35〕

　　陳確明確肯定人欲的合理性，把周敦頤的滅欲之說歸結爲禪，「周子無欲之教，不禪而禪」，他也不同意佛教把人欲歸結爲空，認爲「佛氏一切空之，故可曰無」，眞正的儒家學者對這兩者都不認可，「人心本無天理，天理正從人欲中見。人欲恰好處，即天理也。向無人欲，則亦並無天理可言矣」，天理源出人欲，沒有獨立於人欲之外的天理，即便聖人也是如此，即「聖人之心無異常人之心，常人之所欲亦即聖人之所欲也」。〔註36〕如果誰做到了無欲，那就不再是活生生的人了，對此陳確直截了當地稱：「何云無欲？眞無欲者，除是死人」。〔註37〕當然，陳確肯定人欲的宗旨，只是爲反對理學將理、欲完全對立不合情理之舉，對此他有一段非常精彩的分析：「學者只時從人欲中體驗天理，則人欲即天理矣，不必將天理人欲判然分作兩件也。雖聖朝不能無小人，要使小人漸漸變爲君子。聖人豈必無人欲，要能使人欲悉化爲天理。君子小人別辯太嚴，使小人無站腳處，而國家之禍始烈矣，自東漢諸君子始矣。天理人欲分別太嚴，使人欲無躲閃處，而身心之害百出矣，自有宋諸儒始也。」〔註38〕在陳確看來，宋儒的失誤就在於將天理、人欲分別太嚴，以

〔註35〕王泛森先生稱之爲一種道德嚴格主義，理學是要將七情六欲及所有後天的東西都消除淨盡，以保證自己可以成德，而新的嚴格主義既認爲欲亦理中所當有，氣質不可不謂性，所以道德修養工夫是礦中取金、米中挑鹽的工作。參見氏著：《明末清初的一種道德嚴格主義》，載《晚明清初思想十論》，復旦大學出版社，2004年版。
〔註36〕陳確：《瞽言四・無欲作聖辯》，《陳確集》，中華書局，1979年版，第461頁。
〔註37〕陳確：《瞽言四・與劉繩書》，《陳確集・別集》，中華書局，1979年版，第469頁。
〔註38〕陳確：《瞽言一・近言集》，《陳確集・別集》，中華書局，1979年版，第425頁。

致於人欲無立足處，由此他提倡一種合理之欲，稱之為「寡欲」，當然，其最終目的還在於化人欲為天理、變小人為君子。

與陳確「人欲即天理」之論相似，王夫之亦提出了「理欲皆性」的觀點。王夫之同樣反對理學嚴辨天理、人欲之說，「倘須淨盡人欲而後天理流行，則但帶兵農禮樂一切功利事，便於天理窒礙，叩其實際，豈非『空諸所有』之邪說乎？」〔註39〕將滅人欲之說貶為佛教學說。王夫之主張理、欲皆自然天生，人性中含有理、欲兩者，「天以其陰陽五行之氣生人，理即寓焉而凝之為性。」〔註40〕並在解釋張載「形而後有氣質之性」時加以詳細說明：「蓋性者，生之理也。均是人也，則此與生俱有之理，未嘗或異。故仁義禮智之理，下愚所不能滅；而聲色臭味之欲，上智所不能廢，俱可謂之為性。而或受於形而上，或受於形而下，……則一曲一伸之際，理與欲皆自然而非由人為。」〔註41〕下愚之人亦有天理，正如上智之人有人欲，至於性如何能包括理、欲兩者，王夫之的解釋是受於「形而上」、「形而下」的結果。更重要的是，王夫之認為人性不僅是先天稟賦，而且可以隨著後天的習俗加以養成和改變，由此提出了他著名的人性「日生日成」之說，「夫性者生理也，日生則日成也。……夫天之生物，其化不息國。……故天日命於人，而人日受命於天。故曰性者生也，日生而日成者也。」〔註42〕當然，在肯定人欲、天理都是人性之後，王夫之和陳確一樣，進而主張人欲的適度，絕對不能「徇人欲」，否則「其違禽獸不遠矣。」〔註43〕只要適度，就是合天理之欲，《讀四書大全》卷四稱：「聖人有欲，其欲即天之理。天無欲，其理即人之欲。學者有理有欲，理盡則合人之欲，欲推即合天之理。於此可見，人欲之各得，即天理之大同，天理之大同，無人欲之或異。」其中「人欲之各得」，或當理解為人人得遂其欲，如此，便是天理流行的大同世界了。這與王夫之「尊性達情」的主張相一致，如《周易外傳》卷三稱「尊性者必錄其才，達情者必養其性」。

〔註39〕王夫之：《讀四書大全說》卷六，《船山全書》第6冊，嶽麓書社，1996年版，第763頁。

〔註40〕王夫之：《張子正蒙注》卷三，《船山全書》第12冊，嶽麓書社，1996年版，第121頁。

〔註41〕王夫之：《張子正蒙注》卷三，《船山全書》第12冊，第128頁。

〔註42〕王夫之：《尚書引義》卷三《太甲二》，《船山全書》第2冊，第299～300頁。

〔註43〕王夫之：《張子正蒙注》卷三，《船山全書》第12冊，第121頁。

　　顏李學派的代表人物顏元、李塨，是在批判佛學和理學的基礎上肯定人之私欲的。顏元對男女之情的肯定超出一般學者，《四存編・存人編》卷一稱「人爲萬物之靈，而獨無情乎？故男女者，人之大欲也，亦人之眞情至性也」，將男女之情提高到「大欲」的高度的，這即使在明清之際思想家中也不多見。由此出發，《顏元集》載有不少針對僧侶的說教，文字通俗生動，意在駁斥無情無欲的僧侶生活不符合人性，如《年譜》中記載顏元 26 歲入京趕考寓居寺廟時對僧人無退說：「（出家生活）只一件不好」，當對方問何事時，顏元堂而皇之地稱「可恨不許有一婦人。」〔註 44〕這一事例生動地說明了顏元反對佛教的禁欲主義生活哲學。顏元還從考據入手，指出宋儒誤釋「克己」之義，將「克」訓爲「勝」，《四書正誤》卷四稱「按克，古訓能也，勝也，未聞克去之解。己，古訓身也，人之對也，未聞己私之解。蓋宋儒以氣質爲有惡，故視己爲私欲，而曰克盡，曰勝私。」李塨繼承乃師衣缽，更將批判予頭直指理學，他在《論語傳注問》中稱宋儒「以私欲爲賊而攻伐之，究且以己之氣質爲賊攻伐之，……其害可勝道哉！」指出宋儒以私欲爲賊就是以氣質之性爲賊，表達的意思和陳確類似，但語調相對嚴厲。至於理欲二者的調合之法，顏元借助的是陰陽概念，「今夫心天理，陽念也，常令剛。人欲，陰念也，常令柔，吾心有不定乎！天理雖爲主，而常合乎人性，陽下也；人欲雖無能絕，而常循乎天理，陰上也，吾心有不和乎！」〔註 45〕天理要合乎人性，人欲要循乎天理，歸根結底，顏元強調的還是理欲一致。

　　還有一位學者唐甄不可不提到。他和陳確、王夫之、顏李等同樣尊重、肯定人的自然情慾。唐甄極爲重視人之本身，「人之生也，身爲重」，由此出發，他否定傳統儒家學者讚美三代聖人大公無私的說法，認爲故包犧氏、神農氏、軒轅氏等遠古聖人的種種發明、治學之舉，其目的「皆以爲身也」。〔註 46〕唐甄的理由是這樣的，「人生於氣血，氣血成身，身有四官，而心在其中」，所以「身欲美於服，目欲美於色，耳欲美於聲，口欲美於味，鼻欲美於香」，包括心在內的人身由氣血組成，這就決定了人心必然有五欲，當

〔註 44〕顏元著、王星賢等點校：《顏元集・顏習齋先生年譜》，中華書局，1987 年版，第 713 頁。

〔註 45〕《顏習齋先生言行錄卷上・理欲第二》，顏元著、王星賢等點校：《顏元集》，中華書局，1987 年版，第 622～623 頁。

〔註 46〕唐甄著、注釋組注：《潛書注》下篇《有歸》，四川人民出版社，1984 年版，第 543 頁。

其成年後，「二十以上，爲士者貢舉爭先，規卿希牧而得貴；其爲眾者，營田置塵，居貨行賈而得富；共貧賤者，亦竭精敝神以求富貴」，〔註47〕這一切都不過是「遂其五欲」罷了。所以在唐甄看來，「我輕富貴，我安貧賤」之說並不眞實，不過是人的自然本性被剋制的結果，按人的本性，「見富貴」、「遇威侮」都會動心，所以《潛書‧善遊》稱「人亦孰不欲遂其性！天子雖尊，亦人也。善事君者，敬之如天而處之無異於人，同其情而平其施。」即便是天子，也需要「遂其性」，這可以理解爲遂其欲。遂欲同樣包括控制人的欲望，即將人的欲望限制在一定的道德範圍內。在這方面，唐甄與上述學者有所不同，他「不像以往籠統地仁義禮智信五德並提或仁義禮智四德並提，而是突出『智』的地位」，〔註48〕這使得他在界定人欲範圍時有了新意。如果用天理來規範人欲，將天理理解爲仁義禮智，很容易落入理學窠臼，但如果以「智」來限制人欲，「知其不善而去之，知其善而守之」，此時的「智」在很大程度上就是理性思維的結果。甚至「三德之修，皆從智出；三德之功，皆以智出」，在某種程度上，唐甄已經意識到人的理性思維應該是外部倫理道德的基礎前提。這樣，通過強調「智」，人的主體意識在唐甄這裏得到了極大的提升。因此，唐子和其它明清之際學者一樣主張限制欲望、把人欲控制在合理範圍之內，但他憑藉的手段卻不再是天理，而是人的理性。

第四節　人性有私的近代意義

　　明清之際的社會思潮之所以具有啓蒙意義，原因就在於思想的近代性。

　　本書所謂近代，和傳統相對應，在歐洲則和中世紀相對應。如果就社會形態而論，傳統中國社會現實層面的近代化可以自 19 世紀中期的鴉片戰爭開始，但是思想觀念層面的近代化過程卻可以早一步發生，這或許就是觀念創新的意義所在。侯外廬先生在分析明清之際的啓蒙哲學爲什麼要回到先秦時，曾精僻地揭示：「思想史的變化，不是依存於基礎而創造意識形態，而依存於基礎而改變過去的意識形態」，〔註49〕明清之際的啓蒙思潮，正是依存於原來的社會經濟基礎，又試圖改變過去的意識形態，啓蒙思潮所指出的方向

〔註47〕唐甄著、注釋組注：《潛書注》上篇《七十》，四川人民出版社，1984 年版，第 107 頁。

〔註48〕祁志祥：《中國人學史》，上海大學出版社，2002 年版，第 409 頁。

〔註49〕侯外廬：《中國思想通史》第 5 卷，北京：人民出版社，1956 年版，第 34 頁。

和途徑，又和數百年後中國社會社會在西學衝擊下發生的艱難轉型，有著諸多的殊途同歸處，正是在這個意義上，我們說明清之際的社會啓蒙思潮有著近代意義。

在明清啓蒙思潮中，以人性有私論爲代表的人性論無疑是其中最引人注目的意識形態和思想觀念之一。但不可否認的是，人性有私論遠非至明末清初才出現，也就是說，上文所梳理的明清之際的人性有私論到底在哪些方面與傳統的人性自私論有所不同呢？

要回答這個問題，需要先對人性之私稍作辨析。所謂人性之私，常指人的自私自利特性。人作爲一個生命體，其存在的前提條件是佔有並消耗一定的外部資源，如空氣、水和食物等，因此自私自利的目的是佔有，這種佔有又與欲望必不可分，或者說佔有就是爲了滿足的人的某種欲望。現代心理學認爲，人的欲望是多種多樣的，如美國心理學家馬斯洛就將人的欲望需求分爲五種，包括生理需要、安全需要、社會需要、尊重需要、自我實現的需要。〔註 50〕但不管欲望分爲幾種層次，它只是人的一種客觀需求，欲望本身也僅僅是一種客觀存在，只要是人，即必然有欲望。這就說明，佔有和欲望本身與道德倫理沒有直接關係，即佔有、欲望本身沒有善、惡之分，而佔有、欲望的最終目的又是爲了維持生命個體的存在，因此人自私自利的最終目的是作爲生命個體的人自身的生存。雖然說佔有、欲望本身不存在善惡之分，但是，實現這種佔有、欲望的手段或謂方式卻存在著善惡之分。實現佔有、欲望的手段無非以下三種：損人利己型、不損人利己型、利人利己型。這其中，損人利己型，無論是古今還是中外，都受到了異口同聲的譴責；退而居其次的，就是不損人利己型，自近代以來，這一類型逐漸成爲現代人的共同認識；最理想的類型當然是利人利己型，但經濟學告訴我們，資源有限而人的欲望無限，所以這一類型在現實社會中很難得到完全滿足，儘管如此，這一類型還是可以成爲一種社會共同理想，成爲人類社會的奮鬥目標。

也就是說，近代人性論與傳統人性論的不同之處至少有以下兩點：一是眞正承認人性有私，即肯定而不是扼殺每個人都有滿足其自私自利的權利；二是鼓勵每個人都這樣做，但有一個明確的、嚴格的前提就是不能損人，不能損及他人的自私自利行爲，如果能利己利他則最佳。也就是說，人的利己、逐利要用合法、合理的手段進行。

〔註 50〕參見馬斯洛：《動機與人格》，華夏出版社，1987 年版。

　　爲了更清楚說明這一問題，我們不妨把目光轉向歐洲近代化過程中的相關人性論觀點。歐洲文藝復興時期，從人道主義的角度即以人爲中心和出發點來看待社會問題和政治問題，成爲當時不可抗拒的一股思想潮流。這種思潮反對中世紀基督教以神爲中心、貶低和抑制人的地位，與神道主義相對立，相應地要求尊重人的尊嚴和人的意志，並且要求重視人的物質欲望和世俗享受，也就是尊重人性，因而稱爲人道主義。

　　人道主義首先肯定人的價值、讚美人的尊貴。如文藝復興的先驅但丁認爲人不僅有知覺，而且擁有能夠發展、長進並且運用的理解力，這是人之爲人的根本特性，也正是因爲此，但丁稱「人的高貴，就其許許多多的成果而言，超過了天使的高貴。」〔註51〕而且個人也不是因爲屬於某一家族而高貴，恰恰相反，「並非家族使人高貴，而是個人使家族高貴。」〔註52〕意大利哲學家龐波那齊則肯定人的高貴在於其德行，「世間再也沒有比德行本身更可貴更幸福的了，所以人是萬物中的上選。」〔註53〕莎士比亞更借助哈姆雷特之口讚頌人本身：「人是多麼了不起的一件作品！理性是多麼高貴，力量是多麼無窮！儀表和舉止是多麼端整、多麼出色！論行動，多麼像天使！論瞭解，多麼像天神！宇宙之華華，萬物之靈！」〔註54〕其次，人道主義肯定世俗享受，反對禁欲主義。中世紀神學認爲，世俗的、現實的生活是不道德的、罪惡的，天國的、彼岸的生活才是神聖的、道德的，因此無論是精神還是物質上，都要求人們過一種禁欲主義式生活。對此，文藝的另一位先驅人物彼特拉克假借與奧古斯丁對話的方式，謳歌愛情，抨擊禁欲主義，並直陳「我不想變成上帝，或者居住在永恆中，或者把天地抱在懷抱裏。屬於人的那種光榮對我就夠了。這是我所祈求的一切，我自己是凡人，我只要求凡人的幸福。」〔註55〕文學家薄伽丘尤其讚美愛情，他在《十日談》中熱情謳歌追求

〔註51〕轉引自周輔成：《從文藝復興到十九世紀資產階級文學家藝術家有關人道主義人性論言論選輯》，商務印書館，1971年版，第3頁。

〔註52〕轉引自周輔成：《從文藝復興到十九世紀資產階級文學家藝術家有關人道主義人性論言論選輯》，商務印書館，1971年版，第4頁。

〔註53〕轉引自周輔成：《從文藝復興到十九世紀資產階級哲學家政治思想家有關人道主義人性論言論選輯》，商務印書館，1966年版，第55頁。

〔註54〕莎士比亞：《哈姆雷特》，《莎士比亞悲劇四種》，人民文學出版社，1989年版，第65頁。

〔註55〕轉引自周輔成：《從文藝復興到十九世紀資產階級文學家藝術家有關人道主義人性論言論選輯》，商務印書館，1971年版，第31頁。

愛情的率眞青年男女，對要求別人禁慾、自己卻縱慾的教士醜陋行爲作了無情揭露和諷刺，「在所有的自然的力量中，愛情的力量最不受約束和阻攔。因爲它只會自行毀滅，決不會被別人的意見所扭轉打消的。」〔註56〕第三，讚美理性，反對愚昧，認爲自由爲理性的自由。15世紀的人道主義思想家伐拉認爲，「如果上帝預知未來因爲它將是，他就必須預見未來。實際上不能把這點歸之於必然性，應當歸之於本性，歸之於意志，歸之於當事人」，〔註57〕即使上帝有先見之明，也不能強制人們非要這麼去做，人的行爲仍然取決自身的本性、意志，因此伐拉論證了人的意志可以免受宗教和上帝的支配，由此賦予了人的意志的獨立性。西班牙人文主義思想斐微斯提出：「人有獸性，但更重要的是具有理性和上帝的不朽性」。〔註58〕早期空想社會主義思想家托馬斯‧穆爾認爲，所謂快樂，「烏托邦人是指能使我們順乎自然得到愉快的一切身心的活動和狀態」，「構成幸福的不是每一種快樂，而只是正當高尚的快樂」，〔註59〕這說明快樂和義務相一致，自然和理性相一致。

　　需要指出的是，歐洲自啓蒙時代倡出的這股人道主義思潮，並沒有完全否定人性中缺陷的一面。人的缺陷，是指人自身中不成熟、不完善的因素和特性，某種程度上就表現爲惡和醜。早在西方文明的源頭古希臘時代，蘇格拉底將善視爲知識、理性，人生下來之初因爲不掌握知識，顯然具有某種程度的惡，當然，蘇格位底強調，人是可以通過教育等途徑獲得知識即美德的。柏拉圖在晚年認識到，即使集智慧和美德於一身的哲學王也未必是靠得住的，於是他由理想國轉向法律國，可以說柏拉圖此時已經對人性之惡有了一定程度的警醒。亞里士多德也對人類的天性表示不信任，「人類倘若由他任性行事，總是難保不施展他內在的惡性」。〔註60〕啓蒙時代的馬基雅維里的《君主論》更是對人類的天性表示極端的不信任，「關於人類，一般地可以這樣說，他們是忘恩負義、容易變心的，是僞裝者、冒牌貨，是逃避危難、追逐利益的」。〔註61〕霍布斯則把人類「得其一思其二、死而後已、永無休止的

〔註56〕薄伽丘：《十日談》，上海文藝出版社，1959年版，第410頁。

〔註57〕轉引自周輔成：《從文藝復興到十九世紀資產階級哲學家政治思想家有關人道主義人性論言論選》，商務印書館，1966年版，第26頁。

〔註58〕轉引自周輔成：《從文藝復興到十九世紀資產階級哲學家政治思想家有關人道主義人性論言論選》，商務印書館，1966年版，第63頁。

〔註59〕托馬斯‧穆爾：《烏托邦》，商務印書館，1996年，第75、73頁。

〔註60〕亞里士多德：《政治學》，商務印書館，1983年版，第319頁。

〔註61〕馬基雅維里：《君主論》，商務印書館，1985年版，第80頁。

權勢欲」，歸結爲「全人類共有的普遍傾向」，而這種「財富、榮譽、統治權或其它權勢的競爭，使人傾向於爭鬥、敵對和戰爭。」〔註62〕尤其是18世紀蘇格蘭的那些自由主義理論家，在哈耶克看來他們始終能清醒認識到，「人始終具有一些較爲原始且兇殘的本能，因此人們須通過種種制度對這些本能進行制約和教化，然而這些制度既不是出於人的設計，也不是人所能控制的」。〔註63〕美國開國時期的國父們對人性之惡的警惕也如出一轍，政治家潘恩指出，「如果良心的激發是天日可鑒的、始終如一的和信守不渝的，一個人就毋需其它的立法者。但事實並非如此。」〔註64〕《聯邦黨人文集》的主要撰寫者之一麥迪遜還有另一段名言，「政府本身若不是對人性的的最大恥辱，又是什麼呢？如果人都是天使，就不需要任何政府了。如果是天使統治人，就不需要對政府有任何外來的或內在的控制了。」〔註65〕以上情形，借用張灝先生所歸納的，那就是西方的自由主義「珍視人類的個人尊嚴，堅信自由和人權是人類社會不可或缺的價值」，但在同時「也正視人的罪惡性和墮落性，從而對人性的瞭解蘊有極深的幽暗意識」。〔註66〕

可以認爲，歐洲啓蒙時代興起的這股肯定人的自然本性的人道主義思潮，並沒有從根本上動搖西方傳統中的人性缺陷即「幽暗」意識，其反對的只是中世紀基督教那樣完全否定甚至扼殺人性的偏激之舉。如此，西方的人性論既肯定人的尊嚴和價值，這尤其體現爲肯定人的世俗欲望和自利本能，承認人性的自私自利是不可抹殺的天性，鼓勵每個人追求、滿足這種自私自利天性的行爲。甚至社會發展的終極動力也來自人的這種自利行爲，「歷史不過是追求著自己目的的人的活動而已」。〔註67〕同時，近代人性論又正視人的缺陷和醜惡，將人的自利和逐利行爲嚴格限制在不損害他人利益的前提之下，並以此爲出發點，構建出一整套既滿足和鼓勵人的自利本能、又嚴格限制損害他人利益的社會制度。體現在經濟領域，是在現實社會中設計、發展出一整套通過合法的市場競爭來充分滿足人的自私自利天性的市場交換體

〔註62〕霍布斯：《利維坦》，北京：商務印書館，1985年版，第72、73頁。
〔註63〕哈耶克著、鄧正來譯：《自由秩序原理》，中國社會科學出版社，2000年版，第68～69頁。
〔註64〕托馬斯·潘恩：《潘恩選集》，商務印書館，1981年版，第3頁。
〔註65〕漢米爾頓等：《聯邦黨人文集》，商務印書館，1980年版，第264頁。
〔註66〕張灝：《幽暗意識與民主傳統》，《幽暗意識與民主傳統》，新星出版社2006年版，第23頁。
〔註67〕《馬克思恩格斯全集》第2卷，人民出版社，1957年版，第118～119頁。

制，包括主體平等、自由競爭、等價交換等基本原則，並漸次發展到今天的較爲成熟的資本主義市場經濟制度。體現在政治領域，是在現實社會中設計、發展出一整套防範政府權力濫用、保障公民基本政治權利的政治和社會制度構架等，包括三權分立、司法獨立、多黨制、憲政等基本原則，並漸次發展到今天的較爲成熟的資本主義民主政治制度。

以此觀照明清之際的人性有私論，可以看出明清之際人性有私論的近代意義雖然不如歐洲啓蒙時代那樣鮮明典型，但仍然在以下幾個方面有所體現出：

首先，是對人性有私的眞正認可。理學也不否認人性之惡，認爲人性中存在著私情、私欲、私心，而且也不完全否定人的欲望，將人的生存需要如飲食衣服都歸入天理之列，超出生存需要的欲望包括耳目聲色等享樂才納入到私心之列。但如上所述，理學並非眞正意義上的承認人性之私。理學將人性之私視爲一種價值之惡，實際上是徹底否定了人性之私，故理學承認人性之私的最終目的是爲徹底地消除、摒棄私，試圖將人性之私從無論是世俗生活、還是精神生活中都乾乾淨淨地驅除出去，這不但不是對人性之私的認可，而且是一種抹殺。而明清之際思想家的人性有私論，則是對人性之私包括欲望的一種正面認可，明清之際思想家雖然沒有像歐洲啓蒙時代學者那樣予以人自身以熱烈的讚美，予以人最爲崇高、最尊貴的地位，但無論是李贄直指本心的「人必有私」，顧炎武從儒家經典文獻中推導出來的「人之有私，固情之所不能免矣」，還是黃宗羲設想的社會初始階段的「人各自私、人各自利」，都從不同角度論證了人性有私的普遍性，即使是聖人也不能例外，如李贄所言：「夫聖人亦人耳，既不能高飛遠舉棄人間世，則自不能不衣不食，絕粒衣食而自逃荒野也。故雖聖人，不能無勢利之心；雖盜跖，不能無仁義之心。」〔註68〕既然私存在於人性中是天經地義的，自然沒有必要像理學家那樣視之爲一種難以容忍的惡，這就在很大程度上消解了長期以來將人性之私等同於價值之惡的傳統認識，因而都是對人性之私的眞正肯定和認可。

其次，認爲每個人都有滿足自私自利的行爲，即一些思想家所說的「遂欲」、「達情」。既然人性有私，那麼由此出發，順理成章的可以得出每個人都可以自私自利，即在世俗生活中，每個人都有滿足自己私欲、私利的權利。

〔註68〕李贄：《道古錄》卷上，《李贄文集》第七卷，社會科學文獻出版社，2005年版，第358頁。

自明代中後期，隨著商品經濟的發達和市民階層的興起，一些經濟發達地區的社會風氣由所謂的純樸漸漸向奢靡轉變，生活在 16 世紀江南地區的張翰曾不無感慨地稱：「財利之於人，甚矣哉！人性徇其利而蹈其害，而猶不忘夫利也。故雖敝精勞形，日夜馳騖，猶自以為不足也。夫利者，人情所同欲也。同欲而共趨之，如眾流赴壑，來往相續，日夜不休，不至於橫溢泛濫，寧有止息。」〔註69〕至明清之際，諸多學者不但認可民眾在現實生活中自私自利、滿足自身欲望的種種行為和追求，進而以此為視角，批判明代專制政權的最大弊端，就在於只顧自己自私自利，而不讓普通民眾自私自利，不滿足普通民眾的種種欲望，也就是黃義之所指出的，「後之為人君者不然，以為天下利害之權皆出於我，我以天下之利盡歸於己，以天下之害盡歸於人，亦無不可。使天下之人不敢自私，不敢自利，以我之大私為天下之大公。」〔註70〕這就將個人滿足自私自利的行為提升到了政治權利的高度。當然，傳統中國所使用的話語體系與西方全然不同，因而明清之際的思想家不可能使用近代以來的權利、自由、民主等詞語，〔註71〕但他們所表達的意思已經與之較為接近。

第三，指出每個人的自私自利是在一定的限制之下。明清之際思想家在肯定每個人都有滿足自身自私自利的欲望時，都指出不能超越「天理」的範疇。明清之際思想家筆下的「天理」與理學家的「天理」並不完全一致，在以朱熹為代表的理學家眼裏，天理代表著統治秩序，天理本身又是相對超然的，具有永恒性、絕對性、至善性。換句話說，天理與人欲沒有任何關係，天理完全是作為人欲的對立物出現，起著限制人欲的功能。而在陳確、王夫之、顏元、李塨那裏，天理不出人欲的範圍，甚至就是人欲，這就說明天理

〔註69〕 張翰：《松窗夢語》卷四《商賈記》，上海書店出版社，1994 年版，第 80 頁。

〔註70〕 黃宗羲：《明夷待訪錄·原君》，《黃宗羲全集》第一冊，浙江古籍出版社，1985 年版，第 2 頁。

〔註71〕 例如「權利」一詞，古漢語中也有，但意為因權（力）生利（益），如《荀子·君道》：「接之以聲色、權利」，《史記》卷一〇七《魏其武安侯列傳》：「宗族賓客為權利，橫於穎川」，《鹽鐵論·刺權九》：「因權勢以求利」，等等。近代意義上的權利一詞，出現於 19 世紀 60 年代，丁韙良翻譯維頓（Whenaton）《萬國律例》時用「權利」對譯「rights」。參見夏勇：《人權概念起源——權利的歷史哲學》，中國社會科學出版社 2007 年版，第 71 頁。又如自由一詞，在中國傳統社會中主要指行動不受他人限制，以及心靈、意志和思維層面的自由，而政治領域內如貢斯當所指出的現代人的自由很少得到發揮和強調。至於民主一詞，在中國傳統社會中主要指為民作主，與今天的人民主權含意相對。

不再高高居上具有絕對性。尤其是當天理就出自每個人都有的人欲時，這樣的天理就具有平等性和可親近性，此時的天理實際上就是能夠讓每個人都認同的那些行爲準則和道德規範，絕非僅僅代表統治者利益的、以禮爲代表的統治秩序。所以到了唐甄那裏，更以智來限制人欲，含有近代著重強調的只有人才擁有理性抽象和思辨能力的旨趣。明清之際思想家所運用的這套話語系統雖然與西方迥異，且沒有予以清晰論證和詳細鋪陳，但同樣表達了人在追求自身利益時不能損及他人的基本意思，也就是指利己而不損人，顯然，這其中的近代意義已經呼之欲出了。

第四章 從天下爲公到天下爲君
——對君主專制的反思

　　當明清之際思想家從人性的角度出發，對歷史上一直受貶抑的私觀念作出各個角度的大力肯定時，一個油然而生的問題是：明清之際思想家對與私觀念相對應的、歷史上一直受正面肯定的公觀念又是什麼態度呢？

　　可以認爲，明清之際思想家在肯定私觀念的同時，雖然沒有直接否定公觀念，但卻對公觀念在現實政治理論的主要體現之一即天下爲公論，作出了深入的反思和批判。這種反思，主要築基於明王朝的覆滅這樣一個歷史事實。1644 年，隨著李自成領導的農民軍隊的高歌猛進，外表強大、實則內憂外患的明王朝終於轟然瓦解，崇禎自盡於北京煤山。然而李自居的軍隊在北京並未能站穩腳根，很快在入關清軍面前一敗塗地。此後，清人以極小的代價平定全國，重新建立起幅土廣闊的大一統帝國。大清王朝雖然建立了，但在一部分漢族知識分子眼中，滿州人建立的清王朝卻是非我族類，在文化心理上並不認同，哪怕明王朝再腐朽、再沒落、再荒謬，這部分學者在心理情感上都仍然近乎本能地排斥前者、認同後者，並以明「遺民」自居。此類學者如顧炎武、黃宗羲、王夫之等，出於對故國的深深懷念和痛惜之情，開始了對偌大明帝國緣何土崩瓦解的痛苦反省，並將明王朝的覆亡歸結於君主專制，即君主專制的實質是打著天下爲公的旗號，行天下爲君之實質，這使得明清之際的公私觀又上了一個新的臺階。

第一節　天下為公的本義探析

一般認為，天下為公論的成形描述最早可以追溯至《禮記・禮運》：「大道之行也，天下為公，選賢與能，講信修睦。故人不獨親其親，不獨子其子；使老有所終，壯有所用，幼有所長，矜寡、孤獨、廢疾者皆有所養；男有分，女有歸。貨，惡其棄於地也，不必藏於己。力，惡其不出於身也，不必為己。是故謀閉而不興，盜竊亂賊而不作。故外戶而不閉，是謂大同。」對這段文本的解釋，尤其是「天下為公」，最為常見的解釋是「公，共也，禪位授聖，不家之」，〔註1〕後王力先生解釋為「天下成為公共的」。〔註2〕與之相對，董楚平先生經過多方面的探尋，認為將「天下為公」的「公」訓為「共」、譯作「公有、公眾、公共」顯得突然孤立、無證可援，當釋「公」為「公正、公平」之意，「天下為公」譯成「天下是公平的」或「公正的」更為切當。〔註3〕

以上兩種觀點，實際上涉及到天下到底歸誰所有的要害問題。如果把「天下為公」的「公」解釋為「公共的」，那麼循此可以很容易地推出天下為天下人之天下的結論；如果把「公」理解為「公正、公平」的倫理價值，那麼「公正、公平」實為君主一人統治天下時應遵循的治國原則，在名義上，天下非君主一人的天下，但並不能因此而得出天下為天下人之天下的結論，恰恰相反，掌握了治權的君主往往將天下視為囊中之物。

驗之於史實，董楚平先生的論斷或許說服力更強。

商周鼎革，周人經過艱苦的努力，終將號稱「大邑商」的商人打敗，但僅憑武力征服天下是不夠的，所以周人為了徹底壓制商人，從理論上證明其政權的合法性，煞費苦心的創製出一套以德配天、為政以德的統治理論，這可以視為天下為公論的早期表現。最晚到春秋戰國時期，天下非君主一人之天下、君主統治天下要從公心出發的觀念已經形成。如《荀子・大略》稱：「天之生民，非為君也，天之立君，以為民也。」《慎子・威德》中也有類似說法：「古者立天子而貴之者，非以利一人也。曰：天下無一貴，則理無由通。通理以為天下也。故立天子以為天下，非立天下以為天子也；立國君以為國，非立國以為君也；立官長以為官，非立官以為官長也」。無君則無法實現天下公利，立君是為實現天下公利，故必須立君。《商君書・修權》稱「故堯舜之

〔註1〕《十三經注疏》，《禮記・禮運篇》注釋，中華書局，1980年版，第1414頁。
〔註2〕王力：《古代漢語》第1冊，中華書局，1981年版，第211頁。
〔註3〕董楚平：《「天下為公」原義新探》，《文史哲》，1984年第4期。

位天下也，非私天下之利也，爲天下位天下也。」法家也認可立君爲民，且君主必須以公心治理天下。

至於民本意識更爲深厚的孟子，更是屢屢表現出天下爲公的強烈意識。《孟子‧盡心下》稱：「民爲貴，社稷次之，君爲輕」，又稱「諸侯危社稷，則變置」，諸侯國君的職責是養其民眾、保其社稷，如果國君不稱職，不能很好履行這一職責，那就要更換國君。戰國末期呂不韋門徒編定《呂氏春秋》，集諸子之大成，更將這種天下爲公論推向頂點，《呂氏春秋‧恃君覽》稱：「故爲天下長利，莫如置天子也；爲一國長慮，莫如置君也。置君非以阿君也，置天子非以阿天子也，置官長非以阿官長也」，阿者，阿私也，立天子、立國君、立官長的目的，都是爲了天下長治久安的考慮。《呂氏春秋》中最經典的闡述，莫過於《貴公》、《去私》兩篇，「天下非一人之天下也，天下之天下也」，天下置於君主之上，君主之統治則應該效法天地、日月、四時之無私，「天無私覆也，地無私載也，日月無私燭也，四時無私行也」。〔註4〕

從先秦以後，天下爲公論得到廣泛的認同和傳播，漢代知識分子基本上繼承了先秦諸子的說法。賈誼在《新書‧修政語下》稱「天下壙壙，一人有之，萬民叢叢，一人理之。故天下者，非一家之有也，有道者之有也。」〔註5〕天下仍然爲君主一人所有，但作爲統治者的君主必須爲「有道者」，即治理天下要爲公，如果君主不能滿足這「有道者」的要求，這君位就會轉移，也即「非一家之有也」。漢代還有兩位大臣也表達了同樣的觀點，一位是谷永，其奏疏稱：「臣聞天生蒸民，不能相治，爲立王者以統理之，方制海內非爲天子，列土封疆非爲諸侯，皆以爲民也。……不私一姓，明天下乃天下之天下，非一人之天下也。」〔註6〕另一位是鮑宣，他在上給哀帝的那道奏疏中寫道：「天下乃皇天之天下也，陛下上爲皇太子，下爲黎庶父母，爲天牧養元元，……夫官爵非陛下之官爵，乃天下之官爵也。陛下取非其官，官非其人，而望天說民服，豈不難哉！……治天下者當用天下之心爲心，不得自專快意而已也。」〔註7〕

漢以後，歷代儒家士人都秉承了這一傳統。如《三國志‧魏書》卷二十

〔註4〕許維遹著：《呂氏春秋集釋》卷一，中國書店，1985年影印版。

〔註5〕賈誼撰、閻振益等校注：《新書校注》卷九，中華書局，2000年版，第371頁。

〔註6〕班固：《漢書》卷八五《谷永傳》，中華書局，1962年，第3467頁。

〔註7〕班固：《漢書》卷七二《鮑宣傳》，中華書局，1962年，第3090頁。

五《高堂隆傳》載：「(臣高堂隆曰) 由此觀之，天下之天下，非獨陛下之天下也。」《晉書》卷四十八《段灼傳》載：「(臣段灼曰) 夫天下者，蓋亦天下之天下，非一人之天下也。」同書卷五十五《潘岳傳附從子尼傳》載：「(臣潘尼曰) 故曰『天下非一人之天下，乃天下之天下』，安可求而得，辭而已者乎。」名士嵇康也同樣認可天下爲公之治，《答難養生論》中稱：「民不可無主而存，主不能無尊而立；故立天下而尊君位，不爲一人而重富貴也」，所以聖人治世「以萬物爲心，在宥群生，由身以道，與天下同於自得，穆然以無事爲業，坦爾以天下爲公。」君主之位固然尊貴無比，但君主治理國家時當從天下爲公出發，宋人同樣認可這種觀念，如李覯稱：「立君者，天也；養民者，君也。非天命之私一人，爲億萬人」，〔註 8〕蘇軾也在《御試制科策》中稱：「天下者，非君有也，天下使君主之耳」，君主代表上天統治天下，其任務就是養民，故天下爲上天之天下，上天讓君主治理天下不是上天對君主一個人的眷顧，而是對億萬人、天下眾生的眷顧。理學家亦繼承了這種傳統，《周易程氏傳·同人卦》中稱：「人君當與天下大同，而獨私一人，非君道也」，朱熹也在《孟子集注·萬章上》裏稱「天下者，天下之天下，非一人之私有」。

不僅士人階層這樣認爲，不少皇帝同樣認可這種天下爲公論，類似於「以一人治天下，不以天下奉一人」的表述不絕於歷代帝王之口。天下仍然歸君主一人治理，只是治理這天下必須從公的角度出發，即以公正、公平之心去治理，這使得天下爲公（公正、公平）與天下爲君主一人治理這兩種思想者奇妙地結合在了一起。在歷史上以驕淫、奢侈著稱的隋煬帝即位不久就在詔書中稱，「是知非天下以奉一人，乃以一人主天下也」，〔註 9〕君主一人主天下，但前提是持公正之心，這不但不會引起人們的反感，反而被視爲當然之理。以隋爲前車之鑒的唐太宗也說過類似之語，《貞觀政要·公正》載唐太宗語稱「君人者，以天下爲公」，《貞觀政要·刑法》又稱「以一人治天下，不以天下奉一人」，清代據《日下舊聞考·國朝宮室》載，雍正、乾隆曾手書條幅「惟以一人治天下，豈爲天下奉一人」，並高懸殿堂之上。康熙曾自稱，「朕年將七旬……天下粗安，四海承平，雖不能移風易俗，家給人足，但孜孜汲汲，小心敬愼，夙夜不遑，未嘗少懈。數十年來殫心竭力，有

〔註 8〕李覯著、王國軒點校：《李覯集》卷十八《富民策第一》，中華書局，1981 年版，第 168 頁。

〔註 9〕魏徵等：《隋書》卷三《煬帝楊廣紀上》，中華書局，1973 年版。

如一日。」並稱爲人臣者可以致政而歸，含飴弄孫，優遊自適，爲帝王者只有「勤劬一生，了無休息。」〔註10〕康熙所標榜自詡的「殫心竭力」、「勤劬一生」爲何？當然是以公心治理天下，以四海之利爲利了。

上述情形，有學者概括爲「天下爲公」與「治權在君」共寓一體，即「以一人主天下」與「非以天下奉一人」兩個命題互相依存，天下爲公與君主治權相提並論，既承認天下爲君主一人之天下，又承認君主的統治治理權，二者相輔相成，共同構成一個完整的理論框架，這是極有見識的。〔註11〕

故儒家學者所謂天下爲公的本義，可以概括爲以下三條：

1、天下非君主一人之天下（非天下人之天下，或爲上天之天下，或爲主體性存在，或爲視宗之天下）。

2、君主握有治理天下之權力。

3、君主治理天下應當出於公心，並以追求公利爲最同目標。

以上三條環環相扣，缺一不可，共同構成天下爲公的完整含意。首先，天下非君主一人之天下，那麼天下歸誰呢？徐復觀先生認爲，儒家視天下爲一主體性之存在，天子或人君相對此主體性而言乃係一從屬性的客體。〔註12〕筆者贊同此說，但需要補充的是，儒家學者所謂的天下，尤其在孟子那裏，被明確表示爲上天之天下，如《孟子·萬章上》記載孟子與其弟子萬章的一段對答時稱：「萬章曰：『堯以天下與舜，有諸？』孟子曰：『否！天子不能以天下與人。』『然則舜有天下也，孰與之？』曰：『天與之。』」此外，前引漢代鮑宣就在奏摺中明確聲稱「天下乃皇天之天下」。其次，承認君主握有治理天下之權力，也即治權在君，而且君主是秉受上天之命來治理天下，這就爲君主的治權提供了合法性。第三，君主治理天下應當出於公心、公利，因爲君主的存在就是因爲民眾的需要，所以君主的最大任務就是保障民眾的生存和生活，君主是否有道、是否能得到上天的眷顧和認可，關鍵就在這兒。這正如王夫之所論：「以天下治者，必循天下之公，天下非一姓之

〔註10〕 章梫纂、褚家偉等校注：《康熙政要》，中共中央黨校出版社，1994 年版，第 9 頁。

〔註11〕 參見張分田：《中國帝王觀念》，中國人民大學出版社，2004 年版，第 427～428 頁。

〔註12〕 徐復觀：《荀子政治思想的解析》，《學術與政治之間》，華東師範大學出版社，2009 年版，第 83 頁。

私也。」〔註13〕

　　以上可以補充的是，天下還可以被理解帝王祖宗之天下，這應該是由馬上得天下的邏輯推導而來。北魏時任城王雲在勸阻顯宗禪位之舉時聲稱：「天下是祖宗之天下」。〔註14〕宋代士人，視天下為帝王祖宗之天下的例子更為常見，試舉數例，如《宋史》卷三三七《范祖禹傳》載名臣范祖禹進言：「陛下承六世之遺烈，當思天下者祖宗之天下，人民者祖宗之人民，百官者祖宗之百官，府庫者祖宗之府庫。」卷三七四《胡銓傳》載其反對秦檜媾和時稱：「夫天下者，祖宗之天下也，陛下所居之位，祖宗之位也。奈何以祖宗之天下為金虜之天下，以祖宗之位為金虜藩臣之位。」卷三八九《尤袤傳》載其建言：「天下者祖宗之天下，爵祿者祖宗之爵祿，壽皇以祖宗之天下傳陛下，安可私用祖宗爵祿而加於公議不允之人哉？」卷四一三《趙必願傳》載其疏：「夫天下者，祖宗之天下也，非陛下所私有也，陛下雖有去敝之心，而動涉可疑之迹，陛下亦何樂於此。」元人也有類似之語，阿沙不花曾進諫武宗稱：「且陛下之天下，祖宗之天下也，陛下之位，祖宗之位也，陛下縱不自愛，如宗社何？」〔註15〕史載這段話令武宗大悅，稱阿沙不花為「直臣」，按阿沙不花係康里國王族，這足以說明天下為帝王祖宗之天下的觀念影響之廣泛。

　　更進一步言，天下非君主一人之天下，存在著引申出天下為天下人之天下的可能性，至少這條路途是可通的。如前所述，《呂氏春秋》中的《貴公》篇中的「公」，一般都解釋為公正、公平，「天下非一人之天下也，天下之天下也」之論，這裏的「天下之天下」恐怕不能理解為「天下人之天下」，〔註16〕前一個「天下」指上天或謂主體性存在，但由於公觀念所蘊含的公正、公平倫理價值，使得後世的「天下之天下」有可能會走向「天下人之天下」的解釋。這種情形，在君權相對收斂的有宋一代，尤為顯著。宋代士大夫地位較為尊崇，樞密使文彥博在與神宗議事時，反對神宗利於百姓、不利於士大夫的更張法制之舉，理由是「為與士大夫治天下，非與百姓治天下也」，〔註17〕在三朝元老文

〔註13〕王夫之：《讀通鑑論》，卷末《敘論一》，中華書局，1975年版，第2538頁。
〔註14〕魏收：《魏書》卷十九《任城王雲傳》，中華書局，1974年版。
〔註15〕宋濂等：《元史》卷一三六《阿沙不花傳》，中華書局，1976年版。
〔註16〕金耀基先生在《中國民本思想史》中稱「天下非一人之天下也，天下（即人民）之天下也」，似不盡妥當。參見氏著第11頁，法律出版社，2008年版。
〔註17〕李燾：《續資治通鑑長編》卷221，神宗熙寧四年戊子條，中華書局，1995年版，第5370頁。

彦博看來，治權不僅在君，亦在臣，這固然有所誇張，卻是宋代官僚士大夫階層的一種共識，甚至連宋代帝王也多少承認這一點。寶祐二年（1254 年），理宗不同意大臣董槐要求親往前線督師時，詔稱：「腹心之臣，所與共理天下者也，宜在朝廷，不宜在四方。」〔註18〕董槐時爲參知政事，亦是理宗賴爲股肱的重臣之一，故理宗有君臣共治天下意思的流露。

　　由此出發，宋代大臣們屢屢在朝廷上慷慨陳言，如監察御史方庭實奏稱：「天下者中國之天下，祖宗之天下，群臣萬姓三軍之天下，非陛下之天下」，〔註19〕這段文字中，天下爲天下人之天下的內涵已經呼之欲出了。事實上，宋代少數儒家士人已經點破了天下爲天下人之天下的命題，王禹偁在《小畜外集》卷十一中提出：「夫天下者非一人之天下，乃天下人之天下。理之得其道則民輔，失其道則民去之，民既去，又孰與同其天下乎？」但是，像王禹偁這樣把「天下之天下」解釋爲「天下人之天下」的例子，在傳統社會中殊爲少見，因爲「天下人」指天下萬民，天下萬民擁有天下，實則已隱然含有主權在民的意思在內，這在始終承認皇帝統治、治權在君的中國傳統社會，是無法想像的。

第二節　從天下爲公到天下爲君

　　天下爲天下（上天、祖宗）之天下而非君主一人之天下、君主統治天下時必須從公心出發，這既是天下爲公論的本義所在，也是多數具有民本傳統的儒家士人所認可和堅守的共同底線，傳統國家政治權力的合法性即築基此上。在一個大一統的專制帝國中，這種觀念對於至高無上的皇權無疑可以起著一定的限製作用，這就是天下爲公論的意義所在。然而，由於治權在君，導致現實政治秩序的核心是以君主專制，君權始終一枝獨大，無論是相權、門閥士族，還是清議傳統，都難以對專制君主形成有效的束縛，遂使得以皇帝爲代表的官僚權力在中國傳統社會中猶如一匹脫韁的野馬，在制度層面很少受到真正有效的束縛。這樣，在日益強大和驕肆的王權面前，天下爲公論的內涵就出現了極大程度的扭曲，天下爲天下之天下僅僅停留在理論上，對

〔註18〕脫脫等：《宋史》卷四一四《董槐傳》，中華書局，1977 年版。
〔註19〕佚名撰、李之亮點校：《宋史全文》中冊卷二十「紹興八年十二月」，黑龍江人民出版社，2005 年版，第 1301 頁。

君主的束縛是空泛無力的，現實社會則成為天下為一人之天下，此時，天下為公就漸漸被替換成了天下為君，公天下也漸漸被替換為家天下。

這裏有必要對專制一詞稍作探析。專制一詞，古漢語中較為常見，常指手握重權的大臣擅作主張，甚至不把君主放在眼裏，如提倡君權最力的韓非子就曾對大臣的「專制」行為予以強烈批判，《韓非子》一書中的《亡徵》、《南面》篇各 2 次出現大臣的「專制」，這與《淮南子・氾認訓》載：「周公事文王也，行無專制」，《春秋繁露・天地之行》載：「委身致命，事無專制，所以為忠也」之說是相一致的。近代意義上的專制一詞由日本最先使用，此後，梁任公於 1901 年把各國政體歸納為君主專制、君主立憲、民主立憲三者，並稱這三種政體，「舊譯為君主、民主、君民共主。名義不合，故更定今名。」〔註20〕此後，專制一詞被中國社會廣泛接受。

不過，專制的具體內涵一直存有疑義，甚至出現了一種概念混亂。較早提出專制概念的孟德斯鳩，對共和政體、君主政體和專制政體給出過具體定義：「共和政體是全體人民或僅僅一部分人民握有最高權力的政體；君主政體是由單獨一個人執政，不過遵照固定的和確立了的法律；專制政體是既無法律又無規章，由單獨一個人按照一己的意志與反覆無常的性情領導一切。」又說「中國是一個專制的國家，它的原則是恐怖」。〔註21〕按照孟得斯鳩、黑格爾等學者的觀點，西方近代意義上的專制一詞至少具備以下三種特徵：一是統治者手握的是不受任何限制的權力，甚至可以濫用而不承擔任何政治責任；二是統治者實行恐怖政治，民眾生活在毫無尊嚴的恐懼中；三是被統治者沒有權利和自由，作為統治者的君主則享有絕對權利，綜合三者，即把專制理解為不受任何限制的權力。〔註22〕這種意義上的專制不但在西方社會無處尋覓，即便在中國傳統社會中也無法成立，所以錢穆先生斷言「中國的傳統政治，實在不能說它是君主專制」。〔註23〕畢竟，人類社會的任何權力，尤其是政治權力，都必然會受到某種程度的制約或是約束，如果把專制僅僅理

〔註20〕梁啓超：《立憲法議》，李華興、吳嘉勳主編：《梁啓超集》，上海人民出版社，1984 年版，第 148 頁。

〔註21〕孟德斯鳩：《論法的精神》，張雁深譯，商務印書館，1961 年版，第 7、129 頁。

〔註22〕參見宋洪兵：《二十世紀中國學界對「專制」概念的理解與法家思想研究》，《清華大學學報》，2009 年第 4 期。

〔註23〕錢穆：《中國文化史導論》（修訂本），商務印書館，1994 年版，第 242 頁。

解為以權力不受任何限制為特徵的政體，那麼這樣的政體在迄今為止的人類社會中都不曾出現過。

因此，將專制理解為權力完全不受任何限制的政治體制顯然不盡妥當。如蕭公權先生早就指出近代學者所謂專制大約包含兩層含義，分別與「眾治」、「法治」相對應：「（一）與眾製的民治政體相對照，凡大權屬於一人者謂之專制。（二）與法治的政府相對照，凡大權不受法律之限制者謂之專制」。〔註24〕朱維錚先生更指出，即使是秦始皇，他的每項重大決策如置郡縣、銷兵器等都經過御前會議辯論後才作出，這種專制的實質即為獨裁，「只是最後決斷由君主個人作出，而決斷時又不必服從多數的意見，因此謂之獨裁」。〔註25〕徐復觀先生對我國所謂專制實質性內容的梳理最為切實，那就是「就朝廷的政權運用上，最後的決定權，乃操在皇帝一個人的手中；皇帝的權力，沒有任何立法的根據及具體的制度可加以限制的。人臣可以個別或集體的方式向皇帝提出意見；但接受不接受，依然是決定於皇帝的意志，無任何力量可對皇帝的意志加以強制。」〔註26〕的確，中國專制體制中的皇權正是這樣一種基本不受羈絆的權力，費孝通先生曾有洞見，中國的皇權歷來缺乏約束，歷史上雖然存在過兩個途徑可以約束皇權的途徑，一是道統，一是紳權，但「皇權的統治是『率土之濱，莫非國土』，……它可以焚書坑儒，可以興文字獄，可以干涉道統」，〔註27〕在唯吾獨尊的皇權面前，道統與紳權在很大程度上，已經不得不放棄了限制皇權的嘗試和努力。

故筆者贊同政治學理論對專制所下的定義，任何國家的政治權力都可以從功能上分為立法權、行政權和司法權，「在三種權力中，行政權高於立法、司法兩權，或者把立法權、司法權融於行政權之中，就形成專制、獨裁的權力結構，其典型表現就是君主專制。」〔註28〕至於專制國家的利弊，如顧準先生所指出的那樣：「專制主義國家是動員一個幅員龐大的國家人民的粗疏、

〔註24〕蕭公權：《中國君主政體的實質》，《憲政與民主》，清華大學出版社，2006 年版，第 70 頁。

〔註25〕朱維錚：《走出中世紀》，復旦大學出版社，2007 年版，第 19 頁。

〔註26〕徐復觀：《兩漢思想史》第一卷，華東師範大學出版社，2001 年版，第 80 頁。

〔註27〕吳晗、費孝通等著：《皇權與紳權》，民國叢書第三編，上海書店據觀察社 1949 年版影印，1949 年版，第 33 頁。

〔註28〕王惠言：《當代政治學基本理論》，高等教育出版社，2001 年版，第 28～29 頁。

有效的辦法。然而因爲它窒息創造，所以它產生不出來近代文明。」〔註29〕在君主專制國家或王朝中，以皇權爲代表、輔以龐大官僚群體的特權階層一枝獨大，使得整個社會的運轉都以王權爲代表的政治權力爲中心，能夠維護一個幅員廣大的大一統帝國，但代價是政治權力領域內的尊卑等級原則擴大成爲整個社會的通行準則，在經濟領域，社會財富的分配和獲取按照每個人所掌握權力的多少、或與權力的接近程度來進行，而在思想文化領域，所有與尊卑等級原則相牴觸的觀念和思想均不能得到傳播，正是上述個意義上，其它社會成員的創新精神都被扼殺。

借助上述界定來審視中國傳統社會，就可以看出，傳統社會的權力體制正是不折不扣的專制體制，即以君主爲代表的官僚階層，把握著從根本上而言缺乏眞正有效制約的政治權力，作爲被統治者的廣大民眾則幾乎沒有權利可言。〔註30〕以君主爲代表的官僚階層牢牢把握著行政、立法和司法這三種權力，甚至在某種程度上，這三種權力從來沒被清晰地分離出來。地方官員集行政、司法權於一身，負責民事的地方官員同時還兼負斷案的職責，至於君主更是不但擁有全部的行政權，而且君主無戲言，言出即爲令、即爲法，擁有全部的立法和司法權。〔註31〕正是在這樣的專制權力格局下，天下爲公理論才漸漸走向了天下爲君。

天下爲公理論不承認天下爲君主一人之天下，但承認治權在君，並進而要求君主以公心統治天下。就要求君主以公心治天下而言，可以看成是對君權的一種限制，但只停留在道德層面，難以落實到具體的、實際的制度中，終究顯得蒼白無力。實際上，要求君主以公心治天下，與其說這是一種對君權的限制，不如說是對君主道德的一種美好期望更爲恰當。

從歷史上看，先秦時期由於民本思想的萌發，對君權起著較爲明顯的限製作用。無論是《尙書·五子之歌》所載的「民惟邦本，本固邦寧」，《左傳·

〔註29〕顧準：《顧準筆記》，中國青年出版社，2005年版，第146頁。

〔註30〕對中國傳統社會屬於專制社會的深入辨析，可參見黃敏蘭：《質疑「中國古代專制說」依據何在？——與侯旭東先生商榷》，《近代史研究》2009年第6期。

〔註31〕承認中國傳統社會是一個專制社會，並非對專制體制本身一筆抹殺。從歷史的眼光看，作爲人類組織社會、管理社會的一種政治形式，專制體製作爲人類文明史上的一種共同經歷，曾廣泛存在於東西方社會中，並與當時的農業社會生產、生活方式相契合。但近代資本主義產生後，專制體制無論是在效率上還是在道德上，都顯得落伍。

恒公六年》季梁所說的「夫民，神之民也，是以聖王先成民而後至於神」，還是孟子大力倡導的民貴君輕旨意，如《孟子‧盡心下》稱「民爲貴，社稷次之，君爲輕。是故得乎丘民而爲天子」，等等，都說明了先秦時期民本思想的沛然高漲。到戰國後期，秦始皇以武力一匡天下，大凡政治統一後，接踵而來的就是思想統一，此後民本思潮就漸趨消落。秦始皇推行以吏爲師，並爲焚書坑儒來鉗制思想，漢武帝推崇儒術，罷黜百家雖不如焚書坑儒那麼激烈，但對思想的鉗制之深絕不亞於後者。所以蕭公權先生將秦漢至明清二千年的政治思想歸結爲「專制天下之思想」。〔註32〕這期間，儒家學者也試圖對君權作一定程度的限制，典型者如漢武帝時號稱當世大儒的董仲舒，在回答武帝詔問時稱：「臣謹案《春秋》之中，視前世已行之事，以觀天人相與之際，甚可畏也。國家將有失道之敗，而天乃先出災害以譴告之，不知自省，又出怪異以警懼之，尚不知變，而傷敗乃至。以此見天心之仁愛人君而欲止其亂也。」〔註33〕董仲舒承認君權神授，但同時亦借助於災異之說試圖對君權作出某種限制，君主如果對國家治理得不好，那麼上天會先降下種種自然災害加以警示；如果君主仍不加以自省，那麼上天會再降下種種怪異之象；如果君主再執迷不悟，則「傷敗」乃至，國家就有覆亡的危險。按董仲舒本意，解釋災異的職責非儒家士人不可，如此儒家士人也就借助於天意實現了對君權的制衡。董仲舒自己也試圖身體力行過，《漢書》本傳稱他任江都相時，常「以《春秋》災異之變推陰陽所以錯行」，但後來因推演「遼東高廟、長陵高園殿災」被下獄，當死而赦免，於是「仲舒遂不敢復言災異」。董仲舒苦心孤旨地將儒家學說與陰陽五行加以糅合，試圖讓儒家士人掌握解釋天意的權力，委婉曲折地實現對君權的制約，可最後的結果是遺憾的，董仲舒的煞費苦心在強大的君權面前，顯得那麼孱弱。不得不承認，董仲舒之後，中國傳統儒家士人已經很難找到能對君權施以有效制衡的相關手段了。

此後，伴隨著君權的日益強大，天下爲公論自秦漢至明清，漸漸出現了另一種趨勢，即漸漸蛻變爲天下爲君。天下爲君的內涵，主要體現爲視天下爲君主一人之私產，相應地，君主握有全部政治權力，其統治也以滿足自己的私欲爲前提，而非出於公心、以公利爲追求目標。如黃宗羲《明夷待訪錄‧原臣》所論：「……以謂臣爲君而設者也。君分吾以天下而後治之，君授吾以

〔註32〕蕭公權：《中國政治思想史》，新星出版社，2005 年版，第 7 頁。
〔註33〕班固：《漢書》卷五六《董仲舒傳》，中華書局，1962 年版。

人民而後牧之，視天下人民爲人君橐中之私物」。具體而言，天下爲君體現在經濟和政治兩個層面：經濟層面體現爲君主對天下土地的佔有，即土地的最終所有權歸屬於君主；〔註34〕政治層面體現爲職官制度愈來愈朝著加強君主集權的方向演進，無論是中央還是地方官制。

在經濟層面，土地是與人類生活密切相關的一種自然物，也是人類社會中最主要的一種社會財富，誰握有土地誰就控制了社會中最主要的財富，故專制君主對天下的統治首先落足於對土地的佔有這一點上，總是宣稱擁有土地的最終所有權。周代的《詩經・小雅・北山》稱「普天之下，莫非王土；率土之濱，莫非王臣」，《大雅・棫樸》稱「勉勉我王，綱紀四方」，在炫耀赫赫王權的同時，不無驕傲地宣稱地天下之土、天下之人都爲王者之土、王者之臣，一句話，整個天下都是王者所享有。即便大臣也不得染一指，誠如《尚書・洪範》所言：「惟辟作福，惟辟作威，惟辟玉食。臣無有作福作威作玉食」。當然，周人實行的是封建制，即把宗室、功臣分封至中原各地，「封建親戚以蕃屏周」。〔註35〕當周天子的勢力還很強大時，各諸侯國都臣服於周室；當周代後期周天子的勢力日見衰微時，羽翼豐滿的各諸侯國事實上已經擺脫周天子的控制。但是，這一切並不影響周天子在觀念層面作爲天下的「共主」地位，周天子才是天下土地的最終所有者，畢竟封建制本身就說明諸侯的土地、權力皆來源於周天子。因此，到秦始皇統一天下後，繼承這一傳統，《史記・秦始皇本紀》所載的琅邪臺石刻明白無誤地透露了他奄有天下的想法：「六合之內，皇帝之土。西涉流沙，南盡北戶。東有東海，北過大夏。人迹所至，無不臣者。功蓋五帝，澤及牛馬。莫不受德，各安其宇」。六合者，上下和四方之意，泛指天下，這段話和《詩經・小雅・北山》之語可以說如出一轍。秦始皇如此，劉邦亦是。劉邦擊敗西楚霸王項羽後，《史記・高祖本紀》載其爲父祝壽時稱：「始大人常以臣無賴，不能治產業，不如仲力。今某之業所就，孰與仲多？」劉邦視天下爲一己之偌大私產的得意神態躍然紙上。唐開成初，戶部侍郎兼御史中丞歸融在上疏中稱：「天下一家，何非君土。中

〔註34〕所有權的概念來自於西方社會。周枏《羅馬法原論》認爲，「所有權是最完全最典型的物權，它具有物權的絕對性、排他性和永續性的特點」，（商務印書館，1994年版，第325頁）故所謂所有權，指一定的土地所有制在法權方面的規定，是所有人對自己的土地財產依法享有佔有、使用、收益和處分的權利，俗稱即土地歸誰所有。

〔註35〕《春秋左傳集解》「僖公二十四年」，上海人民出版社，1972年版，第345頁。

外之財，皆陛下府庫。」〔註 36〕這種視天下爲帝王私產的心態，在明代朱元璋身上同樣露骨，在洪武二年（1369 年）的《與元主書》中他傲然聲稱：「群雄所據之地，悉爲我所有」，〔註 37〕天下即爲朱姓一姓之產，與秦始皇、劉邦之說可謂一脈相傳。

　　學界通常認爲，以商鞅廢井田、民得買賣，以及秦始皇令「黔首自實田」〔註 38〕爲標誌，認爲傳統中國社會進入了一個土地私有制的時代，土地私有以農民可以自由買賣土地爲重要標誌。與之相對，還有一些學者認爲中國古代的土地很難說爲私人所有，如侯外廬先生結合馬克思對東方土地制度的相關研究，指出古代中國不存在土地私有權的法律觀念，土地的最高地主，「就是皇族地主，也即馬克思指的『國家（例如東方專制帝王）』，或『君王是主要的土地所有者』。」〔註 39〕王毓銓先生對土地是否爲農民私有財產的問題不置可否，他指出編戶齊民之所以獲得土地，實質不過是「役使者必須使被役使者能以生產其勞動並繼續其勞動的再生產」，因而，「土地上有糧差負擔，有封建義務，不容易把它看作是『私有的土地』。」〔註 40〕王家範先生也認爲，在大一統帝國時代，農業的產權有多種多樣的形式，或許也存在某種形式的私有產權，「但究其實質都擺脫不了『國家主權是最高產權』的陰影。」〔註 41〕

　　侯外廬、王毓銓、王家範諸先生之說無疑是有道理的，即在中國傳統社會中，君主擁有天下土地的最終所有權，同時，由於君主是國家、朝廷、官府的最高代表者，因此君主對土地的這種佔有常常被史書稱之爲「公有」、「國有」。這種情形，正如馬克思論及東方社會時所指出的，「如果不是私有土地的所有者，而像在亞洲那樣，國家既作爲土地所有者，同時又作爲主權者而同直接同生產者相對立，那麼，地租和賦稅就會合爲一體，或者不如說，不會再有什麼同這個地租形式不同的賦稅。在這種情況下，依附關係在政治方

〔註 36〕顧炎武著、陳垣校注：《日知錄校注》卷十二「財用」，安徽大學出版社，2007年版，第 672 頁。

〔註 37〕《全明文》卷十九《與元主書》，上海古籍出版社，1992 年版，第 354 頁。

〔註 38〕司馬遷：《史記》卷六《秦始皇本紀》注引《集解》徐廣曰，中華書局，1982年版。

〔註 39〕侯外廬：《中國封建社會土地所有制形式的問題——中國封建社會發展規律商兌之一》，《侯外廬集》，中國社會科學出版社，2001 年版，第 85 頁。

〔註 40〕王毓銓：《萊蕪集》，中華書局，1983 年版，第 372、374 頁。

〔註 41〕王家範：《中國歷史通論》，華東師範大學出版社，2000 年版，第 98 頁。

面和經濟，除了所有臣民對這個國家都有的臣屬關係以外，不需要更嚴酷的形式。在這裏，國家就是最高的地主。在這裏，主權就是在全國範圍內集中的土地所有權。但因此那時也就沒有私有土地的所有權，雖然存在著對土地的私人的和共同的佔有權和使用權。」〔註42〕馬克思的這段話完全適用於中國傳統社會。傳統社會中的土地大致可分爲非可耕地和可耕地，非可耕地以山川林澤爲主，常稱爲公有或官有，其產權實際上歸屬於最高君主。可耕地中的無主荒地，一般也默認爲公有或官有，已經開墾的耕地在民間雖然可以買賣，官方也認可這種買賣，但是土地的擁有者必須交納租賦、服納徭役，這種賦役既是無條件的，又是義務性的，正因爲此，歷代統治者推行的授田制、均田制、戶調製等土地制度，無不以調節貧富、均平理想爲外表，而以皇權主導的土地再分配、以民眾繳納租稅爲獲得土地的代價爲實質性內容。所謂「租」、「稅」，在中國傳統社會中沒有明確區分，官府向普通民眾收取的糧食，既可以稱爲租、又可以稱爲稅。更何況，皇權對普通民眾、豪強大姓，哪怕是高官重臣，都佔有絕對的優勢，可以隨意提高租稅率，無需取得租稅承擔者的任何允准，更可以很容易地罰沒、籍沒、剝奪他們以土地爲主的所有財產。

唐文學大家韓愈之言可謂典型。「君者，出令者也；臣者，行君之令而致之民者也；民者，出粟米麻絲，作器皿、通貨財，以事其上者也。君不出令，則失其所以爲君；臣不行君之令而致之民，民不出粟米麻絲，作器皿、通貨財以事其上，則誅。」〔註43〕君的職責就是「出令」，號令天下，臣只不過將君王之令傳遞於民，至於民眾，只有乖乖地辛勤耕種，以繳納租稅的方式以供奉君主，如若不從，韓愈用了一個殺氣騰騰的字：誅。韓愈的論調，與數百年後的明開國之君朱元璋完全一致。朱元璋曾命戶部榜諭兩浙江西之民曰：「爲民者當知其分。田賦力役出以供上者，乃其分也。能安其分，則保父母妻子，家昌身裕，爲仁義忠孝之民，刑罰何由及哉！」〔註44〕暗示民眾如果不乖乖地承擔各種賦稅徭役，那麼隨即而來的就是諸種嚴酷刑罰。顯然，

〔註42〕 《馬克思恩格斯全集》第25卷下，人民出版社，1974年版，第891頁。
〔註43〕 韓愈著、馬其昶校注：《韓昌黎文集校注》第一卷《原道》，上海古籍出版社，1986年版，第16頁。
〔註44〕 《明太祖實錄》卷一五〇，臺灣中央研究院歷史語言研究所校印，1962年版，第2362頁。

在韓愈、朱元璋等人眼裏，加諸農民身上的田賦力役完全是一種義務。既然如此，民眾對其耕種的土地能夠說擁有全部產權嗎？限於篇幅，這裏無法列舉更多史實加以展開，但上述情形，清代的地方宗族已經洞悉其中奧妙。清代江南寧國府太平縣於道光二十八年訂立《李氏家法》（原件藏於安徽省博物館）「供財稅第九」規定：「吾人安居粒食，享太平之福者，皆朝廷所賜也。古語有日：『治於人者食人，治人者食於人』。蓋尺地莫非王土，一民莫非王臣。竭報效之忱，且有輸恐後者。倘有姦猾鄙吝，昧奉上急公之義，拖欠不完；又或於他人應完之國課兜攬入手，而設計侵欺，皆將不免公庭之辱也。亟宜於祠內責之，使知改過，不罹其罪。如強項執梗，不肯俯服，即送官究治。」〔註45〕正因爲「尺地莫非王土，一民莫非王臣」，已經成爲地方宗族的首要認識，才有繳納租稅時的「恐後」。自秦漢至漢唐，聚族而居的地方大姓往往受到中央皇權的無情排擠、打擊，唯獨清代宗族屢屢受到官府的扶持和褒揚，在很大程度上，不能不歸結於清代宗族大姓已經自覺融入維護專制統治秩序的結果。

在政治層面，自秦掃平六國之後，就建立了以皇帝爲中心、所有權力集中於皇帝一身的權力機制。在中央，秦代三公九卿制度基本成形，〔註46〕九卿的地位低於三公，但是九卿並不直接隸屬於三公，不歸三公管轄，而是直接向皇帝負責。三公中列居首位的丞相自設立以來，開府治事，自闢僚屬，掌承天子，助理萬機，表面上看權力極大，但實際上千餘年來，君權爲了保證自己一枝獨大，總在不斷的削弱相權，取消丞相的決策權，其方式就是繞開成形的制度和機構，啓用身邊親近的個人，使得皇帝身邊的秘書班子逐漸上陞爲新的權力中心。漢代自漢武帝起，漸漸形成了以大將軍爲首的中朝，《漢書·劉輔傳》注引孟康曰：「中朝，內朝也。大司馬、左右前後將軍、侍中、常侍、散騎、諸吏爲中朝。丞相以下至六百石爲外朝也。」中朝的出現，既和武帝不次擢用人才的做法，亦是出於武帝削弱相權的意圖。東漢初期，劉秀又建立起以尚書主管政務的行政體制，尚書臺成爲國家行政中樞，上下文書皆彙萃於此，故應劭《漢官儀》稱尚書令「總領綱紀，無所不統」，號稱

〔註45〕轉引自朱勇：《清代宗族法研究》，湖南教育出版社，1987年版，第218頁。
〔註46〕一般認爲三公指丞相、太尉、御史大夫，也稱大司徒、大司馬、大司空；九卿指奉常、郎中令、衛尉、太僕、廷尉、典客、宗正、治粟內史、少府、中尉等。參見《漢書·百官公卿表》。

百官之首的丞相反而被冷落在一邊。故馬端臨在《文獻通考》卷四十九《職官三》中指出,「魏晉以來,中書、尚書之官始眞爲宰相,而三公遂爲具員,其何故也?蓋漢之典事尚書、中書者,號爲天子之私人。及叔季之世,則奸雄之謀篡奪者,亦以其私人居是官。」三國魏晉時期,是皇權衰落時期,丞相所掌權力一度擴大,自隋唐大一統帝國建立後,又形成三省六部制,中書省出令,門下省封駁,尚書省執行,一度成爲隋唐帝國初期政治權力的運行機制。但在君主專制統治需要的是集權於君主,宰相的職責只不過是忠實地實行君令,原來的秘書機構尚書等經過數百年的演化,已經變身宰相,故不久帝王又開始建立的秘書機構,即翰林學士院、樞密使等。到明代洪武十三年九月(1380年),朱元璋以誅殺胡惟庸之機,宣佈永遠廢除丞相制度,徹底解決了相權對皇權的潛在威脅,儘管此時的丞相早就已經成爲惟皇帝旨意是從的輔政機構。但帝王畢竟需要一個秘書班子來分擔事務,於是從朱棣開始至清末,以學士們充任的內閣開始成爲全國的最高權力中心,清代則稱爲軍機處。

地方上也是如此。秦始皇統一天下後,以郡縣製取代封建制,作爲一種新型地方行政建制,郡縣制早在春秋就已經出現。列國中較早設縣的是楚國,縣直屬國君,具有政令通達的突出優勢,有助於加強中央集權,故此後在各國風行一時。郡也出現於春秋末年,《左傳》哀公二年趙簡子誓師辭云:「克敵者,上大夫受縣,下大夫受郡」。但郡縣製作爲一種完整的地方行政體制,要到秦始皇時才正式登上歷史舞臺。〔註47〕秦掃平六國過程中,每攻滅一國,就地設立郡縣,統一全國後,分天下以爲三十六郡。由秦開始,封建制並沒有就此完全退出歷史舞臺,但郡縣制有助於君令直接通達到社會基層,郡守、縣令又由朝廷任命,按官職領取官俸,陞降去留完全受朝廷節制,終究成爲大一統王朝地方行政建制的不二選擇。至於地方官員手中握有的權力,也愈來愈受中央王權的制約。秦漢時期,地方封國、郡守都可以自闢僚屬,尤其是地方封國,甚至擁有置吏、鑄幣、收租賦諸權,吳楚七國之亂後,封國諸權悉數收回,「諸侯惟得衣食稅租,不與政事」。〔註48〕但地方行政長官的人

〔註47〕 戰國時雖已經出現了郡一級行政體制,但多爲軍事性質,正處於向地方政區轉化的過程之中。參見田昌五、臧知非:《周秦社會結構研究》,西北大學出版社1996年版,第224頁。
〔註48〕 班固:《漢書》卷十四《諸侯王表》,中華書局,1962年版。

事任免權並未收回，兩漢魏晉史籍中地方長官辟用僚屬的記載比比皆是。當然，地方行政長官在自行辟用當地人士爲屬吏時，也受到皇權的一定控馭，尤其是在辟用對象、時間、程序、屬吏秩祿方面必須符合相關的規定，並呈報上級批準備案。但從整體上看，屬吏既然由地方長官任命和提拔，那麼屬吏效忠的對象首先是地方長官，然後才是中央朝廷，這使得地方長官的權威日益增強，自然不利於中央皇權。延至隋唐，州縣僚佐統一由中央朝廷除授，此後，地方行政長官再不可能像漢魏那樣隨意辟用屬吏，州縣屬吏和行政長官一樣，都被牢牢掌控在中央皇權之中。

　　上述天下爲君的現實狀況，一些儒家知識分子早已經有所覺察。如漢代仲長統在《昌言・理亂》中寫道：「普天之下，賴我而得生育，由我而得富貴；安居樂業，長養子孫；天下晏然，皆歸心於我矣。……彼後嗣之愚主，見天下莫敢與之違，自謂若天地之不可亡也，乃奔其私嗜，騁其邪欲，君臣宣淫，上下同惡。……使餓狼庖廚，饑虎牧牢豚，遂至熬天下之脂膏，斷生人之骨髓」，其概括可謂生動形象。魏晉時期的嵇康更在《太師箴》一文裏勾勒了社會的發展演化的各個階段，在人類肇興的洪荒時代，人們生活在自給自足的原始自然狀態中，三皇、伏羲時代社會雛形已現，但人們仍然「宗長歸仕」、「必託賢明」，再至唐堯虞舜之世，人們仍然承自然狀態之餘緒，處於無爲而治的社會狀態中。但大禹以後，天下失德失道，統治者不得不「繁禮屢陳」、「刑教爭施」，到殷商時期，禪讓制被徹底摒棄，君位傳子不傳賢，自此以後，君主轉視天下爲其私有物，〔註49〕正所謂「季世陵遲，繼體承資。憑尊恃勢，不友不師。宰割天下，以奉其私。故君位益侈，臣路生心。竭智謀國，不吝灰沈。賞罰雖存，莫勸莫禁。若乃驕盈肆志，阻兵擅權。矜威縱虐，禍蒙丘山。刑本懲暴，今以脅賢。昔爲天下，今爲一身。下疾其上，君猜其臣。」〔註50〕「宰割天下，以奉其私」、「昔爲天下，今爲一身」這兩句話，將天下爲君的政治現實一語道破。

　　明清之際思想家對天下爲君的反省和批判，正是在前人基礎上，進一步將對天下爲君的批判推向了傳統社會的巔峰。以顧炎武、黃宗羲爲代表的明

〔註49〕嵇康對社會發展階段的概括，可參見曾春海：《嵇康的精神世界》，中州古籍出版社，2009 年版，第 167～168 頁。

〔註50〕嵇康：《太師箴》，戴明揚：《嵇康集校注》，人民文學出版社，1962 年版，第 312 頁。

清之際思想家，不僅在理論上闡明了天下爲君的實質，就是把天下之利、天下之權盡歸君主一人，把天下之害盡歸於他人，「以我之大私爲天下之大公」，使得「天下之人不敢自私，不敢自利，以我之大私爲天下之大公」，〔註51〕更結合當時的社會現實，對當時的土地性質和地方建制這兩個問題進行了深入探討。土地性質問題，是指明清之際思想家對土地到底是民有抑或是官有的辨析，中國傳統社會的土地，歷來表現爲國家所有即官有、公有和民眾所有即民有、私有兩種具體形式，但兩者的關係如何，民有何以成爲民有的理論梳理和論證，卻始終沒有學者加以充分關注，〔註52〕故明清之際思想家對土地爲民所有的關注和論證，本身就有著不可忽視的重要意義，儘管具有時代的局限性，且在當時並沒有成爲社會主流思潮，但對傳統社會的近現代走向仍然起了重要作用。地方建制則表現爲封建與郡縣制之爭，自秦帝國建立以來，地方行政制度一直以郡縣制爲主流，但明清之際思想家卻不約而同重新

〔註51〕 黃宗羲：《明夷待訪錄·原君》，《黃宗羲全集》第一卷，浙江古籍出版社，1985年版，第2頁。

〔註52〕 傳統社會中缺乏上陞到一定理論高度的私有財產觀念。《商君書·定分》中提出了「定分止爭」說，但商鞅的重心是在定君臣上下之名分，即只有「定分」才能「止爭」。《孟子·滕文公上》提出「民之爲道也，有恒產者有恒心，無恒產者無恒心」，一定程度上可以把「恒產」理解爲私有財產。可是，孟子的重心不在於揭示「恒產」本身的重要性，而在於強調在「無恒產而有恒心者，惟士爲能。」即士人階層沒有「恒產」也可具有「恒心」的特殊性，「恒產」這一概念本身並沒有引起孟子的興趣，諸如「恒產」何以能成爲「恒產」、「恒產」本身的重要性等問題自然也未能引起孟子的討論。更遺憾的是，孟子提出的「恒產」這一接近於私有財產的概念，以後的學者多視而不見。至唐宋，隨著商品經濟的發展，一度出現了肯定富人社會階層、反對侵犯富人財產的「富民論」，如柳宗元、范仲淹、蘇轍、蘇軾、司馬光、葉適等人，他們從源頭上肯定富民所擁有財產的正當性，並從富民階層對社會、對國家的作用角度出發，即富民的存在有利於國家和地方社會的穩定，要求保護富民階層。故「富民論」關注的仍然是一個具體的社會階層及其存在理由，沒有將富民所擁有的財產本身抽出來加以討論。此外，《慎子·逸文》稱：「一兔走街，百人追之，貪人俱存，人莫之非者，以兔爲未定分也。積兔滿市，過而不顧，非不欲顧也，分定之後，雖鄙不爭」，顧炎武《亭林文集》卷一《郡縣論六》稱：「譬之有窖金焉，發於五達之衢，則市人聚而爭之；發於堂室之內，則惟主人有之，門外者不得而爭也。」這些論述都已經注意了如果明確財產所有權的歸屬（如歸個人所有），可以有助於減少社會紛爭，某種程度上接近於當今西方的產權理論的一些表述，但仍然停留在某一具體社會現象的描述。故王家範先生指出：「私有制這個概念，中國人是在近代由外人國給予我們的。」參見《中國歷史通論》，華東師範大學出版社，2000年，第103頁。

將目光投向湮滅久已的封建制，對封建製作出多方考證和構想，其主旨就在於試圖以封建制改變君主專制導致的天下爲君之弊端。接下來筆者將對這兩者加以詳細鋪陳。

第三節　土地民有和官有之辨

在明清之際思想家的筆下，作爲「官有」、「王有」的相對立面，土地田產爲「民有」、「自有」之說被屢屢提及，不僅隱隱成爲一種潮流，而且有學者對土地何以成爲「民有」、「自有」，也即土地爲民眾所私有的合理性進行了有意識的梳理和論證。

一、對土地民有的論證

應該說，作爲一種與「普天之下、莫非王土」的主流觀點相對立的論調，土地爲民眾所佔有的觀點並非到明末才出現。西漢時期的董仲舒在探尋社會貧富不均的原因時曾指出：「至秦則不然，用商鞅之法，改帝王之制，除井田，民得賣買。富者田連阡陌，貧者亡立錐之地」，[註53] 言下之意是商鞅變法后土地就爲民眾所佔有。唐宋以後，由於土地的頻繁買賣，有更多的學者認可了土地爲民眾佔有的事實。永嘉學派的重要代表葉適在反駁井田制不可行時，列舉的第一個理由就是要推行井田制，官府必須先掌握所有的土地，即「不得天下之田盡在官，則不可以爲井」，爲了說明沒有推行井田制的必要，他還提出了重要的「自養」概念，「使後世之治無愧於三代，則爲田之利，使民自養於其中，亦獨何異於古！」[註54] 生活於宋末元初的馬端臨更詳細考察了土地由「官有」轉爲「民有」的過程，他指出三代之時，「天下之田悉屬於官。民仰給於官者也，故受田於官」，至秦「遂爲庶人之私有，亦其勢然也。」馬端臨最後的結論是：「……三代以上，田產非庶人所得私也，秦廢井田，而捐田產以予百姓矣。」[註55] 到明代，經濟名臣丘濬在《大學衍義補》中也指出「井田既廢之後，田不在官而在民」，並把這一轉變過程界定在秦，「夫自秦用商鞅，廢井田，開阡陌之後，民田不復授之於官，隨其田所在，皆爲

〔註53〕班固：《漢書》卷 24《食貨志上》，中華書局 1962 年版，第 1137 頁。

〔註54〕葉適：《水心別集》卷 2《民事下》，《葉適集》，中華書局 1983 年版，第 656 頁。

〔註55〕馬端臨：《文獻通考‧自序》，中華書局 1986 年版，第 3 頁。

庶人所擅。有資者可以買，有勢者可以占，有力者可以墾。有田者未必耕，而耕者未必有田。官取其什一，私取其大半。」〔註56〕

但上述學者承認或擁護土地爲民眾所有的主張，大多停留在一種對事實狀態的描敘，即僅僅指出了土地爲民眾佔有的這樣一種事實，至於這種「民有」是如何實現的，大多數學者都沿襲董仲舒的觀點，將之歸結爲秦商鞅變法的結果。也就是說，在商鞅變法之前，土地歸統治者即王者所有，商鞅變法後，田得買賣，土地才逐漸轉爲普通民眾所有。這種將土地的最初所有權歸結於統治者的解釋，顯然是不充分的，明清之際的土地「民有」論首先在這一點上異於陳說。

顧炎武在《日知錄》卷十「蘇松二府田賦之重」條中考證了「官田」的歷史淵源：「然而官田，官之田也，國家之所有，而耕者猶人家之佃戶也。民田，民自有之田也」。即官田爲國家所有，民田則歸民眾所有，這種區別顯得簡潔明確。更關鍵的是，顧炎武指出這種區分自漢代就已經開始，到宋、金時期已經公認。接下來的一段話更可玩味：「漢武帝時，董仲舒言：『或耕豪民之田，見稅十五。』唐德宗時，陸贄言：『今京畿之內，每田一畝，官稅五升，而私家收租有畝至一石者，是二十倍於官稅也。降及中等，租猶半之。夫土地王者之所有，耕稼農夫之所爲，而兼併之徒，居然受利。……仲舒所言，則今之分租；贄所言，則今之包租也。然猶謂之『豪民』，謂之『兼併之徒』，宋以下則公然號爲田主矣。」〔註57〕陸贄的「夫土地王者之所有」之論，見《陸宣公奏議》卷22《均節賦稅恤百姓・論兼併之家私斂重於公稅》，這是土地國有論的一種典型觀點。顧炎武指出，宋以前，土地所有者稱爲「豪民」即「兼併之徒」，宋以下「田主」之稱已經流行於世。從字面上看，「田主」是個中性詞，強調對土地的所有權；而「豪民」、「兼併之徒」之稱卻是帶有明顯貶義的稱號，歷來是受官方政權打擊的對象，因此，以「田主」稱呼取代「豪民」、「兼併之徒」，表明了土地私有在相當程度上已受到社會認可的事實，所以顧炎武敏銳地注意到了這一點。但是，顧炎武在這裏將「田主」的前身視爲「豪民」、「兼併之徒」，將兩者加以混同，這就會使人誤認爲「田主」所擁有的土地也是靠巧取豪奪、非合法取得，在相當程度上否定了「田主」土地最初來源的合法性，將「田主」置於一種因爲不合道義而顯得極爲尷尬

〔註56〕丘濬：《大學衍義補》卷14「制民之產」，京華出版社1999年版，第132頁。
〔註57〕顧炎武著，陳垣校注：《日知錄校注》，安徽大學出版社2007年版，第591頁。

的境況，進而使得土地「民有」論的根基產生動搖。

　　黃宗羲爲土地「民有」論作出了進一步的解釋。黃宗羲主張土地應爲「民有」的論述隨處可見，他一再強調土地是民眾買來的，自然擁有對土地的所有權。《明夷待訪錄》稱：「古者井田養民，其田皆上之田。自秦而後，民所自有之田也。上既不能養民，使民自養。」〔註 58〕《破邪論》又說：「《詩》云『普天之下，莫非王土；率土之濱，莫非王臣。』田出於王以授民，故謂之『王土』。後世之田爲民所買，是民土而非王土也。民待養於上，故謂之『王臣』。民不爲上所養，則不得繫之於王。」〔註 59〕黃宗羲承認三代時君王以授田法養民，授田制意味著民眾的土地都是從君王處取得，這土地可看成「皆上之田」，但秦以後授田制漸漸廢除，土地都「爲民所買」，自然土地應該爲「民土」。和前人葉適、馬端臨等相比，黃宗羲的主張沒有根本變化，但他不僅堅持「後世之田爲民所買」這一無可辯駁的事實，爲土地爲民眾所有提供了一個合法有力的理由，還由此出發，堅決反對各種名義的限田、均田主張，指出董仲舒「限民名田」的方案儘管「其意甚善」，「然古之聖君，方授田以養民，今民所自有之田，乃復以法奪之，授田之政未成，而奪田之事先見，所謂行一不義而不可爲也。」〔註 60〕民眾的土地都是通過買賣而得的，都是「民所自有之田」，其所有權已經歸民所有，所以無論採取什麼樣的理由，「沒入之」的行爲都是「以法奪之」，也就是「奪田」，都是不可取的。正因爲如此，黃宗羲針對土地問題提出的解決方案是一種不觸及「民有」土地的、較爲獨特的復井田，即將屯田等國有土地分授農民，這一方案雖然有不少漏洞，但其實質是將「王土」轉化爲「民田」，將國有土地轉化爲私人所有。

　　當黃宗羲通過對授田到「田爲民所買」的歷史事實的回顧，指出民眾取得土地所有權是通過買賣的途徑合法獲得時，王夫之更進一步否定了授田制下統治者對土地所擁有的所有權，進而從根源上肯定了民眾擁有土地的原始權利。

　　王夫在《噩夢》中有一段較爲經典的議論：「天下受治於王者，故王者臣天下之人而效職焉。若土，則非王者之所得私也。天地之間，有土而人生其

〔註 58〕黃宗羲：《明夷待訪錄・田制一》，《黃宗羲全集》第一冊，浙江古籍出版社1985 年版，第 23 頁。

〔註 59〕黃宗羲：《破邪論・賦稅》，《黃宗羲全集》第一冊，第 203 頁。

〔註 60〕黃宗羲：《明夷待訪錄・田制二》，《黃宗羲全集》第一冊，第 24 頁。

上，因資以養焉，有其力者治其地，故改姓受命而民自有恒疇，不待王者之授之。」〔註61〕這段話有兩層含意，其一，王夫之推翻了連黃宗羲也承認的、三代時期土地爲王者所有的傳統觀點。土地存在於天地之間，「若夫土，則天地之固有矣」，〔註62〕本來就是供養天下所有人的，不應該是「王者之所得私」，故即使在三代理想社會，王者最多也只能「臣天下之人」，與土地並無關係。其二，王夫之指出「有其力者治其地」，「其力」可以理解爲勞動能力即耕作能力，「治」本義爲治理，含有控制或佔有之意，也就是說，王夫之把判斷某塊土地歸誰所有的標準，定性爲誰先通過耕作該塊土地即歸誰所有，一旦個體耕作某塊無主土地即獲得了該塊土地的所有權，成爲「自有恒疇」，至於王朝變更、治者易姓，均與此無關。土地爲天地所「固有」，再加上民眾有勞動能力即可佔有其耕作的土地，這兩者相結合，就爲王夫之的土地「民有」論提供了極爲堅實的理論基礎。從以上角度出發，王夫之不僅和黃宗羲一樣堅決反對各種限田、均田主張，連授田制的合法性也不予承認，因爲在王夫之看來，授田制隱含著一個邏輯前提，那就是土地屬於王者所有，如果承認授田制，那麼就等於承認土地爲王者所有，這和上述觀點是相悖的。顯然，王夫之對土地「民有」論的辨析是明末清初學者中最清晰也是最爲有力的，當然，王夫之的理論自有其不足，這一點下文還將敘及。

二、對土地收益權的論證

明清之際的思想家從土地的最初來源角度明確了土地應該爲「民有」，即爲普通民眾所私有的性質及其合法性後，並沒有停留於此，還對附著於土地的諸項權能進行了深一層次的探討。

我們不妨先來看一下西方對所有權諸項權能的理解。一般認爲，財產權概念早在羅馬法中得到了完整表述，財產「所有權是最完全最典型的物權，它具有物權的絕對性、排他性和永續性的特點」，〔註63〕它至少包含三個層面上的權能：使用權、收益權和處分權。羅馬法對財產權概念的界定基本爲以後的西方社會所沿用。再看現代產權學派的解釋，產權是「一個社會所強制實施的選擇一種經濟品的使用的權利」，其基本內容包括行動團體對資源的使

〔註61〕王夫之：《噩夢》，《船山全書》第十二冊，嶽麓書社1996年版，第551頁。

〔註62〕王夫之：《讀通鑒論》卷14，中華書局1975年版，第997頁。

〔註63〕周枏：《羅馬法原論》，商務印書館1994年版，第325頁。

用權與轉讓權，以及收入的享用權，而所謂私有產權，「則是將這種權利分配給一個特定的人」〔註64〕。綜合上說，財產所有權的具體權能，包括了對物的使用權、享用權（羅馬法中的收益權）和轉讓權（羅馬法中的處分權）這三者〔註65〕。

　　以此角度去審視明清之際思想家對土地問題所作的思考，就可以看出，明清之際思想家在對民眾擁有土地所有權的合法性進行了一定程度的論證後，又進而將眼光投向了土地所有權的相關權能。當然，限於時代的局限性，明清之際思想家所涉及的土地權能主要集中在土地的收益權上，並通過對江南重賦問題的討論而凸顯。

　　明清之際江南重賦的問題曾引起這一時期知識分子的極大關注，顧炎武在《日知錄》「蘇松二府田賦之重」條中專門縷述了吳地重賦的來龍去脈，指出重賦的根由在於官田的賦稅過重。顧炎武認爲明知府況鍾治蘇時，「民田僅以五升起科」，但民間田一入於官，賦稅立刻加重十餘倍，達到七斗之多。而所謂的「官田」相沿日久，「版籍訛脫，疆界莫尋」，由此而導致的結果是，「今日佃非昔日佃，而主亦非昔日之主，則夫官田者，亦將與冊籍而俱銷，共車牛而盡矣」〔註66〕。可以看出，顧炎武對官田所收取的高額租稅並不認可，即「猶執官租說以求之，固已不可行」。但顧炎武也反對將所有土地定爲民田，即「欲一切改作民田，以復五升之額，即又駭於眾而損於國」，這種做法有損於朝廷國家利益。相應地，顧炎武提出了一個解決江南重賦問題的折衷方案，即根據田地的肥瘠程度定爲三等，上田科二斗、中田一斗五升、下田科一斗，但在名稱上除學田、屯田外，「概謂之曰民田」。應該說，顧炎武已經注意到「官田」經過多年買賣變化後，所有權的歸屬已經模糊不清，至少不能完全歸官府所有，因此再徵收高額租賦是不合理的，他提出的解決方案雖然帶有折衷性，但在總體上仍然是偏向於民田擁有者階層的。從這個角度看，顧炎武等學者對江南重賦問題的關注，實質上是爲民田的擁有者爭取盡可能多的收益權。

〔註64〕 A.A.阿爾欽：《產權：一個經典注釋》，載科斯等：《財產權利與制度變邊：產權學派與新制度學派譯文集》，三聯書店、人民出版社，1994年版，第166頁。

〔註65〕 學界也有把佔有權列爲所有權的一種權能，但根據羅馬法，佔有並不是一種權利，而是一種事實。也就是說，佔有是對物的實際控制，這種控制仍然要通過具體的使用權、收益權和轉讓權才能體現出來。

〔註66〕 顧炎武著、陳垣校注：《日知錄校注》卷十「蘇松二府田賦之重」，安徽大學出版社，2007年版，第586頁。

　　黃宗羲則以抗議對私有土地收稅的方式來維護民田所有者的收益權。《明夷待訪錄・學校》稱：「授田之法廢，民買田而自養，猶賦稅以擾之；……是亦不仁之甚，而以其空名躋之曰『君父，君父』，則吾誰欺！」在這裏，民眾向君王納稅不再被視爲天經地義的，相反，黃宗羲以民眾「買田而自養」爲依據，視君王徵稅對民眾的一種騷擾。不過，黃宗羲並沒有絕對否定君王的徵稅權，他更多時候只是指出了「官田」和「民田」的稅率應該是不同，且後者應遠低於前者。

　　黃宗羲先對「十一之稅」和「三十稅一」加以區分，他認爲三代時行井田制、收十一之稅，這是因爲「其田皆上之田也」，而秦漢以後的土地都是「民所自有之田」，君王「既不能養民，使民自養，又從而賦之」，在這種情況下，故即使是「三十稅一」，這一稅率「較之於古亦未嘗爲輕也」。〔註67〕不僅如此，黃宗羲還試著對「官田」和「民田」的稅率加以界定，他在《明夷待訪錄・田制三》稱：「今欲定稅，須反積纍以前而爲之制。授田於民，以什一爲則；未授之田，以二十一爲則」。「授民以田」，指授田制，如前所述，黃宗羲認爲所授的土地是「皆上之田」，也即「官有」，其所有權歸王者，這類土地的租稅率可以定在十分之一；而「未授之田」，這當然是指「爲民所買」的「民土」，這類土地的所有權是民眾自有，相應地租稅率應該低於「官有」之田，可以定在二十分之一左右。民田「以二十一爲則」的租稅率，較之於黃宗羲一再強調的「如漢之三十而取一，亦未見其爲恩也」有所退步，但是，黃宗羲已經點出了不同所有權的土地的收益權不同的事實，由於受到時代的限制，黃宗羲不可能像西方學者那樣提出明確的土地所有權的諸項權能，但他的意思仍然可以說表達得很清晰。

　　至於王夫之，他更清晰地表明了土地所有者應該完全擁有土地收益權的觀點。王夫之從「民田」爲民所有、王者無權干涉的立論出發，進一步推導出包括土地上的收穫物也應當由土地的主人完全支配。他明確指出「人各自治其田而收之，此自粒食以來，上通千古，下通萬年，必不容以私意矯拂之者」，〔註68〕將誰擁有土地、誰就擁有土地出產物視爲亙古不變的準則，即使

〔註67〕黃宗羲：《明夷待訪錄・田制一》，《黃宗羲全集》第一冊，浙江古籍出版社，1985 年版，第 23 頁。

〔註68〕王夫之：《四書稗疏》，《船山全書》第六冊，嶽麓書社，1996 年版，第 998 頁。

是王者也「勿得侵焉」。在此基礎上，王夫之一度否定了王者對「民有」土地的徵稅權。他在《讀通鑑論》卷十四中提出：「王者能臣天下之人，而不能擅天下之土，……田則自有五穀以業，民所服之先疇，王者惡得而有之，而抑惡得而稅之？地之不可爲一人有，猶天也，天無可分，地無可割，王者雖爲天之子，天地豈得而私之，而敢貪天地固然之博厚以割裂爲己土乎？」土地是「民所服之先疇」，是祖先遺留下的財產，故王者沒有徵稅權。如果王者可以對土地徵稅，就說明這土地爲王者所有，對天下土地徵稅，就說明天下土地都歸王者一人所有，土地歸王者一人所有，就說明王者將天下據爲一己之私。然而，土地是像天一樣不可分割的，王者雖貴爲天子，也不能將此「博厚」之地加以割裂、據爲私有。下文我們還要指出，王夫之的這套理論體系自有其薄弱之處，但即使如此，「惡得而稅之」仍不失爲中國近代以前維護私有土地收益權的最有力反詰之一。

三、土地民有論的時代特色

應該說，明清之際思想家所生活的時代，是一個商品經濟日益發展、社會矛盾也日益突出的歷史時期。由於土地是人類社會的最大財富，故土地問題歷來是最引人關注的社會問題之一。對儒家學者而言，經世濟民、爲萬世開太平是他們一生孜孜求的理想和追求，因此從先秦歷經秦漢到唐宋，歷代學者都從各自角度出發對其所處現實社會中的土地問題提出了不同的主張和對策。作爲儒者的明清之際思想家也是如此，土地「民有」論正是他們開出的針對土地問題的最重要藥方之一。

和宋儒提出的以及歷史上的其它土地問題解決方案相比，土地「民有」論更鮮明地突出了兩個主題：一是強調土地爲民所有，二是要求減免稅賦。這兩者的共同點，誠如學者所指出的那樣，可歸結爲「保衛私有財產權利」。〔註 69〕如黃宗羲、王夫之均反對任何意義上的授田、均田和限田主張，認爲授田制的前提是土地爲君所有，而現實卻是土地爲民所有，故所謂的授田、均田、限田主張，只是脫離社會實際情況、拘泥於古的腐儒之見，最後結果不過是「欲奪人之田以與人」〔註 70〕罷了。還有王夫之對土地最早歸誰有的

〔註 69〕胡寄窗：《中國經濟思想史》下冊，上海人民出版社，1981 年，第 453 頁。
〔註 70〕王夫之：《讀通鑑論》卷十九，中華書局，1975 年版，第 1451 頁。

論述，即前文所引「天地之間有土而人生其上，因資以養焉，有其力者治其地。故改姓受命而自有恒疇，不待王者之授之」，甚至與洛克將財產權的起源于歸結人類謀求生存而對自然物施加勞動的觀點有所類似，「使它們同公共的東西有所區別，勞動在萬物之母的自然所完成的作業上面加上一些東西，這樣它們就成為它的私有權利了」，〔註71〕兩人都把勞動看成是財產歸屬過程中的重要因素，為土地之私有提供了雄辯有力的論證。只不過，在歷來崇尚權利、法律等概念的西方社會，洛克得以從財產所有權的角度審視勞動和土地，而在一個長期為「普天之下、莫非王土」思想所籠罩的君主集權國度裏，明清之際思想家們不可能像西方那樣提出諸如土地所有權、私有產權之類的清晰法律概念，並形成一整套理論和話語系統，王夫之等人觸手可及或一直受到薰陶的理論資源和氛圍，只有民本思想、天下為公論等，而土地非君主一人所有，正是天下非君主一人之天下觀念的進一步延續的結果。〔註72〕因此，作為旨在為包括平民地主在內的普通民眾積極爭取財產權利的土地「民有」論，究其本質而言就是具有中國特色的一種私有財產論，意味著民眾財產意識的進一步覺醒。

不僅如此，明末因商品經濟發展而引發的社會矛盾，又在很大程度上體現為普通民眾追求財富的過程中與專制權力產生的衝突，因而，作為社會改革方案的重要組成部分之一，土地「民有」論的意義並不僅僅局限於單純的經濟領域，它和明清之際思想家在政治上反省君主專制、試圖限制君權的努力是互為表裏的。

上述各思想家的有關土地「民有」論的主張中，一個具體而共同的要求就是減免賦稅。如顧炎武解決江南重賦的方案就是減稅，即在名稱上把所有

〔註71〕 洛克：《政府論》，商務印書館，1996 年版，第 19 頁。

〔註72〕 何清漣先生認為王夫之本人極端貶斥勞動，因此，王夫之雖然針對以土地為代表的財產所有權問題，提出了諸多和洛克相似的觀點和論證，但這「只是王船山偶然冒出的一星火花而已，他在他的整個思想體系中並未貫徹這一思想」，究其原因「17 世紀的社會動盪給他造成的傷痛甚大，這種沉鬱使他的學術思想多少有點情緒化，這就使他在闡揚某個觀點的時候，他的堅決和徹底超過了任何人；在批判某種傳統的時候，他的激烈也非同代人所能企信。這一切導致他的學術思想在體繫上缺乏邏輯上的前後一致性。參見何清漣：《「經濟人」和「道德人」——洛克和王船山的勞動財富觀比較》，香港《二十一世紀》，1990 年 12 月期。筆者認為，王夫之的思想體系其實並不矛盾，整體上他是合拍於傳統文化的民本特徵的，故他對土地之私的論證，其實是先秦天下非君王一人之天下、土地非君王一人之土地的延續。

土地稱爲「民田」，然後按據田地的肥瘠程度定爲三等，上田科二斗、中田一斗五升、下田科一斗。黃宗羲不承認所謂的「君養」，由此出發，認爲如果意味著君有的「授田」取十分之一，那麼民有之田的稅率肯定要低，可以爲二十取一。王夫之甚至不承認君王對民有土地的徵稅權，一度發出了「惡得而稅之」的有力詰問，但他又將「民田」和「民力」兩者加以區別，認爲王者「能臣天下之人」，可以「役其人」，這實際上就是先秦時期十取其一的勞役地租，可見王夫之的實際要求仍然是減輕稅賦。在明清之際思想家眼裏，減輕賦稅對普通民眾而言，意味著負擔減輕和間接承認土地的個人所有權，是對民眾土地財產權利的維護；對作爲統治者的君主而言，由於這種減輕賦稅的前提理由是土地「民有」，因而具有一絲強制味道，帶有限制君主專制權力的意思在內。當然，限於時代的限制，明清之際思想家不可能認識到稅收是政府存在的基礎，政府徵稅的前提是必須承擔相應的義務，但是，明清之際思想家所要求的減輕賦稅，與歷史上儒家學者經常掛在嘴邊的輕徭薄賦、減輕民眾負擔之說已經有了重要區別。後者的理論依據主要是民本思想，相應地，減免賦稅就成爲體現君王仁政、德政的主觀恩賜之舉。而前者所要求的減免賦稅，理論依據在於土地是「民有」而非「君有」，故與仁政、德政無必然關係，既是對統治者提出的一種明確要求，又是自身的權利主張。

進一步言，由於在傳統社會中，國家、朝廷的代表者是君主，所以「國有」也即「君有」，「國有」不過是「君有」的一種美化，於是天下爲公也就被替換爲天下爲君。國家、天下在君主眼裏，完全就是莫大之產業，要盡收天下之利，普通民眾則是不敢自私、不敢自利，也就是說，「國有」、「君有」、「王土」等經濟制度，正是君主專制最爲重要的的經濟基礎之一。所以明清之際思想家大力倡導的土地「民有」論，表面上看是否認土地的「國有」，實際上駁斥的「君有」，駁斥的是天下爲君，是對專制君主打著「國有」旗號的斂財之舉提出的強烈質疑，很顯然，土地「民有」論掏空的正是君主專制的經濟基礎。因而從這個角度看，明清之際思想家在經濟領域所提倡的土地「民有」論，與其在政治領域所開展的對君主專制制度的猛烈批判，方向是完全一致的。

第四節　封建與郡縣之辨

明末清初的思想家在反思總結明亡教訓時，仍然借用了傳統文化中的一

些關鍵性概念，諸如「天下」、「國家」、「井田」、「君權」、「相權」，在傳統國家的地方政治體制方面，則以「封建」與「郡縣」之辨爲代表，這已經引起學界相當程度的關注。〔註73〕明清之際思想家之所以對封建、郡縣之爭予以高度重視，在於其意識到郡縣制有助於加強君主的專制集權，更容易實現天下爲君，故從反思明王朝覆滅的角度出發，重新構稽出封建制的積極意義。即使到清末民初，封建與郡縣之辯所蘊含的地方自治、地方分權理念仍然引起當時知識分子的諸多興趣，說明明清之際思想家在政治思想領域確實有諸多發前人所未發之處。

一、明清之際以前的封建論

「封建」一詞最早見於《左傳・僖公二十四年》，「昔周公弔二叔之不咸，故封建親戚，以蕃屏周」。這裏的「封建」顯然是作爲動詞使用，也就是所謂的「封邦建國」之意。到兩漢時期，仍然是一種約定成俗的用法。《漢書・禮樂志》載：「惟德之臧，建侯之常。承保天休，令問不忘。」顏師古注曰：「建侯，封建諸侯也。」而在現實的政治體制中，周王朝時的封建制到大一統的漢王朝，體現爲對諸皇子的分封制。當然，各藩國在中央皇權的刻意打壓和抑制之下，其地位和郡縣制在本質上並無區別，原因就在於，「此時及以後之封建，只有政治上的意義，而無經濟上的意義」。〔註74〕而郡縣製作爲一種新型地方行政建制，早在春秋就已經出現。秦掃平六國過程中，每攻滅一國，就地設立郡縣，如始皇十七年攻滅韓國後，設潁川郡；二十五年王翦平江南，置會稽郡；統一全國後，群臣建議秦始王分諸子爲王，李斯表示反對，並將春秋戰國的征伐不息歸結於封建制，至於諸宗室公子、功臣加以租稅重賞就足矣。秦始皇頗爲贊同，於是分天下爲三十六郡。由秦開始，郡縣製成爲大一統王朝地方建制的必然選擇，這正如王夫之所指出的那樣：「郡縣之制，垂

〔註73〕目前所見明末封建與郡縣之辯的主要論文如王家範：《重評明末「封建與郡縣之辨》，《華東師範大學學報》2000 年第 4 期；〔美〕石約翰：《封建、郡縣與中國歷史傳統》，《安徽史學》2002 年第 3 期；葉建：《顧炎武「寓封建之意於郡縣之中」思想淺析》，《中州學刊》2007 年第 1 期；著作如馮天瑜：《解構專制：明末清初「新民本」思想研究》，湖北人民出版社，2003 年版；趙園：《制度・言論・心態——〈明清之際士大夫研究〉續編》，北京大學出版社，2006年版；等等。

〔註74〕馮友蘭：《中國哲學史》上冊，華東師範大學出版社，2000 年版，第 26 頁。

二千年而弗能改矣」。〔註75〕

　　但是，分封制並沒有就此完全退出歷史舞臺。中央王朝既希望借助地方藩國在權臣勢力膨脹時翼衛皇權，又不願看到藩國勢力尾大不掉的結局，於是對待地方藩國的態度曾長期處於搖擺不定中。如漢高祖吸取秦速亡教訓，建國初大封同姓王，以爲中央皇權的屏障，由此演繹出削藩、七國之亂等一系列政治事件。三國魏文帝曹丕以此爲前車之鑒，對曹植等親兄弟深加提防，曹植等人空有藩國之名，處境窘迫，致使司馬氏興起時無一支勤王之師。兩晉時大封諸王，卻又釀成八王之亂。唐末有藩鎮割據，於是宋盡收地方財權、兵權，再到明代，朱元璋猶以宋代積弱爲由，分封諸子，卻又導致建文皇位被奪。

　　但在思想層面，歷代知識分子從維護大一統國家的角度出發，大多從理論層面貶低分封制，擡高郡縣制，其重要體現之一就是將郡縣制與天下爲公論相聯繫。其中，唐代著名的政治思想家柳宗元可以說是郡縣制的積極擁護者，他力陳封建之害，認爲封建制非聖人之意，自秦漢建立大一統帝國以後，郡縣制的優勢不言而喻，並列舉大量史實爲左證，如漢代郡國並存卻「有叛國，而無叛郡」，唐代「有叛將，而無叛州」，〔註76〕以此說明郡縣制或謂州縣制的優勢。正是在柳宗元這裏，作爲一種地方建制的郡縣制得以和天下爲公論相提並論。所謂有「秦之所以革之者，其爲制，公之大者也；其情，私也，私其一己之威也，私其盡臣畜於我也。然而公天下之端自秦始。」柳宗元認爲封建制是統治者之私的體現，而郡縣制雖然也是「私其一己之威也」，可兩者的結果大不一樣，封建制是「非公之大者」，郡縣制卻「公之大者」。原因在於，柳宗元認定封建制作爲一種世襲制度，無法實現「使賢者居上，不肖者居下」，即實現有才幹者能夠脫穎而出的選材目標，所以在封建制下，即使出現了聖人，聖人也無法立足，惟有郡縣制下國家才能隨時更選官員，有才能者可以得到擢用提拔，起到「全其人」即保全民眾的效果。正是出於這種考慮，柳宗元甚至將歷來有暴秦之稱的秦王朝擡高爲「公天下之端」。秦王朝在歷史上向以統治殘暴著稱，柳宗元冠秦爲「公天下之端」，顯然不是稱讚秦王朝的統治，而主要是出於對郡縣制的認可。柳宗元對郡縣、封建之辨的探討達到了一個較高的水平，以至於宋人蘇軾對此推崇備至：「宗元之論

〔註75〕王夫之：《讀通鑒論》卷一，中華書局，1975年版，第1頁。

〔註76〕柳宗元：《封建論》，《柳河東集》卷三，人民出版社，1974年版，第46頁。

出，而諸子之論廢矣」，又說「柳宗元之論，當爲萬世法也。」〔註77〕

柳宗元對郡縣制的提倡、對封建制的否定，是從天下爲公的角度出發，有意思的是，支持封建制、反對郡縣制的儒者同樣以這一理論爲依託。如贊同三代所行封建制最爲典型的宋儒胡宏，他在《知言·中原》中不無激烈地提出：「故封建也者，帝王所以順天理，承天心，公天下之大端大本也；不封建也者，霸世暴主所以縱人欲，悖大道，私一身之大孽大賊也。」〔註78〕顯然，天下爲公是柳宗元和胡宏兩人共同的立論基礎，但柳宗元的落足點是在郡縣制下人才選拔的開放性，而胡宏則以封建制「分天下有德有功者以地，而不敢以天下自私」爲理由，這同樣體現了天下非一人之天下的理念。兩相比較，胡宏所謂「分天下有德有功者以地」的潛在前提是一位道德高尚的君主，固然過於理想化，柳宗元認爲郡縣制可以更好的選拔人才，也沒有看到君主專制對人才的扼殺，也有一廂情願的嫌疑。相形之下，另一位宋代學者葉適提倡調和封建、郡縣兩制，他歷數由秦漢至唐、宋之制度，認爲天下長治久安的關鍵在於「外者宜堅，安內者宜柔」，但「唐失其道，化內地爲藩鎮，內外皆堅，而人至不能自安；本朝反其弊，使內外皆柔，雖能自安，而有大可不安者。」〔註79〕葉適的過人之處，在於他看出封建制利於地方強大、郡縣制利於中央集權，再由宋代集權過甚的弊端，他遂有兼採封建、郡縣兩制的主張。因此葉適調合兩制，使他成爲明清之際思想家從打破中央集權、實現地方分權的角度，去探討封建和郡縣之制的先行者。

二、明清之際思想家的封建論

到明清之際，以顧炎武、黃宗羲爲代表的明清之際思想家，均經歷了明王朝覆滅的滅國之痛，總結明亡的經驗教訓是他們一輩子的目標追求，他們總結明亡經驗的角度雖然稍有不同，但都將明王朝的覆滅歸結於君主獨攬大權、獨擅諸利，當天下成爲一人之天下時，君主成爲獨夫，王朝的覆滅也就繼踵而來。顧炎武引用宋人葉適之言稱「百年之憂，一朝之患，皆上所獨當，其害如之何？此外寇所以憑陵而莫禦，仇恥所以最甚而莫報也。」〔註80〕黃

〔註77〕蘇軾：《論封建》，《蘇軾文集》卷五，中華書局，1986 年版，第 158 頁。
〔註78〕胡宏著、宋仁華點校：《胡宏集》，中華書局，1987 年版，第 47 頁。
〔註79〕葉適著、劉公純等點校：《葉適集》卷五《紀綱二》，中華書局，1961 年版，第 813 頁。
〔註80〕顧炎武著、陳垣校注：《日知錄校注》卷八《法制》，安徽大學出版社，2007

宗羲稱既然帝王以產業視天下，則「人之欲得產業，誰不如我？攝緘縢，固扃鐍，一人之智力不能勝天下欲得之者之眾，遠者數世，近者及身，其血肉之崩潰在其子孫矣。」〔註 81〕這樣，明清之際思想家將明王朝滅亡的根本原因歸結於君主專制，這確實是誅心之論。由此出發，他們就注意到了封建制在一定程度上可以發揮地方能動性和獨立性，起到制約皇權肆意妄爲的客觀效果，因而重新肯定和提倡封建制，進而爲封建和郡縣之辨注入了近代分權的新內涵。

黃宗羲側重於「夷夏之防」，但他不同意將明王朝覆滅的原因歸結於北方興起的女眞族，指出三代至秦，夷狄爲患於中國，不過是「侵盜而已」；可是，「自秦至今一千八百七十四年，中國爲夷狄所割者四百二十八年，爲所據者二百二十六年，而號爲全盛之時，亦必使國家之賦稅十之三耗於歲幣，十之四耗於戍卒」，原因何在？不是夷狄變得強大了，而主要在於「廢封建之罪也」，因爲「若封建之時，兵民不分，君之視民猶子弟，民之視君猶父母，無事則耕，有事則戰。」〔註 82〕結合黃宗羲的其它論述，可以得出這樣一個結論，即郡縣制下君民相隔、封建下君民相親的根本原因，就在於前者集權、後者分權。進而，黃宗羲設想了一種寓封建於方鎮之中的政治制度，自唐末藩鎮割據以來，宋代君主視藩鎮爲皇權之大敵，多管齊下，終於成功地消除了藩鎮割據，但同時也造就了孱弱的地方郡縣。黃宗羲對此深有感觸，他不但爲藩鎮正名，指出「唐之天下，非沿邊盡爲節度府，則衰弱之形不遺於宋」，更在《明夷待訪錄・方鎮》構畫稱「今封建之事遠矣，因時乘勢，則方鎮可復也」，明確提出重複藩鎮的主張。

顧炎武認爲明亡的教訓之一就是過於君主過於集權，這種集權在制度上的主要體現就是郡縣制，「科條文簿日多於一日，而又設之監司，設之督撫，以爲如此，令不得以殘害其民矣。」郡縣制下，監司也好，督撫也罷，只俯首聽命於上層官僚，以保住官位爲目標，根本不會爲民眾考慮。而最高統治者對待督撫重臣也是疑懼重重，不得不以日甚一日的繁密科條，彼此牽制的監司機構，對督撫重臣施以嚴密控制。解決之道就是引入封建世襲之法，寓

年版，第 475 頁。

〔註 81〕黃宗羲：《明夷待訪錄・原君》，《黃宗羲全集》第一冊，浙江古籍出版社，1985 年版，第 3 頁。

〔註 82〕黃宗羲：《明夷待訪錄（未刊文）・封建》，《黃宗羲全集》第一冊，第 419 頁。

封建於郡縣之中，也就是「然則尊令長之秩，而予以生財治人之權，罷監司之任，設世官之獎，行辟屬之法，所謂寓封建之意於郡縣之中，而二千年以來之敝可以復振。」〔註83〕

　　王夫之在探討帝王宰制天下的統治之策時，同樣肯定了封建制分權特色有助於帝王江山的牢固。王夫之指出自秦以下，地方上實行郡縣制爲歷代不易之法，「今之自縣以上，三進而及布政使司，凡以治民者，自秦而下不能易也」，但郡縣制最大的毛病就在於受束過多，「縣隸府，府隸司，司受命於天子，足以呼響，無關格之疢矣。府治其屬，既不能專，其有事，旁撓於同、判、推官，而巡守兵備安坐其上以扼郡邑之呼吸，則分司之建可革也。」因此，一旦有事如外敵入侵，」一郡數邑，不得以制其短長之命，且夕不測，其民視牧長，如逸兔之於驚麋也。況其爲天子守疆圉，取必而與城共命乎！」一郡之守只有與城共命運，有必死之心，方能抵擋敵入侵之際，所以王夫之具體建議，「革分司，重府權，盡治其郡，設推官以贊其吏治，立武監以簡其兵賦，兵賦所講，受成於府，有所徵發，府受臺計而遣之」，即讓一郡之守真正大權在握，所以帝王宰制天下的最上之策，「莫若分兵民而專其治，散列藩輔而制其用。」〔註84〕王夫之直接對郡縣制提出了批評，雖然沒有提封建制，但字裏行間，封建之意清晰可見，尤其是「散列藩輔」四字，已經點到要害，與顧、黃之論可以完全一致。另一位學者顏元，則對郡縣制的專權提出了直截了當的批評：「後世之人不敢建言封建，人主也樂其自私天下也，又幸郡縣易制也，而甘於孤立，使生民社稷交受其禍，亂亡而不悔，可謂愚矣。」〔註85〕

三、私觀念視角下的封建論

　　需要指出的是，明清之際思想家對封建制分權作用的認識，較之宋人葉適要有所深刻，這不僅因爲明清之際思想家是從反對君主專制的角度去看待封建制，還在於明末私觀念的勃興爲明清之際思想家肯定封建制提供了理論依據。

〔註83〕顧炎武：《亭林文集》卷二《郡縣論一》，《顧亭林詩文集》，中華書局，1983年版，第12頁。
〔註84〕王夫之：《黃書》「宰制第三」，《船山全書》第12冊，嶽麓書社，1996年版，第508頁。
〔註85〕顏元：《存治編‧封建》，《顏元集》，中華書局出版社，1987年版，第111頁。

　　如前所述，柳宗元否定封建制，他認爲帝王借助封建制，將土地隨意封賞給宗室親信，這正是帝王之私的體現，而且此後代代世襲，從而不利於人才的選拔。胡宏則與之針鋒相對，認爲封建制是將土地分封給有德有功者，這正是帝王不以天下爲一人之天下的體現，所以他大力褒揚封建制。明清之際的思想家大多贊同封建制，如顏元明確反對封建制因爲世襲而不利於人才選拔的觀點，認爲封建制「必有博古君子能傳之者，用時又必有達務王佐能因而潤澤者，……第妄謂非封建不能盡天下人民之治，盡天下人材之用耳」。〔註86〕而顧炎武、黃宗羲等人，更以人性本私的層面肯定封建制的合理內核，指出封建制的合理之處，在於其一定程度上是滿足、而不是像郡縣制那樣抹殺人們的自私自利之心。由於明清之際思想家們之前對人性本私進行了充分論證，封建制的合理性也就有了一個相對堅實的理論基礎。所以，封建制在明清之際思想家們眼裏，非但不是柳宗元所說的「非公之大者也」，而是應試圖恢復的三代之良制。顧炎武在《郡縣論一》中指出：「古之聖人，以公心待天下之人，胙之土而分之國；今之君人者，盡四海之內爲我郡縣猶不足也，人人而疑之，事事而制之。」〔註87〕因爲天下之人都有自私自利之心，所以聖人才不以天下爲一人之天下，而以封建之法與天下人共享；相形之下，郡縣制正說明了君王以四海爲一己之天下，不願與天下之人共享。從這個意義上看，顧炎武顯然是不同意柳宗元視封建制爲「私其力於己也，私其衛於子孫」之說的。同樣，黃宗羲認爲中國社會自經歷秦、元兩次巨變後，「古聖王之所惻隱愛人而經營者蕩然無具」，要想從根本上解決社會問題，唯有「遠思深覽，一一通變」，也即「復井田、封建、學校、卒乘之舊」。〔註88〕

　　王夫之對待封建制的態度需稍作辨析，他的觀點似乎有所矛盾。王夫之在《讀通鑑論》卷一對秦始皇的討論中，沿襲了柳宗元的觀點，他借助於天下、國家概念的清釐，更清晰、系統地闡明了由郡縣制可以導致「公天下」的路徑。在王夫之看來，天下與國家、公與私之別是有著極大差別的，「一姓之興亡，私也；而生民之生死，公也。」〔註89〕由此出發，一姓之國爲私，

〔註86〕顏元：《存治編·封建》，《顏元集》，中華書局出版社，1987年版，第111頁。

〔註87〕顧炎武：《亭林文集》卷二《郡縣論一》，《顧亭林詩文集》，中華書局，1983年版，第12頁。

〔註88〕黃宗羲：《明夷待訪錄》，《黃宗羲全集》（第一冊），第7頁。

〔註89〕王夫之：《讀通鑑論》卷十七，中華書局，1975年版，第1358頁。

郡縣制不利於一姓之國的長期延續；但是，天下則爲公，郡縣制可以保證「俾才可長民者，皆居民上以盡其才」。〔註90〕換言之，封建制有利於一姓之國的國祚長存，但不利於人盡其用，故不利於天下之治；郡縣制不利於一姓之國，卻對天下的長治久安有利，這就可以看成是天下之公。所以王夫之才對秦始皇罷侯置守之舉深有感觸的稱：「秦以私天下之心而罷侯置守，而天假其私以行其大公，存乎神者之不測，有如是夫！」秦以郡縣製取代分封制，這一做法對秦而言，是出於「私天下」之心；對天下而言，卻在無意中開闢了一條「公天下」的途徑。可以看出，王夫之不滿意封建制主要在於人材不能盡其用方面，而且，王夫之主要針對的是先秦時期的封建制，這種封建制以世襲爲主要特點。同樣在《讀通鑒論》卷十六，王夫之又對郡縣之治作了詳細闡述，「天下之治，統於天子者也，以天子下統乎天下，則天下亂。故封建之天下，分其統於國；郡縣之天下，分其統於州。後世曰道、曰路、曰行省、曰布政使司，皆州之異名也。州牧刺史統其州者也，州牧刺史統一州而一州亂，故分其統於郡。隋、唐曰州，今曰府。郡守統其郡者也，郡守統一郡而一郡亂，故分其統於縣。上統之則亂，分統之則治者，非但智之不及察，才之不及理也。……故天子之令行於郡而郡亂，州牧刺史之令行於縣，郡守之令行於民，而民亂。……唯縣令之卑也而近於民，可以達民之甘苦而悉其情僞。唯郡守近於令，可以察令之貪廉敏拙而督以成功。唯州牧刺史近於守，可以察守之張弛寬猛而節其行政。故天子之令不行於郡，州牧刺史之令不行於縣，郡守之令不行於民，此之謂一統。」〔註91〕王夫之這段話雖然是針對郡縣制而言，但他認爲普通民眾只需縣級長官治理，不需要郡級、州級長官甚至天子插手，同樣郡級事務只需州級長官治理，無需天子插手，這樣就可以達到「一統」也即國家大治。如果天子介入郡級事務、郡級長官介入普通民眾的管理，那就是「大亂之道」，國家必亡。在這裏，王夫之雖然沒有直接肯定封建制，但他卻和顧炎武、黃宗義表達了同樣的分權意旨。

要之，前述傳統的天下爲公理論框架中有三層內涵，1、天下非君主一人之天下；2、君主握有治理天下之權力；3、君主治理天下應當出於公心。這其中最關鍵的一環在於第三層，如果君主治理天下不出於公心、不以公利爲最高要求那怎麼辦？對傳統儒家學者而言，由於天下爲上天、祖宗之天下，

〔註90〕王夫之：《讀通鑒論》卷一，中華書局，1975年版，第 2 頁。
〔註91〕王夫之：《讀通鑒論》卷十六，第 1197～1198 頁。

治權又在君手，這兩方面無從下手，因此，要保證君主以公心治天下就只剩下唯一一個辦法：以儒家理論去格君心。就是借助於儒家修身學說，以提高個人修養的方式，敦促君主成爲一個道德高尚的仁君、賢君、明君，即爲內聖，所以儒家經典《大學》聲稱：「自天子以至於庶人，一是皆以修身爲本」，《孟子・離婁》稱「其身正而天下歸之」，將修身的重要性提高到無以復加的程度。儒家崇尚的德治的眞正內涵也在於此。反正，只要君主是仁君、賢君、明君，就自然會實行仁政、自然會以民爲本，在儒家學者看來天下爲公也就觸手可及了。可是，如果君主不理會這一切，不以公心去治理天下，只是隨心所欲、一意孤行，那麼儒家學者的最後手段只有文死諫一途。也就是說，傳統儒家學說把保證君主以公心治天下的希望放在了君主自身，訴諸於君主的個人道德修養。

而明清之際思想家的解決方案則有所不同，他們和傳統儒者一樣，並不否認君主的治權，承認君主的職責是爲養民，如黃宗羲在《明夷待訪錄・學校》稱：「天之生斯民也，以教養託之於君」，《孟子師說》說得更清晰，「天地之生萬物，仁也。帝王之養萬民，仁也。宇宙一團生氣，聚於一人，故天下歸之，此是常理。」但是，他們不再執著於格君心之類道德層面的努力，從天下爲公理論中的第一、第二層內涵入手，借助於私觀念的擡頭和肯定，將天下非君主一人之天下推進至天下爲天下人之天下，將治權在君推進至治權不僅在君亦在臣、亦在士。具體而言，土地民有論以肯定民眾擁有土地財產權利的方式，否定了普天之下莫非王土之說，進而從土地財富的角度論證了天下爲天下人之天下；封建與郡縣之辨則通過肯定封建制對專制王權的制約作用，對治權在君提出了明確的分權要求。如此，明清之際思想家就不再像傳統儒家學者那樣，僅僅寄希望於道德完善的君主自覺實現公心治天下，即不把全部希望都寄託在對「聖君」的期待，而是以外部手段去要求、迫使君主以公心治理天下，這正是明清之際的啓蒙思想異於或謂超出傳統儒家學說之處。

第五章 合私爲公論——新型公私關係的提出

　　自《尚書・洪範》提出「以公滅私」，再經過歷代統治者的提倡和支持，這種公私關係基本成爲中國傳統社會的主流思潮。至宋明理學，終於發展到存天理、滅私欲的極端，天下之大，竟無區區私觀念可得廁身。可正所謂物極必反，到明清之際，社會上湧現出一股前所未有的、肯定私觀念的社會思潮。包括李贄、陳確、顧炎武、黃宗羲、王夫之、傅山等學者在內的思想家，從人性的層面肯定人性之私，自私爲人之天性，肯定普通民眾的逐利欲望和意識。在中國傳統社會中，私觀念如此張揚的歷史時期除了明末清初，似乎再未曾有過。

　　但是，就像單純地肯定公觀念不足取一樣，單純地肯定私觀念同樣失之偏頗。這是因爲，公與私實際上是相輔相成、互爲依存的一組觀念，否定了其中任何一方，另一方也無法獨善其身，所以當兩千年前韓非子斷言「背公謂之私」，將公、私二者置於完全對立關係時，已經注定了他追求揚公抑私目標的失敗結局。因而，公和私作爲互相依賴的一組觀念，最後必須面對並加妥善以解決的問題，就是如何公私觀念的和諧相處。以公滅私觀固然不可取，但如果矯枉過正，用以私滅公來替代前者同樣不足道。值得慶幸的是，在如何處理公私關係這個根本性問題上，明清之際思想家的探索是頗具成效的，他們提出的對策就是合私爲公論。

第一節　合私爲公論的提出

一、顧炎武的合私爲公論

合私爲公論表述最典型、最完整的當數顧炎武。

顧炎武在其的著述中，曾多次提出合私爲公論或有類似的表述，其中有兩處文字最具代表性：

> 天下之人各懷其家，各私其子，其常情也。爲天子爲百姓之心，必不如其自爲，此在三代以上已然矣。聖人因而用之，用天下之私，以成一人之公而天下治。……於是有效死勿去之守，於是有合從締交之拒，非爲天子也，爲其私也。爲其私，所以爲天子也。故天下之私，天子之公也。〔註1〕

> 「雨我公田，遂及我私」，先公而後私也。「言私其豵，獻豵於公」，先私而後公也。自天下爲家，各親其親，各子其子。而人之有私，固情之所不能免矣。故先王弗爲之禁，非惟弗禁，且從而恤之，建國親侯，胙土命氏，畫井分田，合天下之私以成天下之公，此所以爲王政也。〔註2〕

第一種可概括爲「天下之私，天子之公」，後一種可概括爲「合天下之私以成天下之公」，「天子之公」與「天下之公」雖有一字之差，但兩者的內在指向可以說是一致的。從儒家學者關注的天下、國家之辨的角度看，天下當然大於國家、大於君主，但不可否認的是，儒家學者之所以提出天下、國家之別，就在於君主或天子如果只顧一己之欲，不顧天下之人的利益，就只能代表王朝、國家，而不能代表天下之人；反之，當君主或天子的所作所爲出於公心公利時，就有資格可以代表天下了。這與儒家的天下爲公理論也是相合拍的，天下雖非天子一人之天下，但天子治理天下時，必須從公心出發，以天下之人的公利居先，只要天下之人的生存和其它利益都得到保證，那麼天子之利也就實現了，因而，天子之利與天下之利兩者並無本質性差別。當然，這只是包括顧炎武在內的儒家學者設想的理想圖景。

〔註1〕顧炎武：《亭林文集》卷一《郡縣論五》，《顧亭林詩文集》，中華書局，1983年版，第14～15頁。

〔註2〕顧炎武著、陳垣校注：《日知錄校注》卷三《言私其豵》，安徽大學出版社，2007年版，第130頁。

　　在《日知錄》卷十二《助餉》篇中，顧炎武以史爲鑒，最爲典型、集中地表達了合私爲公的觀點。《助餉》篇首即明確提出「人主之道，在乎不利群臣百姓之有，夫能不利群臣百姓之有，然後群臣百姓亦不利君之有，而庫府之財，可長保矣。」〔註3〕顧炎武在這裏提出了一個與傳統觀點相對立、嚴格分清公私界線的命題：人主與群臣百姓當互不利其所有。〔註4〕群臣、百姓所有之財爲私，朝廷庫府之財則爲公，故顧炎武嚴格界定公私界限的目的，是爲反對任何形式的化私爲公或化公爲私，尤其是化私爲公，例如助餉之說，顧炎武予以堅決反對，他在《助餉》篇中列舉了多個例子加以說明，參見下表：

《日知錄‧助餉》中的示例

序數	具體事例	顧炎武的態度
例1	德宗好貨之主而猶不受伯強之獻	後之人君可以思矣（肯定）
例2	（南宋）高宗卻湖州民王永從獻錢五十萬緡，仍詔今後富民不許陳獻。	此宋之所以復存於南渡也與？（肯定）
例3	戚畹之家常惴惴不自保，署其門曰：「此房實賣」，都城之中十室而五，其不祥孰甚焉。	漢武尊卜式以風天下，猶是勸之以爵。今乃怵之以威。（否定）
例4	南唐書言後主之世，以鐵錢六權銅錢四。而行至其末年，銅錢一直鐵錢十。比國亡，諸郡所積銅錢六十七萬緡。	嗚呼！此所謂府庫財非其財者矣。（否定）
例5	史公可法爲南京兵部尚書，軍餉告絀，乃傳檄募富人出財助國。	然百姓終莫肯輸財佐縣官，而神京淪喪，殆於孟子所謂委而去之者，雖多財奚益哉！（否定）
例6	洪武十五年，堂邑民有掘得黃金者，有司以進於朝。上曰，民得金，而朕有之，甚無謂也。命歸之民。	（肯定）

〔註3〕顧炎武著、陳垣校注：《日知錄校注》卷十二《助餉》，安徽大學出版社，2007年版，第685～686頁。

〔註4〕在中國思想史上，與這一命題有相通之處的恐怕只有楊朱之言。《列子‧楊朱》載：「古之人損一毫利天下不與也，悉天下奉一身不取也。人人不損一毫，人人不利天下，天下治矣。」這段話的重點當在「損一毫利天下不與也」與「悉天下奉一身不取也」兩者並列，不能像孟子那樣只取其一。且無論是「損一毫利天下」還是「悉天下奉一身」，都側重於嚴守私的界限。

例 7	天啓初，遼事告急，有議及捐助者。朝論以爲教猱升木	（肯定）
例 8	（天啓）六年十二月，兵部主事詹以晉疏請靈鷲廢寺所存田畝變價助工。奉旨：詹以晉垂涎賤價，規奪寺業，可削籍爲民，仍令自行修理寺宇，田有變佃爲民業者，責令贖還本寺，以爲言利錙銖之戒。	以權奄之世，而下有此論，上有此旨，亦三代直道之猶存矣。（肯定）

上表所歸納的《助餉》篇列舉諸史實，顧炎武無論是持肯定亦或否定的態度，其立場其實是一致的，即君主、官府不能以任何形式、任何藉口，把群臣、民眾所擁有之財富化爲君有、官有，也即化私爲公。

在某種意義上，合私爲公論可視爲顧炎武立足經世的學術觀點的一個總結。諸如賦稅、財用、郡縣、民田、吏胥、選官、風俗、清議等問題上，都體現出顧炎武的這一獨到見解。如論地方守令則謂「所謂天子者，執天下之大權者也。其執大權奈何？以天下之權寄之天下之人，而權乃歸天子。自公卿大夫至於百里之宰、一命之官，莫不分天子之權以各治其事，而天子之權乃益尊。」〔註 5〕天下之權寄於天下之人，天子之權反而益尊，這分明是「天下之私，天子之公」的另一種表述；如論天下之治理，「以好仁之君，用不畜聚斂之臣，則財足而化行，人人親其親，長其長，而天下平矣。」〔註 6〕君主不重用斂財之臣，民眾生活有保障，人各親其親、長其長，即人各其私，自然天下大治；如論馬政則肯定永樂年間的上諭曰：「比聞民間馬價騰貴，蓋禁民不得私畜故也。漢文、景時，閭里有馬成群，民有即國家之有。其榜諭天下，聽軍民畜馬勿禁」，〔註 7〕論鹽政則引松江李雯之論：「鹽之產於場，猶五穀之生於地，宜就場定額，一稅之後，不問其所之，則國與民兩利。又曰：天下皆私鹽，則天下皆官鹽也」，並稱讚李雯之論「鑿鑿可行」。〔註 8〕民有之馬即國有之馬，天下皆私鹽即天下皆官鹽，這又是由私而公的結論；如論地方財政則引陳亮《上孝宗書》曰；「五代之際，兵、財之柄倒持於下，世祖皇帝束之於上，以定禍亂。後世不原其意，束之不已，故郡縣空虛而本

〔註 5〕顧炎武著、陳垣校注：《日知錄校注》卷九《守令》，安徽大學出版社，2007年版，第 525 頁。

〔註 6〕《日知錄校注》卷六《未有上好仁而下不好義者也》，第 360 頁。

〔註 7〕《日知錄校注》卷十《馬政》，第 598 頁。

〔註 8〕《日知錄校注》卷十《行鹽》，第 603 頁。

末俱罰。」〔註9〕又以館舍的修舉爲例，力陳郡縣要有一定經濟實力，唐舊州「其城郭必皆寬廣，街道必皆正直」，而宋以下所置州「彌近者制彌陋」，原因就在於「國家取州縣之財，纖毫盡歸之於上，而吏與民交困，遂無以爲修舉之資。」〔註10〕郡縣相對於朝廷爲私，郡縣空虛則朝廷亦損，反之，若郡縣有財資，則朝廷亦受益；如論君主不能獨擅社會財富，「財聚於上·是謂國之不祥。不幸而有此，與其聚於人主，無寧聚於大臣。……故堯之禪舜，猶曰四海困窮，天祿永終。而周公之繫《易》曰：渙，王居無咎。管子曰，與天下同利者，天下持之；擅天下之利者，天下謀之。嗚呼！崇禎末年之事，可爲永鑒也。已後之有天下者，其念之哉！」〔註11〕管子所謂「與天下同利者，天下持之」，也可視爲「天下之私，天子之公」的另一種表達。

二、其它學者的合私爲公論

　　顧炎武的合私爲公論固然清晰明確，但除他以外，明清之際還有沒有其它思想家提出類似的合私爲公論呢？畢竟，作爲一種觀念和思潮的合私爲公論，如果僅只有顧亭林一人之論，那是遠遠不夠的。

　　這個問題，余英時先生已經作了一定的解答。余英時先生舉出了兩個依據：其一，黃宗羲的《明夷待訪錄·原君》稱「使天下之人不敢自私，不敢自利，以我之大私爲天下之公」，余英時先生將黃氏這句話濃縮爲「天子之私，天下之公」，正好與顧炎武所說的「天下之私，天子之公」一正一反，互爲補充。其二，除了和顧炎武同時代的人外，余先生還另舉了一個例子。明人李維楨（1547～1626）的《南州高士喻公墓誌》中有這樣一句話：「子知封建、井田乎？遂其私所以成其公，是聖人仁術也。」這並非李維楨之語，而是李維楨轉述《墓誌》主人喻變之言。明人王世貞撰有《喻太公傳》，爲喻變之子請世貞所作，由此可推斷出，喻變大致生活於 1496～1583 年，上引之事出於俞變中年時期，當在 16 世紀上半葉。可見，喻變「遂其私所以成其公」不但是顧炎武合私爲公命題的一個最扼要、也最接近的概括，而且把合私爲公論的提出推前數十年以至一個世紀，「這一發現可以使我們把公

〔註9〕《日知錄校注》卷八《法制》，第 475 頁。
〔註10〕《日知錄校注》卷十二《館舍》，第 688 頁。
〔註11〕《日知錄校注》卷十二《財用》，第 671 頁。

私觀轉變的時代推前數十年以至一個世紀，和民間組織的興起和富民論的發展適相先後」。〔註12〕

余英時先生所列舉的第一個例證，實際上和顧炎武的合私爲公論沒有聯繫。至於第二個例證，按李維楨所作《南州高士喻公墓表》載，「喻公」當指喻變，字廷理，時稱素軒先生，因其兄掌理家理，得以「精於學」。後兄卒，於是喻變「遂棄其學，而代兄爲家」，爲維持一家生計，「夙興夜寐」，在他的精心操持下，喻家「三十年間，同釜而食」。之後喻變兄子長大成人，於是喻變準備將家族管理權交還之，「先生（喻變）命之：『爾宗子，吾攝也，今歸爾政。』兄子固遜，先生不可：『子知封建、井田乎？遂其私所以成其公，是聖人仁術也。』從子謹受教。」〔註13〕可以看出，「遂其私所以成其公」是喻變針對兄子的教化之言，聯繫上下文，「遂其私所以成其公」的主語或爲天子，或爲統治者，都應該遂天下民眾之私情、私欲、私心，遂民眾之私的結果，可以成天子之公，封建、井田之制就是這樣的制度。而對喻變來說，兄子如果能夠接手家業並壯大之，這對喻變來說就是「遂其私」，也是完全符合聖人仁意的。這裏，喻變確實表達了和顧炎武「天下之私，天子之公」類似的意旨。

那麼，「遂其私所以成其公」之言能否爲合私爲公論已經流行於明末社會的一大佐證呢？筆者認爲，就目前所見各類文獻和資料而言，此說恐怕只能說是孤例，在明後期廣泛流行、也最能折射民間社會圖景的三言二拍小說中，看不到類似之語，因而僅憑此語，就斷定合私爲公論已經流行於明末社會似顯得牽強。實際上，喻變只是借三代聖人之口，來說明「遂其私所以成其公」符合人之本性。在下一節還將指出，合私爲公的重要理論淵源之一就是先秦儒家的民本學說，換言之，先秦儒家學說中也可以勾稽出遂私的旨趣。如《論語·雍也》稱：「夫仁者，己欲立而立人，己欲達而達人。」立己進而立人，達己進而達人，那麼換個角度，遂己進而遂人，顯然同樣成立。所以，遂私、遂他人之私的觀點，在先秦儒家看來當是可以成立的。喻變立身嚴謹，以儒持身，自然洞悉儒家要旨，所以有此言。

〔註12〕余英時：《現代儒學的回顧與展望——從明清思想基調的轉換看儒學的現代發展》，廣西師範大學出版社，2004年版，第234~235頁。

〔註13〕李維楨：《大泌山房集》卷一○五《南州高士喻公墓表》，四庫全書存目叢書編著委員會編：《全庫全書存目叢書》集部第一五三冊，齊魯書社，1997年版，第134頁。

　　當然，合私爲公之說不一定流行於明後期社會，但在明清之際思想家群體那裏，合私爲公並論並非曲高難和。

　　黃宗羲有論「以我之大私爲天下之公」，雖然可以概括爲「天子之私，天下之公」，但其內容與顧炎武的「天下之私，天子之公」呈截然對立。專制君主打著天下爲公的幌子，獨擅天下之利，卻蠻橫地禁止民眾追求自己的私利，黃宗羲實際上批判的是天下爲君，反對的是君主視天下爲一己之私產，表面上看，似乎與顧氏的合私爲公之論有所不同。

　　這就有必要先分析一下顧炎武合私爲公論的具體內涵。合私爲公論至少可以梳理出以下三層含意：第一，合私爲公的前提是對私的肯定，這裏的私可以理解爲作爲個體的民眾所追求一己之利、滿足一己之欲的種種行爲舉止，尤其包括對社會財富、物質利益的追求，當然也可以理解爲作爲個體的民眾，甚至是哲學意義上的個體。第二，作爲統治者的君主不僅應允許民眾追求自己的私利、滿足自己的私欲，而且更應該以實際性的措施和舉動來支持、鼓勵這種追求，例如實行封建制、井田制、化官田爲民田等等，也即「遂其私」，政治體制方面的分權要求也由此而引發。第三，如果每一位民眾都能追求自己的私利、都能滿足自己的私欲，那麼一旦出現無數民眾的私利、私欲都得到滿足的場景，天下公利就可以說實現或達到了。與此同時，作爲統治者的君主的利益訴求也就自然而然地達到，即實現「天子之公」或「天下之公」。這三層含意，具有邏輯上的遞進關係。第一層含意是前提，第二層含意立足於第一層之上，第三層含意則是由此推出的結果。

　　再觀黃宗羲的《明夷待訪錄·原君》的前兩段：

> 有生之初，人各自私也，人各自利也，天下有公利而莫或興之，有公害而莫或除之。有人者出，不以一己之利爲利，而使天下受其利，不以一己之害爲害，而使天下釋其害。此其人之勤勞必千萬於天下之人。夫以千萬倍之勤勞而己又不享其利，必非天下之人情所欲居也。故古之人君，量而不欲入者，許由、務光是也；入而又去之者，堯、舜是也；初不欲入而不得去者，禹是也。豈古之人有所異哉？好逸惡勞，亦猶夫人之情也。

> 後之爲人君者不然，以爲天下利害之權皆出於我，我以天下之利盡歸於己，以天下之害盡歸於人，亦無不可。使天下之人不敢自私，不敢自利，以我之大私爲天下之大公。始而慚焉，久而安焉，

> 視天下為莫大之產業，傳之子孫，受享無窮，漢高帝所謂「某業所
> 就，孰與仲多」者，其逐利之情不覺溢之於辭矣。此無他，古者以
> 天下為主，君為客，凡君之所畢世而經營者，為天下也。今也以君
> 為主，天下為客，凡天下之無地而得安寧者，為君也。……然則為
> 天下之大害者，君而已矣。向使無君，人各得自私也，人各得自利
> 也。嗚呼，豈設君之道固如是乎！

至少合私為公論的前兩層含意，在這裏可以清晰可見。「有生之初」指文明尚
未發生的社會原初狀態，黃宗羲一直追溯到社會原初狀態，指出彼時民眾都
處於自私、自利的狀況，也就在很大程度上肯定了民眾有自私、自利的權利，
所以那時的人君之位，是一椿極辛苦的差事，不但其勤勞必「千萬於天下之
人」，而且自身還沒有好處可得，許由等人當然要視君位為大畏了。而後世之
專制君主，諸如秦始皇、劉邦等，則均視天下為一己之私產，不但敲榨天下
民眾，還理所當然地稱之為「產業之花息」，還要傳之子孫，永享無窮，此時
的人君已經成為世之大害，成為天下民眾追求自私、追求自利舉動的最大妨
礙，與設君為民的初衷已經完全違背了。也就是說，在黃宗羲等儒者眼裏，
真正的君主，應該想方設法地滿足天下民眾自私、自利的種種欲望。

　　至於顧炎武合私為公論的第三層含意，黃宗羲並沒有明言，但由於第一
層、第二層含意在黃宗羲那裏都已經具備，所以作為推論結果的第三層含意
也必然會得到黃宗羲的認可。難怪顧炎武讀《明夷待訪錄》後，會有英雄所
見略同之感慨，「讀之再三，於是知天下之未嘗無人，百王之敝可以復起，而
三代之盛可以徐還也」，「炎武以管見為日知錄一書，竊自幸其中所論，同於
先生者十之六七」。〔註14〕

　　不僅黃宗羲如此，假如顧炎武看到王夫之的相關諸論，恐怕也會有同感。
《讀通鑑論》卷十九《隋文帝》指出：

> 人則未有不自謀其生者也，上之謀之，不如其自謀；上為謀之，
> 且弛其自謀之心，而後生計愈蹙。故勿憂人之無以自給也，藉其終
> 不可給，抑必將改圖而求所以生，其依戀先疇而不捨，則固無自斃
> 之理矣。上唯無以奪其治生之力，寬之於公，而天地之大，山澤之
> 富，有餘力以營之，而無不可以養人。

〔註14〕顧炎武：《亭林佚文輯補·與黃太沖書》，《顧亭林詩文集》，中華書局，1983
　　　年版，第238～239頁。

夫王者之有其土若無其土也，而後疆圉以不荒；有其民若無其

民也，而後御眾而不亂；夫豈患京輔、三河地少而人貧哉？

王夫之所提到的民眾「自謀之心」，與顧炎武、黃宗羲所謂的自私、自利之心並無實質性差異。王夫之不但肯定民眾的「自謀之心」，更言之鑿鑿的指出君主去替民眾「謀其生」，只會導致民眾生計日蹙，必然不如民眾「自謀」。事實上，在王夫之、黃宗羲的政論中，曾多次指出君主就是打著「爲謀之」的旗號，行剝奪民眾財產和土地之實。因此王夫之認爲君主所需要做的，就是放手讓民眾去「自謀」，以天地之大、山澤之富，民眾「自謀」的手段必然多種多樣，「自謀」的效率也必然會高出君主「爲之謀」一大截，君主根本無需爲之擔憂。這樣做對君主而言，「有其土若無其土」、「有其民若無其民」，卻可以達到「疆圉不荒」、「御眾不亂」的效果。「疆圉不荒」、「御眾不亂」可以看成是王者所追求的至高目標，也即顧炎武所說的「天子之公」，而民眾的「自謀」無疑可看成是天下人的自私、自利之舉。如此，王夫之由「自謀之心」至「疆圉不荒」、「御眾不亂」的推論，與顧炎武的「天下之私，天子之公」之論可以說是殊途同歸。

與王夫之類似，唐甄也是從經濟層面來肯定民眾的自爲、自謀之心的。唐甄是明末清初富民論的有力支持者之一，在《潛書》下篇《富民》中他提出了如何讓民眾富裕起來的手段，那就是讓社會財富自然而然的增殖。他舉柳樹爲例，認爲柳樹長成後，可以歲剪其枝，編筐製帚，可作「無窮之用」，但如果柳樹還未長成就被童子拔而棄之，那麼「無窮之用」當然也就不可能了。因此，讓民眾富裕起來的最佳手段就是不擾民，聽民自利，「不擾民者，植枝者也，生不已也；虐取於民者，拔枝者也，絕其生也。」而每一個民眾的富裕也就是君主的富裕，故唐甄總結稱：「聖人以百姓爲子孫，以四海爲府庫，無有竊其寶而攘其命者，是以家室皆盈，婦子皆寧。反其道者，輸於幸臣之家，藏於巨室之窟。」〔註15〕「家室皆盈，婦子皆寧」正是富民的標誌，也是聖人所追求的，因爲聖人是「以百姓爲子孫，以四海爲府庫」，這裏，唐甄雖然沒有像顧炎武那樣使用高度精當、簡潔的語言如「天下之私，天子之公」，但其含意應該說是與顧氏一致的。

〔註15〕唐甄著、注釋組注：《潛書注》，四川人民出版社，1984年版，第310頁。

三、合私爲公論的理論淵源

綜上所述，合私爲公論在顧炎武那裏表述得最爲典型、最爲透徹，而黃宗羲、王夫之、唐甄等學者的思想中也同樣有著合私爲公論的因子，故而合私爲公論是明清之際不少思想家共同認同的一種觀點。由此還有理由認爲，合私爲公論在中國思想史上有著一定的理論淵源，否則，合私爲論論不可能會得這些學者的共同認可。

雖然明清之際西學借傳教士之手已開始傳入中國，但除了少數學者如方以智外，並未引起多數思想家們的重視，尤其在社會思想領域，西學遠未引起中國士大夫的注意和重視。因此，西學不可能成爲明清之際思想家的主要理論資源。明清之際思想家大多爲儒家學者，所以他們所能憑藉的，只能是中國的傳統理論資源，尤其上溯自先秦時期，以經世濟民爲主要價值取向的早期儒家思想傳統，總是在潛移默化中影響著諸多學者的思索。可以說，先秦時期就已經形成的民本思想和天下爲公論，共同構成了合私爲公論的主要理論淵源。

有學者指出，「民本思想起源於《尚書》『民惟邦本』之語，後經儒家繼承而發揚光大之。」〔註 16〕確實，儒家民本思想發源甚早。早在商周時期，周人歷經艱辛、幾經努力後，終於擊敗了大邑商，在總結殷亡周興的歷史經驗時，周人歸結於道德，商人失德所以被上天所拋棄，周人有德所以爲上天所眷顧，被上天挑選爲民之主，但上天的目的都是一個：爲民眾挑選一個好的統治者。所以周公不斷地告誡周人應該以殷爲鑒，小心翼翼，心存憂患，保持道德，如此才能保證符合上天的旨意，維護其長治久安。如《尚書·蔡仲之命》稱「皇天無親，惟德是輔。民心無常，惟惠之懷」，《泰誓》稱「天矜天民，民之所欲，天必從之」。周人創造的這套德治理論，同樣也是民本思想的肇始。此後，民本思想不斷發展，成爲儒家學者的最重要理論之一。春秋前期，隨國季梁發出了「夫民，神之主也，是以聖王先成民而後至力於神」〔註 17〕的時代強音。民本思想的一代宗師孟子更多精闢之論，《孟子·盡心下》稱「民爲貴，社稷次之，君爲輕」，君主地位雖然崇高，但終究低於民眾，而君主存在的目的就是養民。如此，政權轉移的最終標準也在於民心或謂人心，《孟子·離婁上》云「桀紂之失天下也，失其民也。失其民者失其心也。得

〔註16〕金耀基：《中國民本思想史》，法律出版社，2008 年版，第 1 頁。
〔註17〕楊伯峻編注：《春秋左傳注》，中華書局，1990 年版，第 111 頁。

天下有道，得其民，斯得天下矣。得其民有道，得其心，斯得民矣。」失去民眾之心，就失去了民眾，也就意謂著失天下；得到民眾之心就是得其民，也就意謂著得天下。自孟子之後，民本思想成爲中國傳統文化中的一股主流思潮。

　　民本思想又和天下爲公論緊密結合，兩者的價值取向、基本觀點都是一致無二的。如前所述，天下爲公論有三層含意：1、天下非君主一人之天下；2、君主握有治理天下之權力；3、君主治理天下應當出於公心，並以追求公利爲最同目標。這三層含意在孟子那裏皆有大力提倡，如《孟子・萬章上》的一段記載很典型地說明了這一點：

> 萬章曰：「堯以天下與舜，有諸？」孟子曰：「否！天子不能以天下與人。」「然則舜有天下也，孰與之？」曰：「天與之。」「天與之者，諄諄然命之乎？」曰：「否！天不言，以行與事示之而已矣。」……「敢問薦之於天而天受之，暴之於民而民受之，如何？」曰：「使之主祭而百神享之，是天受之也；使之主事而事治，百姓安之，是民受之也。天與之，人與之，故曰：天子不能以天下與人。

雖然是君權天授，但是在孟子看來，天子卻沒有「以天下與人」的資格，原因就在於天下非天子或君主一人之天下，而爲上天之天下，所以天下都是上天授與某一特定人物的。但由此而產生一個問題，天不言、不動、不行，何以證明上天授天下於某特定人物？孟子的回答是天以「行與事示之」。如果該特定人物「主祭而百神享之」，說明他已經得到了上天的承認；如果該特定人物「主事而事治，百姓安之」，說明他已經得到了民眾的認可，如此，該特定人物的統治合法性就得到了認可和確立，此時，該特定人物就成理所當然的成爲天子或是君主。也就是說，天子或君主在治理民眾時，必須「主事而事治，百姓安之」，其統治合法性的前提來自於民眾的認可，才能進而得到上天的授權，而要得到民眾的廣泛認可，唯有滿足民眾的利益種種利益訴求。

　　所以，以先秦孔孟荀爲首，之後的歷代眞正儒家學者，都強調作爲統治者，不應該與民爭利，即不謀求君主個人利益，但不可不重視民眾的利益要求，民眾利益得到滿足的同時，也即君主利益的滿足，也只有民眾利益得到滿足，君主的統治才能穩固。正是在這一點上，民本思想、天下爲公論與合私爲公論有了一個可以接駁的共同點。

　　例如，孔子、荀子、孟子都主張惠民、養民，並都將民眾的富裕視爲君

主、國家富裕的起點和根本。《論語・公冶長》載孔子的學生有若在回答魯哀公用度不足的問題時，提出的解決之策是降低稅率，理由是「百姓足，君孰與不足。百姓不足，君孰與足？」此後，百姓富足、君主自然富足，成為儒家學者的一個經典命題。荀子也有同樣表述，《荀子・富國》稱：「下貧則上貧，下富則上富。故田野縣鄙者，財之本也；垣窌倉廩者，財之末也；百姓時和、事業得敘者，貨之源也；等賦府庫者，貨之流也。故明主必謹養其和，節其流，開其源，而時斟酌焉，潢然使天下必有餘而上不憂不足。」天下有餘而上不憂不足，正是百姓足君孰與不足的另一種表達。孟子則描述了百姓不足、君足的反常現象，指出這是亡國之兆，《孟子・梁惠王下》稱「凶年饑歲，君之民老弱轉乎溝壑，壯者散而之四方者，幾千人矣；而君之倉廩實，府庫充，有司莫以告，是上慢而殘下也。」顯然，孔子、荀子、孟子這三人的言論或主張，都和顧炎武的「天下之私，天子之公」有著明通之處，只不過沒有像顧炎武表述得那麼清楚簡潔罷了。難怪顧炎武在總結出「合天下之私以成天下之公」後，還要指出「世之君子必曰，有公而無私，此後代之美言，非先王之至訓也」，[註18] 否認「有公而無私」是三代先王之訓。

除了儒家傳統外，道家領域也有著可供合私為公論為憑據的理論資源。《老子》第五章曰：「天地不仁，以萬物為芻狗；聖人不仁，以百姓為芻狗。天地之間，其猶橐籥乎？虛而不屈，動而愈出。多言數窮，不若守中。」先秦儒家強調「百姓足」，要求君主「制民之產」，但付諸實施的手段卻是寄希望聖賢型人格的君主，即寄希望於君主的道德修養，這注定了儒家「百姓足」、「制民之產」願望在現實世界的難以落實。道家正是看清了這一點，乾脆否定了人們對君主道德的期望，直接宣稱天地、聖人都沒有仁愛之心、偏愛之心，視萬物、百姓皆為芻狗，甚至君主的種種施政舉措，都只會給民眾帶來擾亂，不如採取無為之治。因此，人們應該傚仿天地，「天長地久。天地之所以能長久者，以其不自生，故能長久。是以聖人後其身而身先，外其身而身存，以其無私，故能成其私。」[註19] 天地之所以能長久存在，在於天地不為自己的生存而運行，同樣，聖人謙退無爭反而能領先於眾人，將自己置身度外反而能保全其生存，聖人因為沒有個人私心反而成就了他的自身之私，

〔註18〕顧炎武著、陳垣校注：《日知錄校注》卷三《言私其豵》，安徽大學出版社，2007年版，第130頁。

〔註19〕朱謙之撰：《老子校釋》（新編諸子集成），中華書局，1987年版，第30頁。

即「成其私」。這一段論述帶有辯證法的味道，聖人謙退無爭、置身度外，即意味著讓每一個人充分實現他的私心私欲，對聖人而言，這就是其追求的目標。從這個角度看，「成其私」的「私」不帶有貶意，與顧炎武所謂的「天子之公」沒有實質性差異，

第二節　合私為公論的內容

一、私的代表性群體

以顧炎武為代表的明清之際思想家所提出的合私為公論，到底包括哪些具體內涵呢？這可以從以下三個方面回答上述問題，包括合私為公論中公、私概念的內涵，合私為公論的實現領域，以及其實現途徑。

相對而言，合私為公論中的公概念較容易界定。與天下為公論一樣，合私為公中的公並沒有實際的具體指代，大致可解釋為所有社會成員都得到滿足的、實現了社會正義的一種理想狀態，而且包含有公正和公平的道德倫理色彩。當然，這種公平在傳統儒家學者的眼裏，僅僅是指某一社會階層內部的公平，不同社會階層之間並不公平是毋庸置疑的。〔註 20〕而與天下為公論不同的是，後者的公觀念處在私的對立面，是否定私的結果，具有更為強烈的公正、公平的道德性色彩；而在合私為公論中，公是私之集合的結果，當然也具有一定的公正、公平和平等道德色彩，但這種傾向或不如前者那麼彰顯。

需要作進一步探討的是私概念。一般情況下，可以把合私為公論中的私理解為個體之私心、私欲，及個體為滿足這種私心、私欲所採取的種種舉動，包括逐利行為等。如侯外廬先生認為，明末某些學者客觀上可能會出現代表某些集團的傾向，但總體而言，「在十七世紀的中國思想家的用語上也沒有特別注意到那一種居民」，故侯先生贊同列寧關於啟蒙者的一段結論：「啟蒙者沒有挑出任何一個居民階級作為自己特別注意的對象，不僅一般地講到人

〔註20〕　《論語・季氏篇》稱：「不患寡而患不均，不患貧而患不安」。但按孔子本意，「不患寡而患不均」不意味對貴族特權的否定，而指社會某一階層集團內部成員的財富分配彼此接近，不同階層集團成員的財富佔有仍然是不平等。但普通民眾不會涉及到這些細微之處。參見胡寄窗：《中國經濟思想史》（上冊），上海人民出版社，1962 年版，第 92 頁。

民，而且甚至一般地講到民族。」〔註21〕謝國楨先生進一步指出：「明末學者，提出了具有民主主義思想的政治主張，以及具體施行的方法，這是符合人民的願望，也確實反映了明末社會上一般市民的要求。」〔註22〕當然，也有學者指出，明清之際的私觀念並非指帶有普遍性的個體民眾，而指代以地主和商人爲代表的富民群體，其代表人物是日本學者溝口雄三先生，他認爲：「他們所謂的天下人，不是把地主和農民等同並列起來的一般人民，而是指以地主和商人等富民層爲主體、包有依附於他們並爲他們所掌握的所有這樣的人民。從而所謂保全天下人的田產和家產，具體地說就是保全這些富民階層的階級的權益。」又稱：「這就是並非使天下人各自的田地、財產普遍地得到滿足，而是使天下鄉村、城市中的富民層進行階級的統治。」〔註23〕對私的內涵解釋得較爲明確的還有王中江先生，他將私的內涵界定爲三個方面：「就其基本來看，『私』一是指人的自然心或自然本性；二是指人思考和追求自身利益（也就是個體戶和欲求）的動機和行爲；三是指獲得所有物及其對財產的所有權；四是指作爲所有權主體的『私』。」就作爲所有權主體的「私」而言，王中江先生認爲這種「私」並非像溝口雄三先生所說的那樣，只局限於中層官僚階層和富有地主階層，「他同時也包括了下層庶民。」〔註24〕

富民一詞，自唐宋以來屢屢見諸史籍，又可稱爲「富室」、「富戶」、「富家」、「富人」、「富姓」、「多貲之家」等等，指那些不靠政治權力而靠經濟手段獲取並佔有較多財富的人或社會階層，如馬端臨《文獻通考》指出，自漢以來民得自買賣田土，於是只有富者貴者可擁有土地，「富者有貲可以買田，貴者有力可以占田，而耕田之夫率役屬於富貴者也。」〔註25〕也就是說，富與貴相對立，後者借助於政治權力即特權得以獲取大量財富，而前者完全靠經濟手段即不靠政治特權來致富。〔註26〕正因爲如此，唐宋以來爲富民階層辯護的聲音日見高

〔註21〕侯外廬：《中國思想通史》第五卷，人民出版社，1956 年版，第 35 頁。

〔註22〕謝國楨：《明末清初的學風》，人民出版社，1982 年版，第 32 頁。

〔註23〕〔日〕溝口雄三：《中國前近代思想的演變》，中華書局，1997 年版，第 14～16 頁。

〔註24〕王中江：《明清之際「私」觀念的興起及其社會史關聯》，《湖南社會科學》，2003 年第 4 期。

〔註25〕馬端臨：《文獻通考》卷二《田賦二》，中華書局，1986 年版，第 43 頁。

〔註26〕對富民階層的詳細研究，可參見葉坦：《富國富民論——立足於宋代的考察》，北京出版社，1991 年版；林文勳等：《中國古代「富民」階層研究》，雲南大學出版社，2008 年版。

漲，如柳宗元提出「富室，貧之母也，誠不可破壞」，〔註27〕葉適更視富民爲國家之根本，「富人者，州縣之本，上下之所賴也，富人爲天子養小民，又供上用，雖厚取贏以自封殖，計其勤勞亦略相當矣。」〔註28〕此外，蘇轍、蘇軾、司馬光、范仲淹等也有相似之語。可以認爲，靠經濟手段致富的富民與靠權力致富的富民不可同日而語，後者在更大程度上屬於官僚階層，而前者同樣是平民或謂普通民眾的一個組成部分，他們之所以在經濟上佔有一定的優勢，大多憑藉超出常人的辛勤勞動，或經營得法、識見不俗，才得以發家致富的，因此，富民階層出自普通民眾，不過是廣大普通民眾中的佼佼者，在身份等級上他們與普通民眾一樣都屬於民而非官。

故而，明清之際思想家所謂的私，在現實社會中所指代的社會群體，恐怕並不專指富民階層，在很大程度上可以涵蓋至廣大普通民眾，在經濟層面更是如此。

顧炎武的合私爲公論首先可以證實這一點。如上文引顧炎武論馬政時引永樂年間的上諭曰：「比聞民間馬價騰貴，蓋禁民不得私畜故也。漢文、景時，閭里有馬成群，民有即國家之有。其榜諭天下，聽軍民畜馬勿禁」，〔註29〕論鹽政則引李雯之論：「鹽之產於場，猶五穀之生於地，宜就場定額，一稅之後，不問其所之，則國與民兩利。又曰：天下皆私鹽，則天下皆官鹽也」，並稱讚李雯之論「鑿鑿可行」。〔註30〕這兩段是體現顧炎武合私爲公論的鮮明之論，而其中鼓勵民間畜馬、放開私鹽所指對象，當然爲普通民眾。這一點，在黃宗羲、王夫之、唐甄等相關論調中也可以看出。

再看明清之際思想家爲富民階層辯護的富民論本身，也可以從中得出私觀念不專指富民階層的結論。唐宋學者爲富民階層的辯護，主要落足點在於富民的存在既利於朝廷國家，又利於窮困小民的生存，所以反對抑富民。明清之際學者繼承了這一傳統，對富民階層同樣青眼有加，呼籲保護富民階層的利益應該成爲立國之道，如李贄在《藏書》中專列一類「富國名臣」，又稱「今夫富者力本業、出粟帛以給公上，貧者作什器、出力役以佐國用、助征

〔註27〕柳宗元：《柳河東集》卷三二《答元饒州論政理書》，人民出版社，1974年版，第514頁。

〔註28〕葉適：《葉適集·水心別集》卷二《民事下》，中華書局，1961年版，第657頁。

〔註29〕《日知錄校注》卷十《馬政》，第598頁。

〔註30〕《日知錄校注》卷十《行鹽》，第603頁。

成，是所益於國者大也。」〔註31〕在明清之際諸多學者中，力挺富民最甚的
有兩位：李雯和唐甄。李雯高度評價富民的作用，指出富民的功勞不僅是「養
民」，「富民者，貧民之母也」，而且還「養君」，因為富民階層才是官府賦稅
的主要承擔者，所以李雯呼籲統治者要善待富民，不要讓富民承受地方官員
的侵剝，他聲稱：「今陛下無資寄種，不可得而役；遊民轉徒浮生，不可得而
役。陛下之所役者，獨富民耳。富民者，貧民之母耳。」〔註32〕唐甄也強調
富民在鄉黨鄰里之間的作用，「里有千金之家，嫁女聚婦，死喪生慶，疾病醫
禱，燕飲齋饋，魚肉果蔬淑桂之物，與之為市者眾矣。緡錢鎦銀，市販貸之；
石麥斛米，佃農貸之；匹布尺帛，鄰里黨戚貸之，所賴之者眾矣。此藉一室
之富而為百室養者也。」〔註33〕李贄、李雯和唐甄對富民的肯定之論，均道
出了富民與貧民兩者之間的密切關係，貧民通過種種治生之業，可以成為富
民，富民如果不擅經營，就會成為貧民。所以唐子深刻地總結稱，立國之道
就在於富民，即讓廣大民眾富裕起來，而不是讓朝廷國家富裕起來，民眾富
裕即國家富裕，民眾貧困即為國家貧困，「立國之道無他，惟在於富。自古未
有國貧而可以為國者。夫富在編戶，不在府庫。若編戶空虛，雖府庫之財積
如山丘，實為貧國，不可以為國矣。」〔註34〕統治者要想讓國家安平，只有
先富民，否則，要想實現太平之治，無異癡人說夢。顯然，唐甄等所謂富的
對象，可以包括多數民眾。

需要注意的是，自唐宋至明末，學者們為富民階層辯護的論證重點，愈
來愈從富民階層對國家、社會的作用轉向於對富民擁有財產的合法性。宋代
葉適提出「自養」之說，這與傳統的立君為民、立君養民之說迥然相對。也
許葉適的本意不過是想指出民眾是靠屬於自己的土地、自耕自種而養活自
己，但這一說法的前提條件卻承認了富民所擁有財富的合法性。明清之際的
思想家同樣繼承了這一思路，他們認為包括富民在內的廣大民眾所擁有的土

〔註31〕 李贄：《藏書》卷十七《富國名臣總論》，《李贄文集》第 2 卷，社會科學文獻
        出版社，2005 年版，第 337 頁。
〔註32〕 李雯：《蓼齋集》卷四十三《策三‧賦役》，四庫禁燬書叢刊編委員會編：四
        庫禁燬書叢刊（集部第 111 冊），北京出版社，1998 年版，第 595 頁。
〔註33〕 唐甄著、注釋組注：《潛書注‧富民》，四川人民出版社，1984 年版，第 311
        頁。
〔註34〕 唐甄著、注釋組注：《潛書注‧存言》，四川人民出版社，1984 年版，第 332
        頁。

地，都是通過買賣而獲得，因而具有一種無可辯駁的正當性。黃宗羲多次強調，三代時期的土地都是王田，可以稱之爲「王土」，但之後民眾擁有的土地都是通過買賣而得，「《詩》云『普天之下，莫非王土；率土之濱，莫非王臣。』田出於王以授民，故謂之『王土』。後世之田爲民所買，是民土而非王土也。民待養於上，故謂之『王臣』。民不爲上所養，則不得繫之於王。」〔註35〕當葉適、黃宗羲等把爲富民辯護的理論依據，由富民對朝廷國家和社會的作用轉向於其所擁有財富本身的正當性時，無疑，他們所指涉的富民階層就更具有普遍性色彩，更容易成爲普通民眾的代表。

二、合私爲公的實現領域

　　明清之際思想家大多崇尚經世致用，對明末中後期王學的空疏學風深惡痛絕，因而，以顧炎武爲代表的學者所提出的合私爲公論，必然會結合現實的、具體的社會問題，去探討如何在現實社會中實現合私爲公。在這方面，明清之際思想家的努力是卓有成效的，他們至少在以下兩個維度進行了深入探討。

　　第一個維度是經濟層面。合私爲公論強調要滿足每一個民眾的逐利意識和逐利願望，這樣做的結果也就達到了天下爲公、天子之公，故合私爲公論的重心首先又落在如何實現每一個民眾的逐利意識和逐利願望。無論是顧炎武、王夫之、黃宗羲，還是丘濬、李雯、唐甄等人，他們都認爲實現每一個民眾的逐利意識和願望的不二法門，就是讓其「自爲」、「自便」。丘濬在討論田制時，認爲限田、均田之說都不能行之長遠，原因在於「其爲法雖各有可取，然不免指人情而不宜於土俗，可以暫而不可以常。終莫如聽民自便之爲得也。」〔註36〕對待工商業，丘濬也主張「苟民自便，何必官市」。〔註37〕顧炎武也謂「天下之人各懷其家，各私其子，其常情也。爲天子爲百姓之心，必不如其自爲，此在三代以上已然矣。」〔註38〕天子再爲百姓考慮、再爲百

〔註35〕黃宗羲：《破邪論·賦稅》，《黃宗羲全集》第一冊，浙江古籍出版社，1985年版，第203頁。
〔註36〕丘濬：《大學衍義補》卷十四「制民之產」，京華出版社，1999年版，第137頁。
〔註37〕丘濬：《大學衍義補》卷二八「山澤之利上」，第263頁。
〔註38〕顧炎武：《亭林文集》卷一《郡縣論五》，《亭林詩文集》，中華書局，1983年版，第14頁。

姓謀利，終不如百姓自爲之心，這與王夫之的「人則未有不自謀其生者也，上之謀之，不如其自謀；上爲謀之，且弛其自謀之心，而後生計愈蹙」〔註39〕如出一轍。

不僅如此，顧炎武在《日知錄》還舉出了合私爲公的更精當例證。前引《日知錄》卷十論及馬政時，指出「民有即國家之有」；論及鹽政時，又引松江李雯之論稱「天下皆私鹽，則天下皆官鹽也」，並稱讚李雯之論「鑿鑿可行」。與這段話旨意接近的還有唐甄的一段論述，「夫立國之道無他，惟在於富。自古未有國貧而可以爲國者。夫富在編戶，不在府庫。若編戶空虛，雖庫庫之財積如丘山，實爲貧國，不可以爲國矣。」〔註40〕相比之下，顧炎武之論顯得更爲清晰、透澈，他的這兩句話尤可注意，即「民有即國家之有」、「天下皆私鹽，則天下皆官鹽也」，「民有」即馬之「私蓄」，與「私鹽」之意相同，「國家之有」與「官鹽」亦接近，這兩段表述，可以看成是顧炎武將合私爲公理論投射於歷史事實的結果，也是顧炎武的史論屢屢顯得識見卓越、超出同儕的重要原因所在。〔註41〕

需要指出的是，在中國傳統經濟思想中，民有與官有、國有是兩個不同、甚至可以說是互相對立的概念。例如傳統儒家總是強調作爲統治者，不應該與民爭利，與民爭利的主體當然就是指官府、朝廷，也就是傳統意義的朝廷國家。漢代鹽論會議上賢良、文學指謫桑弘羊最力的一個理由就是勿與民爭利，宋人司馬光等所謂保守派反對、牴觸王安石變法的最大理由，也在於王安石新法的與民爭利。也就是說，在傳統觀念中，民有與官有、國有，始終是處於此消彼漲、此多彼少的對立狀況。而唐甄強調民富即「富在編戶，不在府庫」，顧炎武進一步指出「民有即國家之有」、「天下皆私鹽，則天下皆官鹽也」，可以說在一定程度上消除了民富與官富、國富之間的對立，更點明了民富方爲國富之眞正內涵的積極意義。

第二個維度是政治層面。顧炎武在《亭林文集》卷一《郡縣論五》中，從一縣之守的自私自利心出發，一步步地推演出了天下大治的結局：

〔註39〕 王夫之：《讀通鑑論》卷十九《隋文帝》，中華書局，1975 年版，第 1450 頁。
〔註40〕 唐甄著、注釋組注：《潛書注·存言》，四川人民出版社，1984 年版，第 332 頁。
〔註41〕 詳參見拙文《合私爲公與顧炎武的經世史論》，《船山學刊》，2014 年第 1 期。

> 夫使縣令得私其百里之地，則縣之人民皆其子姓，縣之土地皆
> 其土疇，縣之城廓皆其藩垣，縣之倉廩皆其囷窌。爲子姓，則必愛
> 之而勿傷；爲田疇，則必治之而勿棄；爲藩垣囷窌，則必繕之而勿
> 損。自令言之，私也，自天子言之，所求乎治天下者，如是爲止矣。
> 一旦有不虞之變，必不如劉淵、石勒、王仙芝、黃巢之輩，橫行千
> 里，如入無人之境也。於是有效死勿去之守，於是有合從締交之拒，
> 非爲天子也，爲其私也。爲其私，所以爲天子也。故天下之私，天
> 子之公也。

如果土地、人民都是縣令之所私，那麼出於本性，縣令自然會「愛之」、「治之」、「繕之」，要是遇到入侵之敵，縣令更會作效死之守、合眾之拒。縣令這種全力維護其自身利益的動機和做法，與忠君之說並沒有直接關係，而出自於人性自私的本能，但這種做法卻正是以「治天下」爲目的的天子所最需要的。所以最後的結局，就順理成章地由「天下之私」轉到了「天子之公」。在顧炎武的《日知錄》中，這種識見也一以貫之。他在《日知錄》卷十二的《館舍》中舉例稱，天下之州縣凡爲唐舊治者，「其城郭必皆寬廣，街道必皆正直」，而「宋以下所置，時彌近者制彌陋」，其原因即「國家取州縣之財和，纖毫盡歸之於上，而吏與民交困，遂無以爲修舉之資」。唐時州縣擁有較大程度的財政自主權，故有財力修繕州縣治，而宋代地方財政賦稅悉歸中央，地方州縣城自然無力要破舊不堪了。上述情形，顧炎武又進一步概括爲「以天下之權寄天下之人」。「所謂天子者，執天下之大權者也。其執大權奈何？以天下之權寄天下之人，而權乃歸天子。自公卿大夫至於百里之宰、一命之官，莫不分天子之權，以各治其事，而天子之權乃益尊。」〔註42〕

可以說，「以天下之權寄天下之人」，最後的結果同樣是對君權的限制，但是，這卻可能是一條相對緩和、漸進的政治路徑。眾所週知，明末反對君主專制最力的學者當推黃宗羲，他在《明夷待訪錄》中，抨擊專制君主視天下爲一人之私產，進而設想以丞相、學校、藩鎮等制度來限制君權，但由於黃宗羲的前提是君主視天下爲一己之私，故而君主私欲與限制君權之制度構架兩者之者杆格不入，後者的實現很大程度上只能訴諸革命的暴力手段，〔註43〕這也是爲

〔註42〕顧炎武著、陳垣校注：《日知錄校注》卷九《守令》，安徽大學出版社，2007年版，第525頁。
〔註43〕當然，包括革命在內的暴力手段也未必就一定能達到限制權力的目標，革命

什麼清末民初康、梁、譚等維新人士要借助《明夷待訪錄》來激勵人心的原因所在。而顧炎武承認天子有私，天下人亦有私，如果天子能夠滿足天下人之私心，將天下之權交付給天下之人，從公卿大夫到百里之宰、一命之官，無不各治其事，那麼不但天下人之私欲可以滿足，天子之私也可以得到滿足。原因很簡單，天下人皆爲天子之子民，子民的私欲得到滿足，那天子必當也如是。也就是說，天子之私與天下人之私的指向是一致的，落實於具體的政治制度層面，實現起來相對會容易一些，可以採取一種較爲溫和漸進的方式進行。

三、合私爲公的實現途徑

如明清之際思想家所論，合私爲公論在現實社會中可以在經濟、政治兩個維度上發揮重要作用，那麼很顯然，明清之際思想家接下來必須要面對的一個關鍵問題就是合私爲公如何可能？也就是說，合私爲公的具體實現途徑是什麼？

在回答這個問題之前，有必要先指出一點，宋明理學中公私觀念之間的劍拔弩張關係，自明代中後期的多數學者都已經注意，他們重新回歸到先秦儒學的修己之學，從人性論中大力勾稽發掘出一條由私欲而天理的路途，已經從學理上開闢出一個由私而公的方向。

代表人物如陳確。陳乾初從君子有私入手，謂：

> 夫君子之於人，無不敬也，然敬其兄與敬鄉人必有間矣。君子之於人無弗愛也，然愛其兄之子與鄰之赤子亦必有間矣。如是，則雖曰愛己之子又愈於兄之子，奚爲不可！故君子之愛天下也，必不如其愛國也；愛國必不如其愛家與身也，可知也。惟君子知愛其身也，惟君子知愛其身而愛之無不至也。曰：焉有吾之身而不能齊家者乎！不能治國者乎！不能平天下者乎！君子欲以齊、治、平之道私諸其身，而必不能以不德之身而齊之治之平之也。則雖欲不正心以修身，得乎？故曰：「自天子以至於庶人，壹是皆以修身爲本。」此非忘私之言，深於私之言也。〔註44〕

表面上看，陳確仍然在修身齊家、治國平天下中打轉，但實際上，陳確這段

有可能造成異於君主專制的另一種專制形式，如一黨專制。

〔註44〕陳確：《陳確集》卷十一《私說》，中華書局，1979年版，第257頁。

演繹的立足點爲君子有私，這種私體現爲差等之敬、差等之愛，也即傳統儒家的人倫差別，再由內而外，將這種差等之敬、差等之愛向外散發出去，齊家、治國乃至平天下。如此，陳確就將出自於《禮記·大學》「自天子以至於庶人，壹是皆以修身爲本」作了全新的詮釋。在傳統語境中，修身主要指提高個人道德修養，去僞存眞、尚公滅私，即除去自身之私欲、私心，以此作爲齊家治國平天下的根本；而在陳確那裏，君子道德修養的出發點是差等之敬、差等之愛，這正是君子的私心所在，修身齊家治國平天下的路徑不變，宗旨也是爲高個人的道德修養，但內容卻不再是除去自身的私欲、私心，而是承認這種私欲、私心，視爲理所當然，稱之爲「君子之私」。如此，陳確所論和傳統儒家學說就有了區別，在儒家傳統學說中，治國平天下的前提是要求治理者持有公心，可歸納爲「（君子）公心－公天下」模式，而陳確之說的起點是君子有私、終點爲天下爲公，可歸結爲「（君子）私心－公天下」模式，一字之差，不僅關係到對私觀念的認同與否，也由此開啓了明末由私而公的通道。

　　同時，由於明清之際思想家面對的是宋明理學隔絕公私觀念的現狀，即作爲私的人欲與作爲公的天理判若水火，因而他們打通公私路途的努力更多體現爲由人欲而天理。陳確在《私說》中認爲只有君子才有私，小人無私，這種假設顯然並不成立，最多只能看作陳確的驚人之語。但從個人之私出發，進而推廣至天下人之私，這就是由私欲而天理，這才是陳確等明清之際思想家的眞實意圖。陳確稱：「人欲不必過爲遏絕，人欲正當處，即天理也。……學者只時從人欲中體驗天理，則人欲即天理矣，不將天理人欲判然分作兩件也。」又稱「君子中亦有小人，秉政者不可不知；天理中亦有人欲，學道者不可不知。」〔註45〕王夫之也有類似的觀點，《四書訓義》卷二十六稱：「王道本乎人情，人情者，君子與小人同有之情也。……孟子既深達天理人情合一之原，而知王道之可即見端。私欲之中，天理所寓。」王夫之認爲私欲中寓有天理，先秦孟子就已經發其端，所以眞正的王政、王道就是「以我自愛之心，而爲愛人之理，我與人同乎其情也，則亦同乎其道也。人欲之大功，即天理之至正矣。」〔註46〕這誠如《論語·雍也》所謂：「夫仁者，己欲立而

〔註45〕陳確：《別集卷二·瞽言一·近言集》，《陳確集》，中華書局，1979年版，第425頁。

〔註46〕王夫之：《四書訓義》卷三，《船山全書》第七冊，嶽麓書社，1996年版，第

立人，己欲達而達人。」王者從個人之私欲出發，進而推己及人，實現天下所有人之私欲，這就是天理所在。

上述由人欲而天理的橋梁，主要涉及的是個人道德修養領域，而且這種由私而公的實現途徑，存在於先秦時代的早期儒學中，只是後來漸漸隱沒不顯，明清之際的思想家因爲不滿於理學隔絕公私之說，這才勾隱剔微，重新打通道德層面的由私而公路途。但是，道德層面的由私而公與合私爲公論畢竟還有著一定的差異。道德修養只關涉個人內心世界，不具有一種普遍性，而明末的合私爲公論的前提是千千萬萬的個體，如果再借助於個人道德修養之說，力有不逮。更何況，明清之際思想家的合私爲公論是從社會現實層面而言的，要由個體的內在欲望即私心外化爲現實的社會制度安排，因而，明末合私爲公的實現途徑還需另外尋找。

但不無遺憾的是，合私爲公的途徑問題在顧炎武等明清之際思想家看來，似乎不成其爲問題。例如在經濟層面，民有何以即爲國家之有？天下私鹽何以皆爲官鹽？民眾的自爲之心、自爲之舉又如何能達到天子之公、天下之公呢？在政治層面，合天下之私何以能成天子之公？守令爲其私又何以就是爲天子？各治其事又何能實現天子之權益尊的結果？這些問題，似乎並沒有引起顧炎武等學者加以進一步探討的興趣。

也許，在顧炎武爲代表的明清之際思想家看來這是理所當然、不證自明的。因爲在傳統儒家學說中，立君爲民，故君王的職責就是養民、富民、教民，即制民之產，既要讓民眾富裕起來，又要教化民眾，以儒家道德倫理陶物振俗。與此同時，民畢竟是君王之子民，廣大民眾並不具有獨立性，他們仍然依附於君王而存在，所以民有也即君有，民富也即君富、君主之國富。這種觀念在明清之際思想家群體中，應該說是普遍存在的。包括已經視土地爲民眾私有財產的王夫之，也仍然把民眾視爲君王之子民，「孟子言井田之略，皆謂取民之制，非授民也。天下受治於王者，故王者臣天下之人而效職焉。若土，則非王者之所得私也。天地之間，有土而人生其上，因資以養焉，有其力者治其地。故改姓受命而民自有恒疇，不待王者之授之。」〔註47〕所謂「取民」，指向民眾徵收賦役，語出《孟子》卷三《滕公文上》，「賢君必恭儉禮下，取於民有制。」宋人劉炎《邇言》稱：「古者取民有常制，粟帛、布

137 頁。
〔註47〕王夫之：《噩夢》，《船山全書》第十二冊，嶽麓書社，1996 年版，第 551 頁。

縷、力役之征，或用其一，或用其二。後世無所不用，則亦無所不取。」按照先秦儒家理論，君王向民眾徵收賦稅是理所當然的，但須取之有道。王夫之上承先秦儒家之緒，認爲孟子所說的井田制與後世的授田制並不相同，只是一種取民之制，即僅爲賦稅徵收方式，原因就在於民眾擁有的土地爲天地間所固有，並非王者所授，但民眾是君王之臣，故加諸民從身上的賦稅不是因土地而來，而是因君王之臣而來。正因爲如此，顧炎武等人自然而然的認爲，民有亦即君有、國有，合天下之私即可達到天子之公。

如果我們把眼光投向 17 和 18 世紀的歐洲，就可以比看出，歐洲思想家在公私關係方面取得的進展更爲矚目。上述顧炎武這一論斷與同處於 17 世紀的英國人曼德維爾有著驚人的相似之處，曼德維爾在其著名的《蜜蜂的寓言》一書就配有副標題：「私人的惡德，公眾的利益」，這個看似矛盾的命題他又概括爲：「私人的惡德若經過老練政治家的妥善管理，可能被轉化爲公眾的利益。」〔註 48〕不過，在某種程度上，曼德維爾和顧炎武一樣，都沒有對個人追求私利的行爲何以會導致社會公共利益——在顧炎武那裏則表述爲天子之利、天下之利——的提高作出詳細的解釋，直至比顧炎武晚出生約百餘年的亞當·斯密（1723～1790 年），才以「看不見的手」理論作出了頗爲令人信服的說明。斯密不僅嚴厲批評曼德維爾把個人追求私利的行爲看成是一種惡德的觀點，更提出「看不見的手」理論，其推演大致是這樣的：「他通常既不打算促進公共的利益，也不知道他自己是在什麼程度上促進那種利益。……他所盤算的也只是他自己的利益。在這場合，像在其它許多場合一樣，他受著一隻看不見的手的指導，去盡力達到一個並非他本意想要達到的目的。」〔註 49〕這隻「看不見的手」就是市場。在斯密看來，每一個個人都在爲著自己的利益和財富的最大化而奔走，都在追求自己的經濟目的，他們的方向都是彼此不相一致甚至是衝突的，但是，借助於市場這隻無形之手，每一個個人追求自私自利的行爲，最後卻可以導致社會公共福利程度的提高。哈耶克進一

〔註 48〕〔英〕曼德維爾：《蜜蜂的寓言》，中國社會科學出版社，2002 年版，第 236 頁。不過，曼德維爾將個人的逐利行爲、滿足自私自利的行爲完全視爲一種惡德，顧炎武恐怕不會同意，更招來了斯密的嚴厲批評。斯密認爲曼德維爾的學說體系是「一個似乎要完全抹殺罪惡和美德間區別的道德學說體系，這個學說體系的傾向因此就十分有害。」參見亞當·斯密：《道德情操論》，蔣自強譯，商務印書館，1997 年版，第 405 頁。

〔註 49〕〔英〕亞當·斯密著：《國富論》下卷，郭大力、王亞南譯，商務印書館，1972 年版，第 27 頁。

步指出，市場引導個人自主安排其經濟事務從而導致資源在社會範圍內實現有效配置的經濟運行模式，必然形成和表現爲一種「自生自發的秩序」，「自生自發秩序的形成乃是它們的要素在應對其實時性環境的過程中遵循某些規則所產生的結果」，〔註50〕這一市場秩序由各種各樣的規則體系構成，產生於人們的經濟活動並普遍適用於市場體系中的每一個人，但卻不是人們主動設計、構造的結果，是基於各獨立意志自由互動而形成的，是無意識中創造出來的，而且，每個人只有遵循這種抽象的、無形的規則體系，才能獲利，實現個人收益的最大化，同時也促進整個社會的繁榮和福利的提高。如果說，「看不見的手」在斯密那裏還只是一個無法描述的隱喻，那麼在哈耶克那裏，對這隻「看不見的手」已經作了多方位、多角度的勾勒，在很大程度上，由私而公的路徑已經清晰可辨了。

當然，像西方思想家那樣借助於市場經濟來闡敘合私爲公，進而從形而上的高度對合私爲公加以抽象和綜合，這對明清之際的思想家來說是一種苛求。從某種意義上說，這一任務的落實，要到清末民初才引起一些學者的關注。

第三節　合私爲公論的成立條件

如果說以公滅私論意味著公私雙方的互相損害、互相對立、互相背離，那麼合私爲公論的提出，則意味公私兩者是可以溝通的，彼此之間是互爲依靠的和諧關係。從這個角度看，合私爲公論最終成立與否，將取決以下三個條件：

第一個條件：私概念合理性、正當性的眞正確立，是合私爲公論成立的邏輯前提。在以公滅私論中，屢受質疑、屢受排斥的是私概念，然而在合私爲公論中，諸私之和爲公，故私概念正當性、合理性的樹立顯得至關重要，直接關係到合私爲公論的成立與否。

私概念正當性、合理性的眞正確立，在哲學層面體現爲人的主體意識、獨立意識的蘇醒和凸顯；在人性層面上體現爲承認並肯定人性中存在自私自利、滿足自我欲望的一面；在經濟層面體現爲承認人有利用合法手段追求利

〔註50〕　〔美〕哈耶克：《法律立法與自由》第一卷，鄧正來譯，中國大百科全書出版社，2000 年版，第 63 頁。

益、賺取財富的權利。這三者，在明清之際的合私爲公論中，都已經有了較爲清晰的體現，而政治層面的體現在明清之際並不昭然，至少顧炎武所設想的合私爲公之說僅指地方郡守，並不包括普通民眾。至清末民初，受到西學的影響，私概念才被賦予了個人權利、自由的內涵，方眞正具備政治層面的內容，構築私概念合理性、正當性的基石才顯得更爲堅實。

第二個條件：合私爲公論的最終歸宿仍然是公，這意味著公概念也必須具備眞正的合理性、正當性。由於合私爲公，所以私概念的合理性、正當性是公得以成立的前提，沒有合理、正當的私，也沒有合理、正當的公；同樣，公概念的合理性、正當性是私得以成立的保障。這裏首先排除了公概念的君主專制內涵，因爲君主專制也只是一人之私，無法體現和代表眾私。其次，私概念在追求自身合理性、正當性的過程中，很可能會出現只顧自身、過份追求自私自利的短視情形，甚至出現損害他人之私的違法之舉，這時就需要公概念的協調和溝通。如果從這個角度看，公概念本身也的確需要有平等、公正的倫理內涵，如此才能對超出私概念本身的、侵犯他人之私作出符合正義的判斷，這正是爲了保障私概念合理性、正當性的成立。

可以說，第一個條件和第二個條件是一而二、二而一的關係，私概念合理性、正當性的確立，離不開公概念合理性、正當性的保障，而公概念合理性、正當性的確立，也離不開私概念合理性、正當性的展開，兩者相輔相成、互爲倚靠，任何單純否定其中一方的做法，諸如以公滅私或者以私滅公，最後導致的結果都只能是公私俱損。

第三個條件是在公私概念的正當性、合理性都得到確立之後，還面臨著如何由私而公的途徑問題。這與其說是條件，不如說是具體的解決方案更爲恰當。

這個問題之所以重要，是因爲涉及到合私爲公論現實層面的操作和落實。公能否被看成是諸私、眾私的簡單累加之和？或者說，簡單地合私爲公會出現什麼樣的困境？顯然，私概念雖然具有哲學上的合理性、正當性，但一旦付諸於實際操作層面，就可看出並不是現實社會中的所有私都具有合理性、正當性，個人的自利行爲必須限制在一個嚴格的前提之下，即不損害他人的利益。因此，如果視公爲諸私、眾私的簡加累加，就會出現諸私、眾私之間彼此矛盾、彼此對立、彼此損害的窘境，最後導致的結果是諸私、眾私都無法成其私。

那麼，如何才能實現眞正的合私爲公呢？在這方面，明清之際思想家的言論似乎缺少相關的資源和闡釋，顧炎武提出了「寓封建之意於郡縣之中」設想，黃宗羲也構想出「公其是非」的學校制度，但一者郡縣、學校能否以及如何成爲「天下之私」的代表尚且存疑，二者郡縣、學校一旦眞如二人所設想，成爲權柄的蒐聚之地，那是否會演變爲明清的另一個六部、軍機處呢？這些問題，明清之際的思想家並沒有過多涉及。而清末民初的私被賦予個人權利、自由的內涵，在政治體制中則引入議會、選舉、主權等概念，這其實是受西方社會契約論影響的結果，但又把公僅僅視爲私之集合，梁任公稱：「自由之義，竟不可行於個人乎？曰：惡，是何言！團體自由者，個人自由之積也。人不能離團體而自生存，而團體不保其自由，則將有他團爲自外而侵之、壓之、奪之，則個人之自由更何有也！」〔註51〕又稱：「地者積人而成，國者積權而立，故全權之國強，缺權之國殃，無權之國亡。何謂全權？國人各行其固有之權。」〔註52〕其中邏輯，基本上可以歸爲明清之際合私爲公的簡單累加。

西方社會對合私爲公途徑的探討在一定程度上要超出東方。洛克在《政府論》中提出了「人民同意」、「政府有限」和「關注個人權利」三項原則，這已經指出了由私而公的方向和途徑，盧梭更在此基礎上指出社會契約論所要解決的根本問題，是「要尋找出一種結合的形式，使它能以全部共同的力量來護衛和保障每一個結合者的人身和財富，並且由於這一結合而使每一個與全體相結合的個人只不過是在服從他本人，並且仍然像以往一樣地自由。」〔註53〕每一個結合者都是個體之私，個體之私的全部結合成爲全體，但即使在全體中，個體也仍像以前那樣自由，這樣就達到了公私關係的和諧與完美。此後，在社會契約論、自然法以及自由、人權等觀念的引領下，西方逐漸走出了中世紀，並衍生出三權分立、立憲政府等政治制度，進行了公民社會、福利社會等諸多實踐和嘗試，但是，即便是在今天，也沒有哪一個學者敢於宣稱西方社會的公私關係已經處於理想狀態。也許，人類社會永遠不可能達到一個公私關係完全和諧、完美的程度，那將是一個只存在於理論構想層面

〔註51〕 梁啓超：《論自由》，李華興、吳嘉勳主編：《梁啓超集》，上海人民出版社，1984年版，第229頁。
〔註52〕 梁啓超：《論中國積弱由於防弊》，上海人民出版社，1984年版，第31頁。
〔註53〕 盧梭：《社會契約論》，何兆武譯，北京：商務印書館，2003年版，第19頁。

的理想社會，但人類社會可以朝著這個目標不斷的邁進，因此，合公爲私的具體途徑將是人類面對的一個長期課題，它沒有標準答案，不同的歷史時期、時代特色和社會背景，會導致不同的歷史選擇。

上述三個條件對於中國社會而言，確立公概念的合理性、正當性地位，應該說基本不成問題，而私概念合理性、正當性地位的確立尚有待時日，這一點和西方社會有著根本性差異。在西方社會，私概念的合理性、正當性並不成爲問題，反而是以公共領域、公共利益形象出現的公概念屢屢不受重視爲隱憂，而中國傳統社會歷來缺乏個人主義傳統，人的主體地位和獨立意識始終處於一種殘缺狀況，再加上私概念被賦予價值之惡的倫理色彩，導致私概念合理性、正當性地位的確立顯得相對艱難。然而，只有確立起私概念的合理性、正當性地位，合私爲公才有可能眞正的發生，從這個角度看，確立私概念的合理性、正當性地位，無疑有著相當的緊迫性。

再從歷史的角度看，合私爲公的實現問題，涉及到的正是公、私兩者，即個人利益和公共利益的和諧互存，西方世界正是先從理論上正視並試著解決這一問題，才一步步展開其近代化之路。因此，個人利益和公共利益的和諧互存同樣是中國傳統社會面臨和必須解決的一大難題，只有解決這個問題，中國傳統社會才有可能眞正走向近代。

第六章　走向近代的明清之際公私觀

　　以上對明清之際的公私觀念作了一番較爲深入的審視，可以看出，由於明清之際思想家所處的特殊歷史時代，使得他們得以對公私觀念進行了較爲深入的思考和反省，因而明清之際的公私觀念在思想史、哲學史領域所達到的高度，較之於以往任何一個歷史時期，都有過之而無不及。即便是清末民初的公私觀，在大量引入、借鑒西學資源的同時，也仍然以明清之際的公私觀念爲基礎加以展開。甚至在某些方面，由於近代中國社會面臨的最重要難題是謀求民族獨立、建立主權國家，故自 20 世紀 20 年代以後，學界對公私觀念的反省力度和深度或許都不如明清之際，至少對私觀念的重視程度有所降低。職是之故，筆者認爲明清之際在公私觀念領域所取得的諸種進展，以一種舊瓶裝新酒的方式展開，即討論的話題仍然是傳統的、借用的理論資源也多來自先秦儒家，但蘊含的旨趣卻有著近代意義，故在中國思想史上佔據著重要地位，在很大程度可以看成是中國社會自傳統而走向近代的一個有力佐證，儘管這種轉向由於種種因素，未能在清代得到進一步的延續和展開，但確實是自中國傳統社會自身萌發的一種對近代性的渴求，因爲具有自發性，所以更適合迥異於西方傳統的中國傳統社會。從這個意義上看，與 19 世紀末中國社會在西方文化的衝擊下被動地開始近代化之旅相比較，總結探討前者的經驗意義或許同樣重要。

第一節　近代社會的曙光

一、近代社會的肇始

　　如學者所指出的那樣，迄今爲止人類社會眞正具有實質性意義的大變革

只有兩次，一次「是從原始社會向文明社會的轉變，即文明本身的出現」，另一次就是歐洲「自 18 世紀以來持續進行的廣泛的現代化進程」。〔註1〕而且，「現代化是人類歷史上最劇烈、最深遠並且顯然是無可避免的一場社會變革」。〔註2〕

　　這裏所謂的現代，與近代沒有本質性差異。至少在英文中，現代、近代都為「modern」一詞，兩者是一而二、二而一的關係，都可以指代歐洲結束中世紀、自啓蒙時代以來直到今天的歷史時期，故西方歷史通常分為上古、中古（中世紀）、近代（現代）共三個時期。而在我國，官方主流觀點常以 1840 年鴉片戰爭爆發為中國近代社會或謂中國近代史的開端，自 1919 年則進入現代史時期，如果按照這一說法，近代專指 1840 年至 20 世紀初期的一個歷史時期，但即使自鴉片戰爭起甚至更早，中國所面臨的最重要、最基本問題之一就是現代化，即可以稱之為「近代時期的現代化問題」。〔註3〕

　　從傳統社會到近代社會，可以稱為社會轉型或變遷，社會結構和運行機制都發生了較為根本的變化。這種變化是全方位的，意味著人們的生產方式、生活方式、心理結構、價值觀念等各個方面的深刻變革，表現在政治、經濟、文化、思想、觀念等諸領域，整體而言使得整個社會更趨自由、平等和開放。例如在政治領域，實現了民主憲政，建立起法治政府，政治權力受到有效限制；在經濟領域，逐漸實現工業化，建立起以保護私人產權為基礎、以契約自由為原則的市場經濟體制；在社會領域，湧現出大量的社會組織、社會團體和公益機構，社會自治程度較高；在思想觀念領域，個人的公民意識增強，注重維護個人權利和自由，等等。〔註4〕由此出發，社會分期也可分為簡潔的

〔註1〕〔美〕亨廷頓著、周琪譯：《文明的衝突與世界秩序的重建》，新華出版社，1998 年版，第 58 頁。

〔註2〕〔美〕羅茲曼主編：《中國的現代化》，江蘇人民出版社，1988 年版，第 5 頁。

〔註3〕尤天然：《近代化還是現代化》，《探索與爭鳴》，1991 年第 2 期。另可參見塞繆爾·亨廷頓：《變動社會中的政治秩序》，王冠華、劉為譯，三聯書店，1989 年版；羅榮渠：《現代化新論——世界與中國的現代化進程》，北京大學出版社，1993 年版；劉小楓：《現代性社會理論緒論》，上海三聯書店，1998 年版。

〔註4〕金耀基先生有更為簡潔的概括：「從身份到契約（Status-Contract）；從神聖到世俗（Sacred-Secular）；從區社到社會（Community-Society）；從農業社會到工業社會（Agraria-Industria）；從原級團體到次級團體（Primary-Secondary）；從特殊主義到普遍主義（particularism-Univiersalism）；從關係到成就（Ascription-Achievement）；從普化到專化（Diffuseness-Specificity）。」「此外，我們還更可以具體地從『經濟制度』、『社會結構』、『溝通網』、『符號系統』四個面向加以思考。」參見氏著：《從傳統到近代》，中國人民大學出版社，1999 年版，

兩個階段：傳統社會與近代社會，前者以自給自足的小農生產爲主要經濟形態，屬於農業社會，後者以社會化大生產爲主要經濟形態，屬於工業社會。

顯然，這種從傳統到近代的社會轉型，是一個非常艱難的過程。這是因爲，社會轉型是全方位的，不大可能出現一個社會在經濟領域已經轉型成功，成功建立起運行完善、效率較高的市場經濟體制，而政治領域仍然保持著尊卑有序、等級森嚴的專制體制，思想觀念領域仍然保持著只知服從、不知權利的臣民觀。也就是說，社會轉型包括如英國社會學家吉登斯所說的政治、經濟、社會和思想文化諸個領域，各個領域之間是相輔相成、互爲條件、同時共進的。對中國傳統社會而言，這種艱難性更顯突出，原因在於，從傳統到近代的社會轉型，意味著這個社會將擺脫專制、走向進一步的自由和開放，這樣看來，社會轉型的最大阻力，就來自於專制主義，而中國傳統社會的最大特點之一，就是以皇權爲代表的專制主義力量十分強大，不僅僅是沒有抗衡者的政治權威，同時還掌控著巨大的社會財富，並以秉承天命的形式凌駕於宗教信仰之上，這使得中國傳統社會中的專制主義力量之強大，遠非實行封建制、教皇與王權相抗衡的歐洲可相比。從這個角度看，中國傳統社會的近代轉型，很難一蹴而就，如果說歐洲國家的近代化尚且需要數百年時間，那麼中國社會的近代化或許需要更多時間。

通常認爲，中國的近代社會當肇始於 19 世紀中葉的第一次鴉片戰爭時期，正是在這一歷史時期，大一統的帝國四民社會開始受到西方文明的強烈衝擊，開始了向近代社會的艱難轉型。但是，不少學者對此提出了種種質疑，如錢穆、內藤湖南等力主中國近代社會的開端最早可以上溯到唐宋時期。〔註5〕但更多學者認爲，傳統中國商品經濟的進一步發展雖始於趙宋，但中國近代社會的發軔追溯到明清之際或許更爲合適，〔註6〕如本書緒論部分所述，自

第 64～65 頁。

〔註5〕視宋代爲近代社會之肇端的國內學者以國學大師錢穆最爲典型，「中國歷史，應該以戰國至秦爲一大變，戰國結束了古代，秦漢開創了中世。應該以唐末五代至宋爲又一大變，唐末五代結束了中世紀，宋開創了近代。」參見氏著《宋明理學概述》，臺灣學生書局 1977 年版，第 1 頁。二十世紀初，日本學者內藤湖南提出「唐宋變革」論（參見氏著：《概括的唐宋時代觀》，收入劉俊文主編、黃約瑟譯：《日本學者研究中國史論著選譯》第一卷通論，中華書局，1992 年版）。隨後，國內外有不少學者予以呼應，典型如美國學者包弼德的《唐宋轉型的反思——以思想的變化爲主》（載《中國學術》第三輯，商務印書館 2000 年版，第 63 頁）。

〔註6〕參見蔣國保：《「宋明啓蒙說」的誤解與迷失》，《江漢論壇》，2005 第 10 期。

侯外廬先生首倡「早期啟蒙」說後，還有不少學者在此基礎上加以推進和細化，例如朱維錚先生坦承：「作爲中國思想文化史的從業者，我以爲明清之際屬於中國超出中世紀的起點。」〔註7〕還有學者雖未明確指出，但字裏行間的相關旨意已經顯露，如余英時先生指出：「從思想史上看，清末明初出現了一批求變求新的儒家知識分子，他們在西方的價值和觀念方面作出了明確的選擇。但這些選擇並不是任意性的；明清儒家的新動向在很大的程度上決定了他們的選擇。這是明清以來中國的內在漸變在近代繼續發揮影響力的顯證」。〔註8〕前文針對明清之際公私觀念所作的梳理，在很大程度上亦可印證這一點。

正是從上述意義上，明清之際可以稱爲一個轉型時期，這一時期的思想意識、價值觀念均在某種程度上呈現出一種近代趨勢，或者說邁出了轉型的第一步。傳統社會中，個人因爲身份岐視、等級差異而處於一種無主體性、不自由的狀態，表現在公私觀念領域，就是私觀念受到極度的抑制，這種抑制到最極端時，就是私觀念與價值之惡無條件地聯繫在一起。進而在社會領域，形成一個以高高居上之皇權爲核心、貴賤有別的臣民社會。隨著轉型時代的到來，個人的主體意識日益凸現，私觀念的地位也相應提升，相應地個人追求獨立、追求平等、追求權利的意識也日益芽醒，在社會領域也進而要求形成一個所有個體彼此平等、政治權力受到有效制約的近代公民社會。如果再結合其它因素，如明末商品經濟的日益發達、士人階層的政治自覺、市民階層爭取自身利益的直接鬥爭等，由此導致的民間社會日益活躍，那麼這種近代趨勢或許更爲明顯。接下來，筆者即以明清之際公私觀爲例，總結這一時期公私觀念所蘊含的近代性。

二、明清之際公私觀的近代性

明清之際的公私觀可以看成是思想史、哲學史中承上啟下的重要一環，其地位不容忽視，歸納而言，明清之際公私觀的近代性，就表現在以下三方面取得的新進展。

〔註7〕朱維錚：《利瑪竇在中國》，《走出中世紀》，復旦大學出版社，2007年版，第92頁。

〔註8〕余英時：《士商互動與儒學轉向——明清社會史與思想史之一面相》，《儒家倫理與商人精神》（余英時文集第三卷）廣西師範大學出版社，2004年版，第162頁。

　　首先是對私觀念前所未有的肯定。自先秦以來，私觀念就與公觀念處於一種極其不對等的地位，與公觀念相對，私觀念由於與價值之惡相聯繫，從而被貼上不道德的標籤，無論在思想觀念、還是社會生活中，私都是被貶抑的對象，處於代表價值之善的公觀念的籠罩之下。到理學興起後，私觀念的地位可謂雪上加霜，理學以一種哲學論證的方式，再次將私觀念置於全無是處、要求絕對摒棄的地位。當然，在明清之際以前私觀念也曾經受到過某種程度的正視，如魏晉時期嵇康對私觀念的重新詮釋，尤其是宋代功利學者就對私觀念的合理性多有強調，指出私心、私欲、私利非但不可能予以全盤否認，反而應該成爲人們考慮問題的一個基本出發點。

　　但在明清之際以前，對私觀念的認同僅局限於少數學者，到明清之際，對私觀念的肯定才在當時的士人階層中形成一股潮流，並與明末商品經濟的勃興、市民階層的湧現互爲呼應。明清之際思想家對私觀念的肯定是多角度、多方位的，李贄直陳人性之私、斷言人必有私、聖人亦有私，與有明一代素來佔據主流的理學公私觀大唱對臺戲，其指嚮之明確、方式之直接、結論之激進，皆令正統士人側目，故在當時引起了極其強烈的反響。此後，陳確又認爲只有君子才有私，小人無私，他沒有像李贄那樣直指人性之私，而是依據儒家經典，把儒家傳統中治國、平天下的出發點歸結於修身、齊家，即把傳統儒家親親有別的人倫原則視爲一種真正的君子之私，由此得出結論稱真正的儒家傳統中並非沒有私觀念的地位。如此，通過重新詮釋儒家基本原則，陳確重新挖掘出儒家價值觀念中黯沒不顯的重視私觀念傳統，與李贄相比，陳確這種回歸傳統的方式，更容易爲其它知識分子所接受。顧炎武與之類似，他通過對儒家歷史文獻的梳理，進一步論證私觀念本來就存在於儒家經典中，《日知錄》卷三《言私其豵》稱「自天下爲家，各親其親，各子其子，而人之有私，固情之所不能免矣」，這就說明，即便是先王先聖，也不禁止民眾的自私自利之舉，而先王先聖的英明之處，恰恰正在於能夠滿足民眾這種自私自利的願望。還有黃宗羲，他從描述社會的本初狀況入手來論證私觀念存在的必然性，《明夷待訪錄·原君》中指出：「有生之初，人各自私也，人各自利也」，所謂有生之初，在某種程度上類似於西方啓蒙學者如霍布斯、洛克、盧梭等人設想的「自然狀態」，也即社會的本初狀態，當然遺憾的是，黃宗羲雖然提供了論證人性自私天性的另一條途徑，但沒有就此展開深入的推演。

　　至於明清之際私觀念的具體內涵，可以列舉出多種，但其中最爲重要、

也可以視爲其它私觀念基礎的，是指人性之私，也即人性中自私自利的天性。這其實是沿續了先秦時期荀子人性之惡論，但不同的是，荀子指出人性之私的目的是試圖控制、消除，到韓非那裏就完全加以一筆抹殺了。而明清之際思想家指出人性之私是爲了正視、肯定這種自私自利的天性，即承認人性自私自利的傾向是一種不可抹殺的天性，從而使人性之私的存在具有了合理性。在此基礎上，私觀念可以引申出一些其它內涵，例如作爲主體的人自身；人自身的種種欲望即私欲；人自身的種種情感即私情；人的滿足自身欲望和情感的具體行爲即包括逐利行爲；以及人爲了滿足自身欲望而必須佔有某一所有物的權利即私有財產權；等等。這些內涵都由於人的自私自利天性的合理性，順理成章地具有了某種合理性。

其次，是對天下爲公論的反省和批判。明清之際思想家在肯定私觀念的同時，的確沒有否定公觀念，公觀念仍然爲公平、正義的代名詞，仍然是大多數人所追求的一種至善、至眞境界，但是在現實政治生活中，明清之際思想家已經注意到天下爲公的美好理想已經蛻變爲天下爲君的現實窘境。

天下爲公一般認爲出自《禮記·禮運》，「大道之行也，天下爲公」，其文字或許出於後人之手，但與孔子的主張相符是可以肯定的。按孔子本意，天下爲公是一個理想社會，而且首先是一個理想的倫理社會，「人不獨親其親，不獨子其子，使老有所終，壯有所用，幼有所長，矜寡孤獨廢棄者皆有所養」，人與人之間的關係是如此完美，以至於貨幣可以棄之不用，陰謀詭計、竊賊強盜也從社會上消失了。此後，儒家士人對天下爲公作了進一步闡發其，其中最引人注目的數《呂氏春秋·貴公》所稱：「天下非一人之天下也，天下之天下也。」至此，天下爲公成爲中國歷代知識分子共同的烏托邦目標。然而，社會理想目標是一回事，現實社會又是另外一回事。先秦以後，秦漢等大一統帝國憑藉著強大的武力相繼建立，使得以皇帝爲代表的君權朝著專制的目標漸行漸近。君主本人借助內聖外王之說越來越集聖、王兩個形象於一體，手中權柄也越來越成爲宰制天下、至高無上的利器，此時，君主就理所當然地成爲天下的代表，君主自己也莫不視天下爲一己之私產，此時，天下爲公就成一種表面上的贊辭，其實質已經異化爲天下爲君，這恐怕是當年的孔子始料不及的。

因此，明清之際的想家反省天下爲公的實質，是把矛頭指向了天下爲君。在明清之際思想家群體中，質疑和抨擊君主神聖性力度最大的唐甄爲其中之

　　一。唐甄把已經聖王化的君主拉回地面，指出即便是號稱天之子的君主，也非天帝大神，和普通人並無區別，不僅如此，唐甄還提出一個驚世駭俗的命題：「自秦以來，凡爲帝王者皆賊」。〔註9〕賊者，傷害之意，唐甄揭示出一個血淋淋的歷史事實，即歷代帝王的功業和統治無不建立在血流成河的殺戮基礎之上，這在很大程度上祛除了帝王加諸己身的神聖性色彩。顯然，唐甄力圖清算的是美化君主、聖化君主的歷史傾向。這一觀點與黃宗羲頗多相似之處，《明夷待訪錄・原君》云：「是以其未得之也，屠毒天下之肝腦，離散天下之子女，以博我一人之產業，曾不慘然！曰『我固爲子孫創業也』。其既得之也，敲剝天下之骨髓，離散天下之子女，以奉我一人之淫樂，視爲當然，曰『此我產業之花息也』。」君主在打江山時，極盡兇殘殺戮之能事，還美其名曰「爲子孫創業」；坐穩江山後，又竭盡天下脂膏以盡一人之享樂，還美其名曰「產業之花息」，所以黃宗羲在反省明末君主專制時一針見血地指出，所謂天下爲公早已失去了其原有意義，已淪爲君主一己之私的天下爲私，「使天下之人不敢自私，不敢自利，以我之大私爲天下之大公」，君主不但將一己之私取代爲天下之公，而且爲了實現其一己之私，居然極其蠻橫地使天下之人不敢自私、不敢自利，或許在黃宗羲看來，世間最不公平者莫過於此罷吧。也正是在這個意義上上，明清之際思想家一再爲私觀念正名，一再提倡私觀念，正是爲天下之人爭回被專制君主所否定、所奪走的自私自利的權利。

　　更重要的是，明清之際思想家在設計構想經世的政治和經濟制度時，將批判天下爲君、爲天下人爭取自私自利的上述要旨注入其中，這使得他們的制度設計和相關設想更具可操作性。如針對明末君主專制的高度集權體制，顧炎武、黃宗羲等人意識到自秦帝國推行郡縣制後，郡縣制愈來愈成爲惟帝王之命是從、只顧帝王一己之私的地方制度，於是重新挖掘出封建制的積極內涵，稱封建制可眞正體現出天下爲公的先聖精神。如顧炎武認爲可以將郡縣制與分封制融爲一體，即「寓封建於郡縣之中」，〔註10〕黃宗羲也認爲秦變封建制爲郡縣制，宋解除藩鎮之兵權，皆是不顧天下利益、只顧帝王之私的短視做法，故黃宗羲同意恢復封建之制，由於封建制相隔過遠難以恢復，於

〔註 9〕唐甄著、注釋組注：《潛書注・室語》，四川人民出版社，1984 年版，第 530頁。

〔註10〕顧炎武：《亭林文集・郡縣論一》，《顧亭林詩文集》，中華書局，1983 年版，第 12 頁。

是他提出恢復唐代的方鎮制。當然需要指出的是，顧、黃二人所謂的封建制，分封的對象都是地方行政長官，與漢代而下以分封同姓王爲主要對象的分封制並不完全一致。

三是合私爲公論的提出。明清之際思想家正面肯定私觀念的結果，必然會導致對先秦以來樹立的以公滅私論的批判，他們不能僅僅停留於此，還必須提出可以取代以公滅私論的另一種新型公私關係，那就是合私爲公論。

明清之際思想家的合私爲公論，在黃宗羲、王夫之的著作中都有所流露，但表述最完整、最明確的當數顧炎武。《日知錄》卷三《言私其豵》云：「『雨我公田，遂及我私』，先公而後私也。『言私其豵，獻豜於公』，先私而後公也。自天下爲家，各親其親，各子其子，而人之有私，固情之所不能免矣。故先王弗爲之禁；非惟弗禁，且從而恤之。建國親侯，胙土命氏，畫井分田，合天下之私以成天下之公，此所以爲王政也。」顧炎武從史實出發，指出在三代時的情形是「先公而後私」，或者「先私而後公」，不管哪一種情形，都可以稱爲人皆有私，而先王非但不禁止人皆懷私，反而很體恤人們的這種心情，以「建國親侯，胙土命氏，畫井分田」等手段幫助人們實現這種私，當社會各階層、各群體都能實現自己的私時，君主所追求的天下之公也就自然而然地達到了。

在某種程度上，合私爲公論可以說是明清之際思想家針對中國歷史上占主流的以公滅私論的一大創新和發明。如前所論，歷史上私觀念也偶有受到肯定的時期，尤其在宋代的功利學者那裏，但就公私關係而言，陳亮等人雖然對理學家所提倡的以公滅私頗爲反感，但並沒有提出足以與以公滅私論相抗衡的新型公私關係。故至少在明末清初之前的公私關係中，以公滅私佔據了絕對主流地位和話語權。在這種公私模式中，私的地位被貶抑到極點，在公觀念面前毫無立足之處，這必然導致公私關係的高度緊張和對立。而合私爲公論的提出，提供了公私關係的另一種相處模式。合私爲公論中的公私關係，不存在以公滅私論中一方要滅掉另一方的強烈爭鬥性，公私之間是一而眾、眾而一的辯證關係，兩者存在著一條由此及彼的通途，這就爲公和私的和諧相處提供了一條可能的途徑。事實上，合私爲公論不僅明清之際受到極大的推崇，之後仍然表現出強大的生命力，清末民初的著名刊物《浙江潮》提出私爲公之母，顯然是明清之際合私爲公論的進一步闡發。

　　要之，縱觀明清之際的公私觀念，一個最顯著也是爲學術界研究最透徹的特點就是明清之際思想家群體對私觀念前所未有的正視和肯定，這種正視和肯定體現在多個層次、多個角度，以致於在傳統文化中一直受強烈貶低和刻意忽視的私觀念，其地位在明清之際得到了前所未有的提高和重視，儼然可與數百年後受到歐風美雨浸梁的清末民初時期相提並論。而天下爲公論之所以會引起明清之際思想家的警醒，就在於隨著私觀念的確立和流行，人們逐漸認識到作爲一種理想追求的天下爲公在現實社會中已經異化爲天下爲君，天下爲君的本質就在於摒棄、排斥天下之人的自私自利，天下成爲一人之私，在政治制度中正體現爲君主專制，故明清之際思想家重新審視，不是反對天下爲公論本身，而是反對已經蛻化爲天下爲君的天下爲公論。明清之際思想家們在肯定私觀念、否定天下爲君的同時，實際上就已經否定了影響和制約傳統社會千餘年的主流公私關係——以公滅私觀，因而，明清之際思想家又提出了另一種新型的公私關係——合私爲公論。這一理論的提出，代表著明清之際的公私關係發展到了一個新的高度，其最重要的積極意義，是可以在一定程度上消除公私觀念的緊張和對立，爲公私觀念的和諧相處提供了一種可能的途徑和前景。

第二節　近代社會的挫折

一、外部條件的局限

　　明清之際中國傳統社會走向近代的這種嘗試和努力，儘管這種轉型只是初步的，但不無遺憾的是，隨著滿清王朝的建立復歸於消彌，尤其是隨著清王朝的鞏固，以政治高壓爲特點的君主專制統治進一步加強，使得明末齣現的由思想啓蒙而引發的社會活躍迹象重新歸於平靜。

　　究其原因，主要原因或許並不在於明清之際的啓蒙思潮本身。就包括公私觀等在內的明清之際啓蒙思想而言，本身當然也有內在的局限性，但這畢竟是時代所限，任何個人和思想都不可能完全擺脫時代的束縛，就啓蒙思想整體而言，其所達到的歷史高度是毋庸置疑的。而且明清之際思想家群體之間彼此呼應，自成一個群體，並隱隱然形成一股頗具影響力的社會思潮。顧炎武在看到黃宗羲的《明夷待訪錄》後，禁不住惺惺相惜，讀之再三，感歎稱「於是知天下之未嘗無人，百王之敝可以復起，而三代之盛可以徐還也」，

並認為自己的《日知錄》一書所論，「同於先生者十之六七」。〔註11〕與此同時，明末思潮在明末社會上也得到相當程度的傳播，尤其是有關自然人性論的觀點，公私觀念中即體現為人性之私的肯定和認可，對當時的市民階層以及市民文學影響尤甚，這在三言二拍中有著清晰體現。梁啟超先生《清代學術概論》中嘗言：「凡『思』非皆能成『潮』；能成『潮』者，則其『思』必有相當之價值，而又適合於其時代之要求者也。凡『時代』非皆有『思潮』；有思潮之時代，必文化昂進之時代也。」〔註12〕正是在啟蒙思潮和商品經濟大潮的雙重激勵下，晚明市民社會才展現出豐富多姿的色彩和勃然而起的生機，如此，視晚明尤其是明清之際為「文化昂進之時代」當可以成立。

主要原因還在於外部氛圍，即專制制度對啟蒙思潮的限制和扼殺，使得啟蒙思潮在社會上的傳播在明清易朝之後戛然而止，中國傳統社會的近代轉向也隨之湮沒。正如康德所昭示的那樣，啟蒙精神說到底就是要弘揚人的理性和自由，而這正與專制精神格格不入，也就是說，作為理論的啟蒙思潮與作為現實的專制體制，這兩者之間必然呈現出一種無可調和的對立狀態。所以，啟蒙思潮、啟蒙運動必然以批判專制體制為己任，當啟蒙思潮最後戰勝專制體制，在社會中得到廣泛傳播時，也就意味著啟蒙任務的成功和完成，歐洲的啟蒙運動就是如此。但是，當啟蒙思潮所面臨的專制體制過於強大，那麼，啟蒙思潮要在社會上得到廣泛傳播將是一樁非常困難的事情，相應地，啟蒙任務的完成也要坎坷艱難得多。明清之際的啟蒙思潮面臨的困境就是如此，中國傳統社會中的專制力量是如此的強大，以致於明清之際的啟蒙思潮剛剛生根發芽，破土而出，就被無情的抑制了。這種情形，徐復觀先生曾有一段極為生動形象的文字形容過：「沒有任何社會勢力，可以與專制的政治勢力作合理的、正面的抗衡乃至抗爭，所以最後只有全面性的農民暴動。」「因此，兩千年的歷史，政治家，思想家，只是在專制這架大機器之下，做補偏救弊之圖。被救到要突破此一專制機器時，便立刻會被此一機器軋死……一切文化、經濟，只能活動於此一機器之內，而不能逸出此一機器之外，否則只有被毀滅。這正是中國社會停滯不前的總根源。」〔註13〕包括公私觀念在

〔註11〕顧炎武：《亭林佚文輯補‧與黃太沖書》，《顧亭林詩文集》，中華書局，1983年版，第238～239頁。

〔註12〕朱維錚校注：《梁啟超論清學史二種》，復旦大學出版社，1985年，第1頁。

〔註13〕徐復觀：《兩漢思想史》第1卷，華東師範大學出版社，2001年，第91～92頁。

內的明清之際啓蒙思潮正是將要突破這一專制機器的新鮮事物，不幸的是反被這一機器軋滅。

　　具體可以從明清之際思想家群體及其學說的際遇中看出。平心而論，明清之際思想家群體中對當時民間社會影響最甚者要數李贄，但正是在李贄的生活際遇上，專制體制對啓蒙人物的摧殘就已經盡露無遺。李贄著名的「人必有私」論和「童心」說，風行一時，卻引起了官方主流意識形態的極度不安，原因無它，就在於李贄之論與近代啓蒙精神節拍若合。禮科給事中張問達參劾李贄時羅織罪狀，甚至無中生有、肆意污蔑，但奏疏的核心是指斥李贄邪說惑眾，導致官方意識形態無人問津，因此奏摺一上，長期不理政事的萬曆皇帝立刻予以高度重視，他的批示是：「李贄敢倡亂道，惑世誣民，便令廠衛五城嚴拿治罪。其書籍已刻未刻，令所在官司，盡搜燒毀，不許存留。如有黨徒，曲庇私藏，該科道及各有司，訪奏治罪。」〔註14〕隨即，已經76高齡的李贄被捕入獄，最後李贄以剃刀自盡於獄中。李贄個人的不境遭遇，當不「在於他活的時間太長」，〔註15〕而在於他的觀點和思想已經觸及到專制統治的實質和底線，當然不能為官方統治者所容了。有明一代，對思想家的摧殘以李贄最為典型。

　　李贄以後，明帝國在農民起義和清人虎視的雙重威脅下搖搖欲墜，一時無力在思想文化領域剷除異己因素，從這個角度看，明末具有啓蒙意義的社會思潮的風行也受益於當時的政局不穩。但隨著清王朝的建立，為了鞏固王權統治，既採取赤裸裸的軍事征服等暴力手段，又在思想領域採取種種手段，以文字獄為主要手段，對任何反對專制的思想意識均施以全面、嚴酷的鉗制，力圖從根本上消除漢人反抗民族壓迫和君主專制的努力，於是明清之際興起的這股啓蒙思潮終復歸於平靜。這正如劉志琴先生所論：「真正撲滅啓蒙思潮的是清王朝重建的封建統治。」〔註16〕

　　梁啓超曾這樣形容明清之際的啓蒙思想在清末民初的重要作用：「凡大思想家所留話，雖或在當時不發生效力，然而那話灌輸到國民的『下意識』裏頭，碰著機緣要，便會復活，而且其力極猛。清初幾位大師 —— 實即殘明遺老 —— 黃梨洲、顧亭林、朱舜水、王船山……之流，他們許多話，在過去二

〔註14〕《神宗實錄》，中央研究院歷史語言研究所校印，1962年版，第6917～6919。
〔註15〕黃仁宇：《萬曆十五年》，三聯書店，1997年版，第144頁。
〔註16〕劉志琴：《明清之際文化近代化的萌動與夭摺》，《中國文化》第25、26期。

百年間，大家熟視無睹，到這時忽然像電氣一般，把許多青年的心弦震得直跳……讀了先輩的書，驀地把二百年麻木過去的民族意識覺醒轉來。」〔註17〕梁任公在高度評價明清之際思想家的同時，也點出了這樣一個令人扼腕的事實：即明清之際的啓蒙思潮對後世即清代的影響可以說是微乎其微的。以明清之際三大家爲例，眾所週知的是，黃宗羲的代表作《明夷待訪錄》成於康熙元年（1662 年）或二年，此書雖未觸及反清復明，但因全書以君主專制爲抨擊對象，自然爲清代統治者所不容，所以是書在清代長期遭禁，直到清末才由維新人士重新從故紙堆中覓得，如獲至寶，翻印數萬本並在社會上引起轟動。王夫之的多種著述也被清王朝列爲禁書，包括《船山鼓棹》、《船山自定稿》、《五十自定稿》、《六十自定稿》、《七十自定稿》、《七言近體》、《王言近體》、《夕堂戲墨》、《夕堂永日緒論》。〔註18〕實際上，王夫之著作的全集要到清末同治四年（1865 年），才由曾國藩所設的金陵書局第一次出版翻印。顧炎武嚴謹的考據學風開清代樸學之嚆矢，但注重言必有據的考據只是顧炎武的方法，關切時政、注重民生才是顧炎武的真正內涵和精神，正因爲如此，顧炎武的著作包括《日知錄》、《亭林集》、《亭林遺書》、《音學五書》、《山東考古錄》、《京東考古錄》、《救文格論》等在清代同樣長期遭禁。

必須承認，清人鉗制思想的手段是頗爲高明的，既有懷柔一面，又有強硬一面。早在順治二年（1645 年）大學士范文程上疏稱：「治天下在得民心，士爲秀民。士心得，則民心得矣。請再行鄉、會試，廣其登進。」〔註19〕清廷接受這一建議，早早於順治二年（1645 年）開科舉之門，以籠絡天下士子。在傳統社會中，士人苦讀詩書的唯一目標就是在科舉考試中勝出，獲得一官半職，故清廷此舉可以說抓住了天下士子的要害。所以清廷科舉考試利誘之門一開，天下士子的注意力和興趣立刻就被吸引了過去。與此同時，清廷又將程朱理學立爲官方正學，於是數百年間，無數士子窮首皓經於官方審核修定的四書五經之中。除了開科舉，清廷還以徵集圖書、編纂類書爲名，行銷毀圖書、纂改圖書之實，如眾所週知的《四庫全書》，除通俗小說和戲曲不收外，包括當時圖書的所有門類，共收書 3470 種、79,018 卷，工程可謂浩大，對保存我國的古典文獻也有巨大作用，但正如學者所指出，《四庫全書》的編

〔註17〕梁啓超：《中國近三百年學術史》，東方出版社，1996 年版，第 30 頁。
〔註18〕參見王彬主編：《清代禁書總述》，中國書店，1999 年版，第 567 頁。
〔註19〕《清史稿》卷二三二《范文程傳》，中華書局，1976 年版。

纂同時也是一次大規模的圖書禁燬和抽毀工作，據不完整資料統計，當時被
毀之書就有 2453 種，抽毀之書有 402 種，這些書籍大都帶有民族或民本甚至
民主色彩，「由此而造成的對我國文化的破壞作用，恐怕是遠遠大於其貢獻
的。」〔註 20〕除此之外，清廷還在全國範圍內大力推廣官方欽定的意識形態，
康熙、雍正、乾隆三朝皇帝的聖諭，被廣爲刻印並頒行全國，其發行量之大，
基本上達到戶均一冊，各省、府、州、縣、村、甚至軍隊駐防哨所都要在每
月的初一、十五宣講聖諭，即用官方認可並編寫的所謂正學來教化軍民生童，
天下民眾幾乎無一可遺漏於官方這套意識形態說教體制之外，可以說，「清朝
政權採用了歷史上規模最廣的教化項目，把官方意識形態灌輸到所有人的頭
腦中去。在古代中國，對官方意識形態如此推廣，其深度和力度都是史無前
例的。」〔註 21〕這樣的深度和力度，或許只有 20 世紀六、七年代紅寶書盛行
的時期可以凌駕其上。

　　當然，在思想控制方面，清王朝採取更多的是赤裸裸的暴力手段，這主
要以屢屢興起的文字獄爲代表。誠如學者所謂：「思想史上大規模、小規模、
集體性、個人性的失蹤事件，幾乎每一代都發生過，已經發生過無數次」，〔註
22〕人類某一思想的失蹤，既有客觀因素如因印刷手段落後導致思想未能傳播
而失傳，但更多主觀因素，在傳統社會中，來自王權的扼殺首當其衝，其首
要體現就是文字獄。康熙二年（1663 年），清王朝對刻印《明史輯略》的莊氏
父子施以開棺戮屍之罰，莊氏全族獲罪，其子孫年滿 15 歲以上者皆斬，妻、
女、媳俱爲奴，甚至連書商、刻字匠、印刷工、書店老闆、藏書家等也逃不
了一死。而《明史輯略》不過直書清朝皇帝祖先之名，在明朝滅亡以後仍不
記清年號、沿用南明年號罷了。莊氏明史案後，又有康熙後期的戴名世案，
雍正時期的呂留良文選案、汪景祺《西征隨筆》案、查嗣庭試題案、陸生楠
史論案、謝濟世注《大學》案等。至乾隆統治時期，文字獄達到了巔峰，原
故宮博物館所輯《清代文字獄檔》共收錄 65 案，九成以上都在乾隆時期，不

〔註 20〕陳正宏、談蓓芳：《中國禁書簡史》，學林出版社，2004 年版，第 219 頁。另
　　　　參見張兵、張毓洲：《清代文字獄研究述評》，《西北師範大學學報》，2010 年
　　　　第 5 期。
〔註 21〕〔美〕張春樹、駱沙倫：《明清時代之社會經濟巨變與新文化 —— 李漁時代
　　　　的社會與文化及其現代性》，上海古籍出版社，2008 年版，第 262 頁。
〔註 22〕朱學勤：《思想史上的失蹤者》，《書齋裏的革命》，雲南人民出版社，2006 年
　　　　版，第 68 頁。

但數量高居歷朝歷代之首，而且很多迫害完全係捕風捉影之事。禮部尚書沈德潛作詩《詠黑牡丹》云：「奪朱正非色，異種也稱王」，被指爲暗諷滿清奪取朱明天下，結果剖棺挫屍；江蘇泰州舉人徐述夔《一柱樓詩集》有「明朝期振翮，一舉去清都」，被指有興明滅清之意，於是戮屍殺孫；江蘇丹徒縣生員殷寶山作有《記夢》一篇，有「若姓氏，物之紅者」之言，紅者指朱，即懷念舊明，慘遭殺戮；等等。清代前期帝王，尤其是雍正、乾隆，對手無寸的文人動輒剖棺、戮屍、族誅、斬首、流放、連坐、罰沒等，如此痛下殺手，正如張元濟先生在《明史鈔略》跋文中所指出的那樣：「噫！帝王之量抑何隘耶！夫以雷霆萬鈞之力，加諸無拳無勇之輩，自可以爲所欲爲。推其意，且必謂經此懲創，自今以往，當無有敢稍干犯之徒，即凡受庇字下者，亦皆可無所忌憚者，同享諱尊諱親之利，於是人人低首，家家頌聖，專制之樂，其樂無窮。」〔註23〕文字獄本身既是一種嚴密的思想控制，更是一種殺戮，任何人只要敢稍稍違忤專制皇權，立刻會受到滅頂之災。因此，專制統治作爲一種暴政，和現代形式的暴政即極權主義，兩者的本質是一致的，都是恐怖，如阿倫特所言：「宣傳也許是極權主義一種最重要的對付非極權主義世界的工具；相反，恐怖是它的統治形式的本質」，而這種恐怖的目的正在於「造就一群完全沉默的居民」。〔註24〕

　　正是在新建立的清王朝的多方鉗制和打擊之下，明清之際興起的這場啓蒙思潮被迅速撲滅，傳統中國走向近代的這一次努力也宣告中止。

二、觀念層面的束縛

　　如果說，清王朝的壓制是中國傳統社會未能眞正邁出向近代轉型步伐的外部客觀原因，那麼還應該有內部原因，那就是在思想觀念層面上，明清之際的這股啓蒙思潮自有其不足之處。這裏同樣以明清之際公私觀爲例。明清之際思想家試圖肯定私觀念、提升私觀念的地位，試圖阻止天下爲公向天下爲君的異化，試圖緩解公私觀念之間的劍拔弩張關係，這些努力的成果也是斐然可觀。但是，明清之際思想家的努力不曾改變也無法改變中國傳統公私觀的深層次結構，也就限制了明清之際公私觀的進一步向縱深發展。

〔註23〕莊廷鑨：《明史鈔略》（四部叢刊三編），張元濟跋，上海書店，1985年版。
〔註24〕漢納・阿倫特：《極權主義的起源》，林驤華譯，臺北時報出版公司，1995年版，第489頁。

　　那麼，什麼是中國傳統公私觀的深層次結構呢？中國傳統社會中公私關係的主流趨勢就是如前所述的以公滅私，換言之，傳統社會中私觀念的地位過於弱勢，公觀念的地位又過於強勢。這其中至少有兩個原因，其一，由於中國早期國家的形成之路相對獨特，導致私觀念難以獲得強有力的支撐。中國古代文明雖然存在著「滿天星斗」式的石器時代文化遺址，遺憾的是只有黃河中下游的石器時代先民能夠走出原始社會，進而向四周擴散，在武力征伐周邊蠻夷過程中完成大一統的國家模式。三代時期的夏人、商人、周人，都一脈相傳，「從物質遺迹上看來，三代的文化是相近的；縱然不是同一民族，至少是同一類的民族。……三代的政府形式與統治力量的來源也是相似的。」〔註25〕由於周邊缺少類型不同、發展程度相當的異質文化，無法在互相溝通交流中彼此影響、激勵，中華文明在一開始，就走上了一條「中心擴展性的單一封閉型文化模式」。〔註26〕因此，中國古代文明的起源模式，屬於和大河流域封閉地理環境相匹配的一元模式，迥異於古希臘海陸交錯地理環境催生的多元模式。在這種一元模式下，中國早期國家只有產生於殘酷的暴力征服戰爭之中，戰爭催生專制王權，戰爭更孕育王權一步步由弱小走向強大，強調尊卑等級的宗法制度也成為王權的倚借對象，非但沒有像古希臘文明那樣，通過確立財產私有制而被較為徹底地破除，反而在血腥征戰中化家為國，通過禮法制度得到進一步的強化，王權與家長權還和神權結合為一體，如早在良渚文化時期，「琮、鉞共為一人的隨葬物，顯示神、軍權集於一人的事實。……對琮的使用趨向壟斷，對天說話、與天交流已成最高禮儀，只有一人，天字第一號人物才能有此權利。」〔註27〕於是，從商周封建天下，歷經戰國諸雄混戰，秦漢征戰天下成為大一統帝國上，至此，一個極為龐大的國家機器終於宣告完成。至於以財產私有為基礎的個人權利，在尊卑有序、王權獨大的古代國家，幾乎無法得到壯大，這主要體現在私有觀念極其匱乏，《慎子・逸文》和《商君書・定分》所舉的一免走街百人逐之、賣免者滿街盜不敢取的例子，重點不是為說明財產所有權，而是為說明名分的重要性。故而有學者指出，中國的勞動力和土地可以自由買賣，而且由來已久，自先

〔註25〕張光直：《考古學專題六講》，文物出版社，1986年版，第131～132頁。
〔註26〕楊師群：《反思與比較——中西方古代社會的歷史差距》，花城出版社，2010年版，第27頁。
〔註27〕蘇秉琦：《中國文明起源新探》，商務印書館（香港）有限公司，1997年版，第124頁。

秦時期就可以在史書中找到例子，戰國後更是隨處可見，這種「私有權是有的，但是不完全的，它沒有足以抵抗專制主義的思想和物質的力量」，〔註28〕之所以說中國古代雖然有私有權、但並不完全，主要原因之一就是這種孱弱的私有權在強大的皇權面前，只能依附，根本無力抗衡。

其二，最晚到春秋戰國時期，公觀念由於獲得了一種超越性的提升，具備普遍性、原理性和道義性，其地位愈見穩固，而私觀念則與倫理之惡相聯繫，其地位更是每況愈下。如日本學者溝口雄三所指出的那樣，中國的公私獨有的特性是：「均平、反利己的公和偏私、利己的私等倫理性、原理性的公。」〔註29〕其具體表現是這樣的：私的涵義，在日本和中國都可以理解爲相對於官方、意謂自家的「私家」、「私門」、「隱私」，但日本卻沒有中國那樣將私賦予「姦邪」、「惡」的倫理色彩，所以在日本和西方社會，私可以作爲第一人稱，或者就指代沒有貶義的、中性的普通民眾，而在中國卻殊少可能。故有學者指出，我國源於宗法時代的「私」的概念，與通常被我們譯爲「私」的西方語言中 private 一詞的含義，有著爲人所忽略的重大區別，「古漢語中的『私』在金文中作『厶』，據考證原爲生殖器之形；而 private 源出拉丁語 privatim，其詞根意義爲獨特的、另外的、個體、個性等等，其轉義爲獨立的、非官方的、非權勢的、民間的、平民的等等。可見，中國宗法文化中的『私』強調私欲，而西方古典文化的 privatim 強調個體與權利。由此產生中西人們對有關『私』的許多概念理解相關很遠。如『私法』這一概念在中國人聽來，往往聯想起私設公堂、爲所欲爲之類，但在西方『私法』與民法基本同義，指的同排除了統治——服從關係的平等權利主體間的關係規範。」〔註30〕同樣，在日本甚至西方，公可以組成「公廷」、「公門」等詞，直接指代朝廷、官府和國家等政治性組織，也可以組成「公共」、「公開」等詞，指代針對社會共同體的要求，卻唯獨不可以理解爲帶有普遍性、原理性和道義性的指代，〔註31〕如「天道之公」、「天下大公」。顯然，公觀念具有普遍性、原理性和道

〔註28〕顧準：《顧準筆記》，中國青年出版社，2005 年版，第 5 頁。

〔註29〕〔日〕溝口雄三：《中國的公與私・公私》，北京三聯書店，2011 年版，第 258 頁。

〔註30〕秦暉、金雁：《田園詩與狂想曲》，語言出版社，2010 年版，第 15 頁。

〔註31〕就筆者所見，西方學者筆端與中國這一帶有普遍性、原理性和道義性的公之類似表述，有盧梭《社會契約論》中經常談到但未作出明確界定的「公意」，即「除掉這些個別意志間正負相抵消的部分而外，則剩下的總和仍然是公意」。這個「公意」幾乎是至善、純道義和絕對正確的代名詞，如其所稱：「公

義性，公、私觀念分別與倫理之善、之惡相連，在很大程度上決定了公私觀念在中國傳統社會的不同地位。除此之外，又和中國古代社會中王權發展較快、王權與公觀念結合較早有一定聯繫。

明白了中國傳統公私觀的深層次結構，就不難探知明清之際公私觀的內在不足了，具體表現在以下兩個方面：

一方面，明清之際思想家對私觀念的肯定和發揚雖然超出了以往任何一個歷史時期，但其力度仍然不夠，未能從根本上確立私觀念的合法性和正當性，洗去籠罩在私觀念之上的道德貶義色彩，以致於明清之際對私觀念的肯定仍主要局囿於人性領域，不能夠作進一步拓展，延伸到社會其它領域，這使得屬於個體之私的普通民眾，在與公觀念相聯的天子、朝廷、官府面前總是居於弱勢。

明清之際思想家在為私觀念正名時，主要限制在人性論領域，如前所述，李贄、陳確、顧炎武、黃宗羲等學者分別從人性本身、重新詮釋儒家經典文獻、社會初始階段的人性等多個角度論證了人性有私，這其中，以李贄直陳人性有私論最為直接和徹底，堪稱明末新興市民階層心聲的代表之一，其大膽程度在中國傳統社會中也是殊為少見的。如果李贄之論能夠廣泛流傳甚至成為社會主流思潮，中國社會或許會朝著另外一個方向發展也未可知。但很顯然，李贄生前就備受官方抵制和打擊，常被視為異端人士，76 歲高齡還被拘捕下獄，最後死於獄中，更為遺憾的是，李贄的觀點還受到王夫之、顧炎武、方以智、顧憲成等士人階層的強烈反對。因此，李贄直陳人性有私雖然徹底，也受到明末市民階層的歡迎，但終究未能成為社會主流思潮。與之相比，黃宗羲回溯到社會初始階段的人性之私，路徑別出機杼，論證頗為有力，但沒有進一步加以深入，人類社會擺脫蒙昧進入文明階段後，人性有私的合法性問題該如何解決，黃宗羲沒有加以明確的回答。還有陳確和顧炎武，以重新詮釋和回到先秦儒家經典的方式，承認人性有私，方式固然溫和，力度卻有所欠缺。

更為重要的是，人性有私雖然得到了明清之際思想家的認可，但卻很難

意只著眼於公共的利益」，「唯有公意才能夠按照國家創製的目的，即公共幸福，來指導國家的各種力量」，「公意永遠是公正的，而且永遠以公共利益為依歸」，「公意永遠是穩固的、不變的而又純粹的」。參見盧梭著、何兆武譯：《社會契約論》，商務印書館 2003 年版，第 35 頁、35 頁、第 31 頁、第 35 頁、第 133 頁。

說成爲他們考慮問題的出發點，或者說明清之際思想家考慮更多的只是如何被動的滿足這種私，而不是主動、積極的發揚這種私，這使得人性之私無法從人性領域向外拓展出去。

明清之際思想家承認人性確實有私，指出先秦儒家也承認這一點，接下來他們殫精竭慮、想方設法的，是呼籲和要求統治階層應該和應當去滿足這種私，也即「遂私」、「遂欲」之說。以顧炎武爲代表的學者還提出著名的合私爲公之說，強調「遂私」、「遂欲」的結果，是實現「天下大公」和「天子之公」，以這種方式來說服統治者「遂私」、「遂欲」。不難看出，合私爲公之說的前提是承認私、滿足私，但最後的落足點，仍然是在天下和天子身上。換句話說，承認私、滿足私不是目的，只是手段，而且滿足的手段是被動的、消極的，如此，人性之私仍然不能夠堂堂正正的走上歷史舞臺，以一種積極主動的面貌出現於世人之前，更遑論從人性領域向外延伸了。反觀西方經驗，歐洲自啓蒙時代人道主義思潮擡頭，形成要求尊重個人和個體、重視人的物質欲望和世俗享受的社會風氣後，就向社會各個領域擴展，影響到政治、經濟、宗教等諸個領域，最後蔚然成風，成爲社會主流思潮。如政治領域強調受到法律保護的個人權利和自由，「處在社會中的人的自由，就是除經人們同意在國家內所建立的立法權以外，不受其它任何立法權的支配；除了立法機關根據對它的委託所製定的法律以外，不受任何意志的統轄或任何法律的約束。」〔註 32〕經濟領域強調不僅借助新教倫理爲人們追求財富提供合法性，更強調合法獲得的私有財產神聖不可侵犯，直到近代以後，西方國家才注重私有財產的社會共享，紛紛在憲法中加入私有財產的徵收和利用的條款，〔註 33〕但私有財產不受侵犯仍然是不可動搖的基石。新制度經濟學更是將近代西方世界的興起歸結於確立以財產所有權爲主旨的有效經濟制度。〔註 34〕宗教領域經過宗教改革後，漸漸趨向信仰自由和宗教寬容，尤其是馬丁·路德倡

〔註32〕〔英〕洛克：《政府論》下篇，商務印書館，1983 年版，第 16 頁。

〔註33〕例如，《魏瑪憲法》第 153 條第 3 款規定：「財產伴隨著義務，其行使必須同是有益於公共福利」，此後 1949 年的聯邦德國《基本法》繼承了這一表述。美國《憲法修正案》第 5 條規定「沒有正當補償，任何人的私有財產不得被徵爲公共使用」，換言之，只要給予公平賠償，私有財產可以因爲公共利益而加以徵用。日本《憲法》第 29 條規定「財產權不得侵犯。財產權的內容，應當符合公共福祉，由法律予以規定。私有財產在正當補償下得收爲公用。」

〔註34〕參見道格拉斯·諾思等著、厲以平等譯：《西方世界的興起》，華夏出版社，1989 年版。

導「因信稱義」，宣稱每個信徒都可以直接與上帝聯繫，凸顯了個人在宗教信仰領域的自由精神和自主性。

　　從歷史上看，私觀念在我國得到真正有力的奧援，恐怕要到個人權利和自由等西學觀念引入中國後，才得以真正實現。王毓銓先生曾指出，「在中國古代政治思想中，人的權利的概念是不存在的，因為事實上它不存在。」〔註35〕確實如此，在中國悠久的民本傳統中，民眾作為一種語言符號，其地位之崇高已經無與倫比，連至高無上的天都從民所欲，可是在現實社會中，代表個體之私的民眾實際地位的低下卻毋庸諱言，原因很簡單，「因為民無權。權利乃是對抗別人侵犯自己的尊嚴、自由和利益的道德資格和制度手段。」〔註36〕所以到 19 世紀末 20 世紀初，西方的權利、自由觀念一傳入中國，就令熟諳國情的嚴復發自內心的贊服，「夫自由一言，真中國歷古聖賢所深畏，而從未嘗立以為教者。」〔註 37〕確實，借助於權利、自由學說，個體之私或才能真正在觀念領域和現實社會中真正擁有一席之地，民眾也才能真正由只有服從義務的臣民轉變為擁有政治權利的國民。

　　另一方面，明清之際思想家雖然對天下為公異化為天下為君進行了較為深入的反思，但對公觀念本身未能作出有效的反省，尤其沒有注意到具有原理性和道義性的公觀念實際上是一把雙刃劍。如前所述，公觀念本身自春秋戰國時期起，就獲得了一種超越性的提升，具備普遍性、原理性和道義性，由此形成具有中國特色的公觀念，不僅具備道德領域的褒義色彩，甚至常常與絕對正義合二為一。然而，作為一種觀念的公，與現實世界的結合卻有著多種途徑，不僅可以與天下相聯繫，和普通民眾相聯繫，可以和天子、君主、官方、朝廷和近代國家等相聯繫，甚至可以和經濟制度相聯繫，這就使得帶有道德褒義和超越意義的公觀念的作用要視具體情況而定。

　　公觀念和天下、普通民眾相聯繫時，可以轉化為制約專制君主肆意妄為的有力武器，特別是當專制君主視天下為己物時，橫徵暴斂或毫不顧惜民力時，反對者就可以借助天下為公、生民為公這一強有力的理論武器。中國歷史上的很多思想家在抨擊君主專制時都自覺運用了這一理論，如兩漢時期的賈誼、王符、仲長統等。明清之際思想家也是如此，他們指斥專制君主視天

〔註35〕王毓銓：《萊蕪集》，中華書局，1982 年版，第 378 頁。
〔註36〕夏勇：《朝夕問道——政治法律學劄》，上海三聯書店，2004 年版，第 32 頁。
〔註37〕嚴復：《論世變之亟》，《嚴復集》第一冊，中華書局，1986 年版，第 2～3 頁。

下爲一己之私，不讓天下之人遂其私、遂其欲，說明他們並沒有否認天下爲公、生民爲公的政治理念，而且視爲最高層次的政治理念，較之君主更高級，君主不能違背、只能遵循這一理念。和同時期的西方相比，中國古代天下爲公、生民爲公的政治理念之所以具有更明顯和強大的說服力和感染力，和公觀念本身所具備的超越性和道義性不無關係。但在同時，天下爲公、生民爲公的政治理念也忽略了天下實際上是由無數個體之私所組成的事實，尤其忽略了無數個體之私之間存在著錯綜複雜的矛盾和分歧的事實。以顧炎武爲代表的明清之際思想家提出了著名的合私爲公論，意識到天下之公實際上是由無數的個體之私所組成，更敏銳地提出滿足天下人的私利私欲就是天下之公，其時代進步性不言而喻。但是，天下之公既然是由無數個體之私所組成的，那麼不同個體之私的利益訴求之間發生衝突和矛盾也是必然的，也就是說，天下爲公、生民爲公在現實社會中總是表現爲各方利益，本身只是一種虛設的最高政治理念，很容易爲最高統治者所利用，這正如在傳統社會中，歷代王朝都是武力征服開創，但開國之君都聲稱自己是秉承天意、順應民心一樣。

公觀念和天子、君主相結合，可以加強爲天子、君主的統治的合法性，抹上一層溫情脈脈的道德面紗。韋伯曾指出，政治權力的正當性有三種類型：「『傳統的』、『超凡魅力的』與『法制的』。」〔註38〕天子、君主世代相襲，這種合法性主要來自於傳統，還有少數傑出的統治者如開國之君，其合法性來源也包括超凡魅力，但除此之外，在中國傳統社會中的天子、君主，還可以借助公觀念獲得道德上的支持，即天子、君主治理天下不能帶有私心，總是從公心、從生民角度出發，這實際上就是儒家夢寐以求的聖君之治，只不過，這既是儒家學者的衷心希望，又是儒家學者給統治者規定的、必須達到的義務。明清之際思想家雖然批評天下爲君，但他們同樣希望和要求君主出於公心治理天下，在這方面與先秦儒家並無區別。但這樣一來，天子、君主也就被理想化，被視爲沒有人性之惡的聖君，但這在事實上不可能，只能是一種善意的想像。正因爲如此，明清之際思想家在要求天子、君主在遂百姓之私和欲的同時，唯獨沒有考慮到如何遂天子、君主本身之私和欲。顧炎武在極力倡導的「寓郡縣於封建之中」之談，在顧準先生看來只有一種可能，

〔註38〕〔德〕韋伯著、閻克文譯：《馬克斯・韋伯社會學文集》，人民出版社，2010年版，第81頁。

「寓封建之意於郡縣之中，所知道的辦法之一是令長為世官，這就是『土司制度，這是行不通的，專制主義不允許這樣做。」〔註 39〕奧妙就在於，君主也是有其自身利益的，而且，封建之說有損君主大權獨攬、乾綱獨斷，顧炎武站在民眾的角度說成這正是「天子之公」所在，只能說是視角不同，但要讓專制君主接受這一政治主張，可能性微乎其微。

同樣，公觀念和古代的朝廷、官府，以及近代的國家、政府等政治機構和組織相結合時，具有道德褒義的公觀念可以很容易地為後者提供一種道義合法性。這樣做的有利之處在於，古代朝廷、官府和近代國家、政府等政治機構和組織相對比較容易得到普通民眾的擁護，民眾對古代朝廷、官府和近代國家、政府的信任度也比較高，即有利於政權的鞏固和延續。不利之處在於，古代朝廷、官府和近代國家、政府等本身即為國家機器，掌握著武力和軍隊，又被賦予道義色彩，與倫理之善相聯繫後，其力量更加強大，作為個體之私的普通民眾根本不可能與之抗衡。普通民眾甚至會誤以為古代的朝廷、官府，以及近代的國家、政府就代表著正義所在，可以無條件的相信和依賴。如果統治者能夠體恤民力、顧惜民生，就可以開創太平盛世，但如果統治者肆意放縱，那麼普通民眾也無可奈何，因為作為個體之私的普通民眾根本無論是在現實層面，還是道義層面，都無法與強有力的官方、朝廷相對峙，更談不上制衡。這一點，明清之際的思想家並沒有意識到，但在西方，朝廷、官府和國家、政府從來就不曾被視為公平公正或者說是正義的代表，甚至視政府為必要的惡，美國聯邦黨人對政府之惡的表述最為經典：「但是政府本身若不是對人性的最大恥辱，又是什麼呢？如果人人都是天使，就不需要任何政府了。如果是天使統治人，就不需要對政府有任何外來的或內在的控制了。」〔註 40〕在此基礎上，歐洲社會還發展出無政府主義理論。再到 19 世紀後期，近代民族國家觀念傳入後，很容易地在倫理層面獲得道義上的支持，甚至成為正義和平等的化身，這固然有利於近代民族國家的建立，尤其有利於近代國家、政府在外敵入侵時開展對民間社會的動員和組織。但在同時，佔據著道德高地和暴力機構的國家、政府是如此的強大，以致於個人在面對國家、政府時幾無自保之力，故有學者指出，「現代政治制度由強大的國

〔註 39〕顧準：《顧準筆記》，中國青年出版社，2005 年版，第 227 頁。
〔註 40〕漢米爾頓等著、程逢如等譯：《聯邦黨人文集》，商務印書館，1980 年版，第 264 頁。

家、法治、負責制所組成」，西方社會擁有全部三條，而中國「三條之中只擁有一條，即強大的國家」。〔註41〕

還要指出的是，公觀念和經濟制度相聯繫，使得經濟領域的公有之說在中國傳統社會上亦佔據公平、正義的道德高點。傳統社會中的公有涵義，經常有兩種解釋，一是代表官方，與官有、王有的內涵相接近，再就是相對而言的，內涵較個體之私相對擴大的群體之公。無論哪種解釋，公有都可以借助於公觀念的道德屬性，被人們寄予實現社會財富公平分配、共同分享的美好理想，由此導致的結果是，私有觀念、私有制始終無法和公有觀念、公有制抗衡。例如千百年來，孔子的「天下大同」論一直激勵著國人，不是因為這一理想的可操作性，而因為其中蘊含著強烈的公平公正等道德理想。明清之際的思想家肯定民眾所力耕的土地應該歸其所有，否認朝廷收取高額租稅的正當性，但自始至終，都只提「民有」，從來沒有「私有」一說，甚至「民有」的合法性，在某種程度上也要借助「公有」，如前論顧炎武所說「民有即國家之有」、「天下皆私鹽，則天下皆官鹽也」。至於到了近代中國，以公有制、計劃經濟為特點的社會主義甫一傳入中國，就得到了多數學者、包括大批受過英美文化薰陶的自由主義知識分子的齊聲贊同，其中原因，除了有前蘇聯經濟建設的現實榜樣、歐洲費邊社學者的倡導，恐怕和國人的潛意識中認為公有制就代表著公平、正義等道德之善當也有著緊密聯繫。中國人似乎認為，只要為國家、政府所掌握的財富，理所當然的就會用於全體社會成員，所以國人對公有制、對社會主義，全無抵擋之力，有一種文化心理層面的熟悉感和親切感。

第三節　立足傳統的近代化

明清之際的啓蒙思潮雖然在清代因為專制皇權的高壓統治而歸於低落，由此而引發傳統中國走向近代社會的努力也宣告失敗，但這並不意味這種啓蒙、這種向近代社會轉變的努力，從此只存在於歷史的故紙堆，僅可供憑後人追思、惋惜。恰恰相反，明清之際由啓蒙思潮引領傳統中國社會向近代轉變的失敗努力是一段彌足珍貴的歷史經驗，這段歷史經驗已經成為 19 世紀末

〔註41〕〔美〕福山著、毛俊傑譯：《政治秩序的起源：從前人類時代到法國大革命》，廣西師範大學出版社，2012 年版，第 472 頁。

20 世紀初的仁人志士探討適合中國現代化路徑的重要借鑒資源，並且還將爲後人提供同樣的重要作用。

這裏有必要分析一下傳統與近代之間的關係。所謂的傳統與近代之間並沒有一條涇渭分明的界線，兩者的關係更非互不兼容的對立關係，傳統與近代本來就是你中有我、我中有你的複雜關係。美國著名社會學家希爾斯是這樣界定傳統這一概念的：「傳統——代代相傳的的事物——包括物質實體，包括人們對各種事物的信仰，關於人和事件的形象，也包括慣例和制度。它可以是建築物、紀念碑、景物、雕塑、繪畫、書籍、工具和機器。它涵括一個特定時期內某個社會所擁有的一切事物，而這一切在其擁有者發現它們之前已經存在。」〔註42〕這樣的傳統，顯然並不僅僅指代過去，更與現實緊密相關，故趙汀陽先生有一個精僻的判斷：「傳統即現實」，因爲傳統是前人傳下來的東西，「傳統主要的意思是『傳下來的統』」，〔註43〕具體來說，有一部分傳統已經化成了我們的現實，雖然是過去創造出來的，卻已經融入現在、成爲現在的一部分，另一部分傳統也以文獻或類似的形式得到保存。劉軍寧先生亦歸納了人們所忽略的傳統的三個重要特徵：「傳統是開放的、共享的，傳統也是流動的」，「傳統不是靜止的，而是演化的；傳統不是過去的，而是從過去經現在到將來綿延不斷的」，「傳統在內部構成上是多元的，各部分之間往往是有內在衝突的，因而傳統是可以選擇的、可以修正的。」〔註44〕傳統無時不在，即使是當下的我們仍然生活在傳統中，只不過人們如魚在水不自知罷了。所以，人類文明的進步如果以完全摒棄傳統爲手段，在理論層面既不可通，在現實層面也無法操作，恰恰相反，人類文明的種種進步無不以傳統爲依據、紐帶和基礎，因爲任何現在都至少已經吸取、融合、整合了一部分的傳統，傳統連接著現在，又通向未來，我們所需要努力的，就是從多元的傳統中挖掘、分離出那些有助於人類良好生活的那部分資源，並進一步宏大發揚、推陳出新。

這一旨趣，新儒家學者群體揭示得尤其清晰。如徐復觀先生視傳統爲「某一集團或某一民族，代代相傳的生活方式和觀念」。〔註45〕進而，徐先生將傳

〔註42〕〔美〕希爾斯：《論傳統》，傅鏗、呂樂譯，上海人民出版社，1991 年版，第16 頁。

〔註43〕趙汀陽：《智慧復興的中國機會》，趙汀陽、劉軍寧等著：《學問中國》，江西教育出版社，1998 年版，第 9 頁。

〔註44〕劉軍寧：《保守主義》，天津人民出版社，2007 年版，第 185～186 頁。

〔註45〕徐復觀：《論傳統》，蕭欣義編：《徐復觀文錄選粹》，臺灣時報文化出版事業

統分解爲兩個層次：低次元的傳統與高次元的傳統。低次元傳統主要指風俗習慣，表現爲在各種具體事象上，它本身是具體的、被動的、靜態的、富於保守性的存在，缺乏自然批判、自我改進的能力，但是，人們可以在低次元的具體事象背後發現根本性的精神和目的，那就是高次元的傳統。高次元的傳統本身就是精神性的存在的，一般始創於民族的先哲先賢，經無數後繼精英人物的繼承充實，反覆不斷的自我反省和提煉，終於凝聚上陸成爲一個民族的至高目標、至高要求，因而，高次元的傳統具有理想性、批判性、動態性和生成性。新儒家的另一代表人物，牟宗三先生對中國傳統文化的固守同樣執著。牟氏完全認同西方的民主政治，但指出中國的傳統文化「只有道統而無學統」，所以中國的文化生命只在本源上大開大合，在向上的方面撐開，並彰顯了「本源一形態」，但未能在向下的方面再轉出一個「大開大合而彰著出屬於末的『知性形態』與國家政治法律方面的『客觀實踐形態』，」〔註46〕而後者正是西方的民主政治體制。基於此，牟氏提出了他的良知坎陷說，良知的直接體現是道德，科學和民主政治不過是次一層面的架構表現，德性「依其本性而言之，卻不能不能要求代表知識的科學與表現正義公道的民主政治」，可同時，作爲「理性之架構表現」的科學與民主「又與德性之道德意義與作用表現相違反」，〔註47〕因此，良知只有自覺地後退一步即坎陷，即可由德性主體轉爲知性主體和政治主體，即實現民主政治的治道。

事實上，新儒家珍視傳統的立場和態度並非空穴來風，早在 20 世紀初已經有著名學者上啓其緒。最典型者如陳寅恪先生，陳氏借審查馮友蘭《中國哲學史》下冊時指出：「竊疑中國自今日以後，即使能忠實輸入北美或東歐之思想，其結局亦當等於玄奘唯識之學，在吾國思想史上，既不能居最高之地位，且亦終歸於歇絕者。其眞能於思想上自成系統，有所創獲者，必須一方面吸收輸入外來之演說，一方面不忘本來民族之地位。此二種相反而適相成之態度，乃道教之眞精神，新儒家之舊途徑，而兩千年吾民族與他民族思想接觸史之所昭示者也。」〔註48〕作爲兼備國學傳統與西學薰陶的學者，陳氏

有限公司，1980 年版，第 107 頁。
〔註46〕牟宗三：《歷史哲學》，臺灣學生書局，2000 年版，第 181 頁。
〔註47〕牟宗三：《政道與治道》，臺灣學生書局，1987 年版，第 57 頁。
〔註48〕陳寅恪：《馮友蘭中國哲學史下冊審查報告》，《金明館叢稿二編》，北京三聯書店，2001 年版，第 284～285 頁。

珍視傳統的自由主義態度已經昭然若揭。

在五四時期甚至 20 世紀上半葉，傳統一度受到激進派或謂全盤西化派的徹底否定，如五四主將陳獨秀先生一度發出激昂之言：「要擁護那德先生，便不得不反對孔教、禮法、貞節、舊倫理、舊政治。要擁護那賽先生，便不得不反對舊藝術，舊宗教。要擁護德先生又要擁護賽先生，便不得不反對國粹和舊文學。」〔註 49〕並呼籲國人實現最後之覺悟，也即摒棄傳統倫理的現代轉型。但是，從歷史的角度看，這不過是特定歷史時期的特定呼聲。即在陳獨秀先生所處的時代，以孔教禮法為代表的傳統文化，數千年來一直起著壓抑個人自由和禁錮政治民主的消極作用，成為德先生和賽先生的擋路石，成為引入西方文化的巨大阻礙，不破不立，所以陳獨秀先生以一種決裂的姿態大聲警示國人。但如果平心靜氣地從學理角度加以審視，這種激烈態度和主張的依據並不完全成立。林毓生先生指出，五四時期的反傳統主義者可稱之為「整體性反傳統主義」，「他們的全盤否定論並不是在對中國過去的一切，經過詳切的研究以後，發現無一是處，才提出來的。根據他們的觀點，這種仔細研究中國過去一切的工作，並不值得考慮，並不是因為這種龐大的工作任何人都不可能做到的，而是因為那是一件迂腐而無必要的工作。因為，根據他們的一元所肯定的中國傳統為一有機體的觀點，他們無需做此工作就已經知道中國特有的一切都是要不得的。」〔註 50〕五四時期，同時受到西方自由主義和民族主義兩種思潮影響的中國知識分子，把傳統的政治、社會、文化、道德等因素看成是一個整體，而且是一個不可分隔的的整體，這一整體又與西方文化二元對立，非此即彼，於是為了引進西方文化，必須對傳統加以全盤性的拒斥，這的確是 20 世紀初期中國知識分子的一大特徵。

就學者對待傳統的立場而言，殷海光先生由一個反傳統主義者轉向為一個非傳統主義者的過程值得令人深思。殷海光一度對傳統文化持全盤否定態度，但他晚年承認，他和胡適以前都是「拿近代西方的自由思想去衡量古代的中國而後施以評擊」，又拿「歷史的社會與近代西方的社會比較」，〔註 51〕此時殷氏

〔註 49〕陳獨秀：《〈新青年〉罪案之答辯書》，《陳獨秀文章選編》上，北京三聯書店，1984 年，第 317 頁。

〔註 50〕林毓生：《五四式反傳統思想與中國意識的危機》，《中國傳統的創造性轉化》，北京三聯書店，1988 年版，第 154 頁。

〔註 51〕陳鼓應編：《春蠶吐絲──殷海光最後的話語》，臺灣世界文物供應社，1969 年版，第 34 頁。

已經意識到早年全盤否定傳統的不妥之處了。1955 年，殷海光先生以《傳統的價值》一文試圖探尋對待傳統的另一種態度和方式，即非傳統主義。「非傳統主義的思想，不是或不必是處處與傳統為敵。它對傳統不是採取正面攻擊的態度。」〔註52〕應該說，非傳統主義並沒有完全認可傳統，仍然認為傳統中存在諸多難以接受的因素和內容，但至少不視傳統為完全對立的敵人，至少不採取完全的敵視態度，這多少可以視為一種更為理性的態度。殷氏本人也承認了這一轉向，他在寫給弟子林毓生的信中曾經提到，「我對中國傳統文化內心深處倒有切膚之痛，而且現在仍在切膚之痛之中」，但殷氏並沒因此而對傳統完全抹殺，他坦承：「無疑，直到約五年以前，我一直是一個 antitraditionalist〔反傳統主義者〕。現在呢？我只能自稱為一個 non-traditionalist〔非傳統主義者〕。」〔註53〕此信寫於 1968 年 10 月 9 日，上溯五年則為 1963 年，那當是殷氏的轉向時期。必須承認，殷海光的轉身所向的只是非傳統主義，非傳統主義只是介於傳統主義與反傳統主義之間的一個中間立場，在這一點上，他的另一位弟子張灝先生的評價較之徐復觀更為接近。〔註54〕即便如此，殷海光先生的這種轉向仍然表現出一種與五四反傳統的激進色彩的明顯不同，故學者指出，殷海光先生的努力，「我們大致可以說，近代以來中國知識分子所努力的一個方向——重新確立評判文化傳統的價值尺度，在殷那裏得到部分實現。」〔註55〕

如果我們把眼光僅僅局限於傳統與現在兩者之間難以區分，那麼對近代而言，傳統的重要性仍然有所欠缺。傳統對於近代化之所以重要，還有一層受到人們忽略的意義，那就是傳統大都是自生自發的，即完全內生於一個社會共同體之內，因此，與傳統相關的、尤其是文化層面的諸種思想、觀念、意識等，對於這個社會共同體的近代化趨勢和走向尤其起著致關重要的影響。

所謂自生自發，這裏借用的是哈耶克在探討秩序是如何創造其自身的這一問題時所提出的一種理論，即自生自發的秩序，哈耶克稱之為「自我生成

〔註52〕 殷海光：《傳統的價值》，林正宏編：《殷海光全集》第 13 卷，臺灣桂冠圖書公司，1990 年版，第 273 頁。

〔註53〕 殷海光、林毓生：《殷海光林毓生書信錄》，上海遠東出版社，1994 年版，第 160 頁。

〔註54〕 參見張灝：《一條沒有走完的路》，載《張灝自選集》，上海教育出版社，2002 年版；徐復觀：《痛悼吾敵，痛悼吾友》，載《儒家政治思想與民主自由人權》，臺北學生書局，1988 年版。

〔註55〕 章清：《思想之旅——殷海光的生平與志業》，河南人民出版社，2006 年版，第 383 頁。

的秩序」（self-generating order）或「自我組織的秩序」（self-organizing order）亦或「人的合作的擴展秩序」（extengded order of human cooperation）。在哈耶克之前，並非沒有學者涉及到自生自發秩序理念，同爲「朝聖山三學者」之一的博蘭尼已經指出兩種秩序：「有意（delibdrate）秩序」、「自發（spontaneous）秩序」，自發形成的秩序可以極盡精緻而複雜，「社會當中自發秩序之最大的例子——也是由『看不見的手』建立的秩序之原理——即是植根於競爭個人聚集體的經濟生活」，此外，「自發秩序體系也構成了社會智識生活的一個部分」，〔註56〕如法律、特別是習慣法的例子。哈耶克對自生自發社會秩序的研究更可謂博大精深。哈耶克毫不懷疑人類理性的重要地位，「毋需置疑，理性乃是人類所擁有的最爲珍貴的秉賦」，但「理性並非萬能，而且那種認爲理性能夠成爲其自身的主宰並能控制其自身的發展的信念，則有可能摧毀理性」。〔註57〕鑒於此，人類社會的秩序不能建立在建構性唯理主義基礎之上，而應建立在進化論理性主義基礎之上，這樣的文明是經由不斷試錯、日益積纍而艱難獲致的結果，這其中，即便有些經驗和制度人類沒有能力予以透徹認識和把握，亦不會妨礙這些制度有助於人們的目的的實現。

　　博蘭尼、哈耶克對自生自發社會秩序的精湛分析不在本書的探討範圍之內，這裏之所以借用哈耶克及其它學者的自生自發概念，只是爲指出，對一個社會而言，傳統是自生自發的，相應的，改進社會本身的最佳手段和途徑也可以自生自發的，外來的因素和動力固然重要，但畢竟與本土社會不盡吻合，難免水土不服，當然可以利用，但絕不能視爲唯一解決之道，唯有從本土社會內部自我萌發出來的變革因素和路徑才有可能是最適當的。從這個角度看，明清之際包括公私觀念在內的啓蒙思潮對中國社會而言，同樣具有一種自生自發變革性質。換言之，包括公私觀念在內的明清啓蒙思潮是從中國傳統社會中自己生長出來、要求變革和進步的一種思想文化，它與清末民初遭受西學衝擊的啓蒙思潮和運動有著不同的特質，前者的養份和水份皆來於中國的土壤，可以視爲土生土長的果實，而後者則更多汲取了西學的資源，是中西學結合的果實。

〔註56〕〔英〕邁克爾·博蘭尼著、馮銀江等譯：《自由的邏輯》，吉林人民出版社，2002年版，第173、175頁。

〔註57〕哈耶克著、鄧正來譯：《自由秩序原理》上，北京三聯書店，1997年版，第80頁。

這樣一種自生自發的社會思潮，當然也是一種代表傳統的的社會思潮，但在同時，更可以被視爲一種自生自發的代表變革方向的傳統，對中國社會未來走向的影響和重要性是不言而喻的。近代以來，隨著國門的打開和西學的傳入，中國人學習西方的層次逐漸深入，梁任公概括清末民初中國學習西方的過程可分三個時期，「第一期，先從器物上感覺不足」，「第二期，是從制度上感覺不足」，「第三期，便是從文化根本上感覺不足」，﹝註58﹞西方文化影響中國的過程，便是由器物而制度、再及文化，由表及裏，逐層深入，沒有這種學習，也就沒有今天的中國。但在另一方面，需要我們引起更多注意的是，單靠移植西方經驗並不能完全解決中國的問題，畢竟中國社會迴異於西方，兩者的政治體制、社會構造、文化傳統等諸因素全然不同，更何況在很多時候，表面上看我們在借鑒、學習和引進西方的知識成果，但在骨子裏頭，積澱了兩千餘年的傳統觀念和文化仍然在不知不覺地發揮著支配性作用。主張「全盤西化」的胡適先生在潘光旦先生指出他用字的疏忽，即「全盤」含有百分之一百的意義後，坦承爲避免歧見，倡議「與其說『全盤西化』，不如說『充分世界化』。『充分』在數量上即是『儘量』的意思，在精神上即是『用全力』的意思。」﹝註59﹞正是因爲認識到全盤西化在事實上不可能，所以胡適先生才提議改稱「充分世界化」。當然，「充分世界化」的內涵仍然是全力以赴地學習西方、同時深刻反省傳統文化，這也是胡適先生的一貫主張。

再以公私觀念爲例，按理說，接受過西學近百年的薰陶或謂溝通交流，自先秦時期就砥定的以公滅私觀或許很難再成爲社會的主流趨勢。然而事實恰恰相反，將傳統社會的以公滅私論推進到極致和頂峰的，正是在20世紀六、七年代，其代表觀點如「大公無私」、「狠鬥私字一閃念」，在經濟制度領域則表現爲私人資本的悉數消滅，﹝註60﹞甚至達到了「割資本主義尾巴」的高度，這種公私之間的殘酷對立、私觀念遭受毀滅性打擊的程度，可以說超出了歷史上任何一個時期。時至今日，公私兩者之間無論是從理論層面還是從現實

﹝註58﹞ 梁啓超：《五十年中國進化概論》，李華興、吳嘉勳編：《梁啓超選集》，上海人民出版社，1984年版，第833～834頁。

﹝註59﹞ 胡適著、朱正編選：《充分世界化與全盤西華》，《胡適文集》第4卷，花城出版社，2013年版，第36頁。

﹝註60﹞ 在城市中，經過1953至1956年的公私合營，私人資本基本上不復存在；在農村中，經過人民公社運動後，農民的私有土地產權在法律上也不復存在。

層面，仍然存在著相當程度的緊張和衝突。顯然，解決這一問題的關鍵之一在於向西方學習。例如，西方社會對私有制和私有財產合理性的論證已經上陞到哲學高度，康德已經指出公民擁有財產不僅僅是爲了追求幸福快樂或謂提高社會整體福利，更是爲了追求美德和自我完善，黑格爾也把私人所有權看成是個人意志自由的外部表現，他宣佈人唯有在對財產的擁有或所謂所有權中才是作爲理性而存在的，「從自由的角度看，財產是自由最初的定在」。〔註61〕與此同時，西方社會對公有制又懷有著強烈的警惕，哈耶克一再提醒人們，「私有制是自由的最重要的保障」，「如果所有的生產資料都落到一個人手時，不管它在名義上是屬於整個『社會』的，還是屬於獨裁者的，誰行使這個管理權，誰就有全權控制我們。」〔註62〕但是，西方社會這種對私觀念的認同和對公觀念的警惕，要想全盤照搬入中國那幾乎是不可能的。缺乏個人主義傳統，反而有著悠久的天下爲公理想主義傳統，這使得社會主義和公有制等概念在 20 世紀初剛剛傳入中國時，就得到了幾乎所有知識分子的熱烈歡迎，直到 20 世紀 40 年間，在政治上學習英美、在經濟上學習前蘇聯，仍然是以民盟爲代表的自由主義知識分子的共同認知。可以看出，並不是所有的西方知識結晶都可以毫無阻礙的爲中國人所汲收。

　　因此，解決問題的另一關鍵之處就在於回歸到本民族既有的思想成果和資源。例如明清之際的公私觀或許可以爲破解今日公私觀的緊張局面提供一種借鑒，而且，由於這是一種從傳統社會內部自身萌發出來的解決之道，較之於西學資源更適合於中國社會或許是可以推定的。具體來說，明清之際公私觀念新進展的具體表現已經如上所述，仔細審視這一時期公私觀的演進路徑和方式，可以發現這種進展在整體上，或者說在多數情況下都呈現出一種立足於傳統的漸進性、妥協性，最多只是在某些特定領域體現出一種摒棄傳統的激烈性、徹底性。

　　明清之際對私觀念的肯定不是像西方那樣基於個人主義的基礎，而更多地基於儒家的倫理傳統。這裏的個人主義絕非貶義詞，而是一個中性概念，主要涉及西方社會的一種價值體系，對某種政治、經濟、社會和宗教體制的一種態度或信念，可概括爲「所有價值觀都是以人爲中心的，也就是由人來

〔註61〕　〔德〕黑格爾：《法哲學原理》，商務印書館，1982 年版，第 54 頁。
〔註62〕　〔英〕哈耶克著、王明毅等譯：《通往奴役之路》，中國社會科學出版社，1997年版，第 101 頁。

體驗的；個人是目的本身，具有最高的價值，社會只是個人目的的手段，而不是相反。」〔註63〕顯然，這種個人主義理論在王權極爲強大、經濟資源又相對匱乏的中國傳統社會，是不可能生根和立足的，因此，明清之際思想家在公私觀念領域所取得的新進展，所藉以依賴的理論資源，主要還是來自於儒家的人性倫理論。例如在爲私觀念正名時，除了李贄以現實社會爲依據、直接訴諸人心外，多數學者都以儒家理論和經典爲依據。如陳確實際上將私的起點視爲儒者的差等之愛，君子「敬其兄與敬鄉人必有間矣」，君子「受其兄之子與鄰之赤子亦必有間矣」，〔註64〕陳確認爲這是理所當然的，相應地，君子以愛其自身爲起點，就可以向外逐步擴大爲愛家、愛國、愛天下。同樣，顧炎武對私觀念的理解也以儒家倫理中的愛有差等觀念爲基礎。他從儒家經典記載的三代歷史入手，指出即使在聖人那裏，都是公私並存，只不過公和私的先後關係有待探討，或者「先公而後私」，或者「先私而後公」，但不管怎樣，有公無私的情形從歷史上看是不存在的。顧炎武還將孔子所謂的「大道既隱，天下爲家」的「小康」視爲理想社會，這種「小康」社會的最大特徵就是人各親其親，各子其子，這正是一種人性之私，「自天下爲家，各親其親，各子其子。而人之有私，固情之所不能免矣。」〔註65〕然而這種體現儒家差等之愛的人性之私，正可以導致天下大治，所以人人親其親、長其長，那麼天下自然太平，正所謂：「自古帝王爲治之道，莫先乎親親。」〔註66〕在此基礎上，顧炎武順理成章的推導出所謂王政就是合私爲公，在不否定公觀念的前提下，充分肯定和倡導了私觀念，如此立論，其觀點和理論雖然不盡透徹，但比較容易得到其它學者和民眾的認同，這正是自生自發的啓蒙思想的高明之處。

　　明清之際思想家的公私觀中也有一些激烈之言，如他們對君主專制的激烈批判，指出天下爲公的理想社會圖景在君主集權的長期統治下，已經蛻變爲天下爲君。唐甄不無激烈地指斥稱自古帝王皆爲賊，既削除了長期以來籠罩在君主身上的神秘性，更剔去了天賦君權導致的君主身上的神聖性。黃宗羲也從理論層面對君主專制制度進行了激烈批判，更進一步給出了消除君主

〔註63〕顧肅：《自由主義基本理念》，中央編譯出版社，2005年版，第8頁。
〔註64〕陳確：《釋私》，《陳確集》，中華書局，1979年版，第257頁。
〔註65〕顧炎武著、陳垣校注：《日知錄校注》卷三《言私其豵》，安徽大學出版社，2007年版，第130頁。
〔註66〕《日知錄校注》卷九《宗室》，第541頁。

專制的解決之道，例如置相、學校、清議等，這些解決之道在後世的激進者、尤其是崇尚暴力革命路線的人物看來，只能說是和君主專制的一種妥協與退讓，但必須承認的是，這種妥協與退讓同樣可以構成歷史前進的一種方式，因為君主專制的最糟糕之處不在於君主，而在於專制，只要否定了君主的專制，那麼是否保留君主完全可以視各民族具體情況而論。而且，因為放棄了暴力手段，因而付出的相應代價也小得多，在特定的歷史時代和條件下，這種妥協與退讓的方式同樣是以較小代價、推動歷史發展的重要手段。這便是自生自發的傳統在歷史演化進程中的作用，當然，這一傳統在歷來以強權即公理為準則、即信奉勝王敗冠的中國歷史上並不多見。

餘論：公和私的理想狀態

　　明清之際公私觀念所取得的新時展，及其中所蘊含的近代意義已經如上所述，這裏最後還試圖探討這樣一個問題，即公和私的理想狀態是什麼？這種理想狀態如何才能達到？如果說，上文對明清之際思想家公私觀念的探討都以是中國傳統社會爲基礎，可以視爲一種實然，那麼，這裏所論公私觀念的理想狀態主要是從邏輯上加以推演，可以視爲一種應然。所謂實然（what is），就是事物的各種現實表現及其存在的實際狀態，而應然（what ought to be）則指在可能的條件下事物應該達到的狀態，這是基於事物自身的性質和規律所應達到的一種狀態。當實然和應然與道德相聯繫的時候，實然是人們對實際事物是爲善、抑或是惡的一種分析和判斷，而應然是人們基於理性對事物提出的滿足其客觀需求、即在道德上應該爲善的一種要求和願望。〔註1〕

一、公私概念界定

　　要回答上述問題，有必要先對何爲公私作出某種程度的界定。在第二章我們歸納了公私概念的四種歷史內涵，但如果從哲學高度看，私概念或可以視爲個體區別於外部環境的內在規定性，體現爲每一個體的存在意識和自我意識。

　　這裏的外部環境，包括兩層意思：首先是指自然界。只要是人，相對於自然界而言，都可視爲私，因爲，人必須要依靠自然界才能生存下去。這就

〔註 1〕西方一些學者如羅素認爲，「應當」是最後的、不能分析的概念，不可能有詞語定義。參見伯特蘭・羅素：《倫理學和政治學中的人類社會》，肖巍譯，中國社會科學出版社，1992 年版，第 83 頁。

如生活在孤島上的魯賓遜，哪怕只有他一個人，他仍然要依靠自然界方能生存，所以仍可被視爲個體之私。當然，動物也依賴自然界方能生存，但不同的是動物只能靠本能維持生存，而人卻可以借助工具和知識等，一代代的不斷改變和征服自然界，這種改變和征服的實質，就是讓作爲客體的、無生命意識的大自然服務於作爲主體的、有生命意識的人。毫無疑問，數千年來，這種改變、征服一直受到人類自身能力即生產力的束縛，事實上，人類的生產力發展水平總是受到一定的限制，不可能無限制地讓自然界完全爲我所用。其次是指其它個人、個體。人類是群居方式生活在某一社會共同體中的，每一個體都擁有大致完備且相同的智力和自我意識，因此，人類社會中存在著無數的單個的私。儘管對某一單個私來說，其它私都可以說是非私，但這絕不能抹殺其它私的客觀存在，因爲私的存在首先是相對自然界，在自然界面前，芸芸眾生即是無數的單個私。因此對某一單個私而言，合乎理性的做法是承認其它私和自己一樣都有其存在和發展的理由，否則，當某一單個私否定其它私的存在時，其它私也同樣會以牙還牙否定這一單個私的存在。

根據上述界定，我們還可以進一步引申出私概念的特點。私概念的特點分別相對於自然界和其它個人、個體。相對於自然界而言，人作爲有機生命體，也是一種以生存和滿足各種欲望爲目標的動物，不但必須從外界獲取必要的養份以維持生命體的生存，還要滿足生命體的種種超出生存本能的欲望和追求，這一點，在心理學領域已經有較爲深入的研究。這樣，人首先或最終所考慮的，總是自己、即個體的生存條件和環境。〔註2〕此時的人和動物一樣具有一種自利性，趨利避害、自我保存，兩利相權取其大、兩害相權取其輕，都是其本能，正如斯密所說，「毫無疑問，每個人生來首先和主要關心自己；而且，因爲他比任何其它人都更適合關心自己，所以他如果這樣做的話是恰當和正確的」。〔註3〕因此，私概念的本質特點是自利性。相對於其它個人、個體而言，任一單個私和其它單個私就構成一種以互不傷害爲前提的共

〔註 2〕從生物科學的角度來論證生命的存在源於自私的，是《自私的基因》一書。該書認爲，如果生命不自私，就是把生存的機會讓渡給他者，那麼也就是取消自己的生命，所以基因是自私的。該書從基因學科的角度論證了人性之私，這可以視爲對人性哲學的一大有力補充。參見 Richard. Dawkins: "The Selfish Gene", Oxford University Press, 30th anniversary edition 2006。

〔註 3〕亞當‧斯密：《道德情操論》，蔣自強等譯，商務印書館，1997 年版，第 101～102 頁。

同原則，人畢竟是社會性動物，爲了更好地生存，人與人之間有必要結成各種各樣的、紛繁複雜的社會關係，此時私概念的自利性就必須加以修正，要加上一個前提，即不損害他人利益的自利性，任一單個私追求生存和發展的行爲不能建立在影響其它私追求生存和發展的前提之上。否則，人類將陷入可怕的「人人互相爲戰的戰爭狀態」。﹝註4﹞要之，私的根本特點就是不損害其它私的自利性，這也是合理、正當的私在邏輯上得以展開的基點。

至於公概念，可理解爲無數單個私的集合。需要強調的是，這裏的公也有一個相對應的外部環境，那就是私賴以存在的自然界，也就是說，我們所謂的公和私，都是相對於自然界而言、以自然界爲前提的，我們不能把自然界這一客觀環境納入到公和私的範疇中去。分清這一點非常重要，在宋明理學家那裏，出現了一種頗爲尷尬的情形：理學家一方面拼命強調公私之辨、理欲之辨，另方面卻始終無法清晰給出公和私、天理和人欲的界線。究其原因，就在於公和私都是相對於自然界而言的，而理學們提出的作爲至公的天理，既囊括了人類社會，又涵蓋了自然界，當理學家混淆了公私觀念和自然界之間的區別時，其理論必然會陷入某種混亂。與之類似，傳統文化中過於強調天人合一的傾向，在某程度上也忽略人類社會與自然界的區別。

公概念具有強烈的正義性特點，﹝註5﹞即其本身具有無可厚非的合理性、正當性。但由於公概念是私的集合，因而其合理性、正當性特點又可以作下分析。公概念由於具有諸私之和即群體的意思，故其合理性、正當性首先來自公概念所代表的私概念。這正如對村民來說，一縣民眾爲公；對一縣民眾來說，一省民眾爲公；對一省民眾來說，一國民眾爲公；對一國民眾來說，世界、天下眾生爲公，﹝註6﹞因此，公概念的合理性、正當性首先與其所代表

﹝註4﹞霍布斯：《利維坦》，商務印書館，1985年版，第92頁。
﹝註5﹞正義（justice）在不同的學者筆下有著不同的解釋，功利主義者、自由主義者和社群主義者的答案各不相同，各有千秋，以致於美國法哲學家E·博登海默在考察人類歷史上有關正義的觀點時稱：「正義有著一張普洛透斯似的臉（a Protean Face），變幻無常、隨時可呈現不同形狀並具有極不相同的面貌。」參見博登海默著、鄧正來譯：《法理學——法律哲學與法律方法》，中國政治大學出版社，1999年版，第252頁。筆者不擬對正義概念展開分析，僅將正義理解爲一種普遍的、抽象的合理性和正當性。
﹝註6﹞就人類目前的認知水平而言，由各國組成的世界、天下爲最大範圍的人類共同體，所以康德才會著有《永久和平論》，專門討論國與國之間如何實現永久和平。

的私概念的絕對數量成正比，所代表的私概念的絕對數量越多，其合理性、正當性也就越強，如果公概念只能代表少數私概念，那麼這樣的公概念就很難成爲公概念，只是一種爲特權所霸佔、異化的公。當然，這並不意味著爲了某部分數量佔優勢的諸私之和，就可以觸及甚至犧牲少部分的私的根本利益，這就如同民主絕不意味著簡單的多數服從多數原則一樣。

其次，公概念的合理性、正當性還來源於對私概念的保護和保障，這可以看成是對眾私、諸私之間衝突的一種協調和溝通。如上所述，私概念的根本特點是不損害其它私的自利性，但在現實社會中，追求自利的私很容易忽略不損害他私的前提，此時就需要公概念加以協調。洛克在論及政府和社會的起源時精僻地指出，「人類儘管在自然狀態中享有種種權利，但是留在其中的情況既不良好，他們很快就被迫加入社會。……在這種狀態中，由於人人有懲罰別人的侵權行爲的權力，而這種權力的行使既不正常又不可行，會使他們遭受不利，這就促使他們託庇於政府的既定的法律之下，希望他們的財產由此得到保障。」〔註7〕「其中的情況既不良好」就是指眾私、諸私之間的種種衝突，於是，政府的起源就在於保護權利，協調眾私、諸私之間的矛盾，最重要的一點就是「就是爲了保護他們的財產」。即便追求自利的私能注意到不損害他私的前提，彼此之間也肯定會發生衝突和矛盾，因爲在現實社會中，每一個體之私有著不同的方向和目標，有著不同的人生態度和追求，會形成不同的利益主體，而且多元的世界上也存在著多種眞理或善的原則、觀念，彼此之間並不完全融洽，如伯林所說的那樣，「某些終極價值是彼此不兼容的」。〔註8〕同時，也沒有一種絕對眞理或絕對的善可以統攝一切，哪怕這種絕對眞理或絕對的善是多麼誘人。因此，公概念的合理性、正當性就在於以容納無數追求自利的個體之私，形成一個彼此寬容、互相妥協的多元社會，人類社會也因此而呈現出多姿多彩、氣象萬千的面貌。

第三，從以上兩者出發，公概念的合理性、正當性還應體現於無數私概念的相互關係之中，即平等、公平關係，這裏包含有兩層意思：其一，每一單個私在人之爲人的層面上，都應該是彼此平等、沒有差異的，都應該享有同等的對待和機遇。當然，從人擁有自然天賦的差異和經濟、家庭等現實條

〔註7〕〔英〕洛克：《政府論》下卷，瞿菊農、葉啓芳譯，商務印書館，1996年版，第78頁。
〔註8〕〔英〕以賽亞・伯林：《扭曲的人性之材》，譯林出版社，2009年版，第50頁。

件看，人與人之間又的確是不平等的，但這並不影響人之為人的平等和公平。先秦儒家提出的「己所不欲，勿施於人」，[註9] 也含有這層意思，只不過，孔子沒有從群體的角度、而是從個體的角度出發的。其二，由於這種平等、公平是面向每一個個體的，因而對所有個體而言，公概念具有一種開放性。前述日本學者黑住眞先生將公「寬泛地定義為『所有人都參與』的一種理想的狀態」，以及德國學者哈貝馬斯提出的「公共領域」，都與公概念的開放性有著密切聯繫。所有人都參與是指所有人都有權利參與，政府和社會的職責就在於建立一種所有人都參與的管道和機制，至於參與的每個人表達什麼樣的內容和觀點，這不屬於公的開放性之中。

二、公私和諧之道

在對公私概念作出上述界定後，公和私的理想狀態也不難加以推定，那就是公和私皆能各得其所。不但某一單個私可以實現存在和發展的要求，任一單個私都可以實現這種要求，由於公是私的總合，因此當任一單個私都能實現存在和發展的要求，其實質就是公。或者說，能夠實現其存在和發展要求的單個私的數量越多，那麼公和私的理想程度也就越高，最理想的，當然是所有的單個私的要求都能達到，也就是遂天下之私。當所有的私都能滿足其欲望和追求時，就可以說是公私和諧、天下大公的理想社會了。

但是在現實社會中，我們看到更多的是存在於私與私之間、公私之間的衝突和對立。導致這種衝突的因素有兩個，一方面是作為私的人個體的自身缺陷，即人性必然以自利為本能，由此體現為人性中一些幽暗的部分，借助於道德和法律手段，人們可以最大限度的抑制、弱化這些人性中的陰暗內容，但卻不可能根除，否則人作為生命有機體的特徵將被抹消，此時，人將不成其為人。另一方面，人類改造和征服自然界的能力總是受到生產力發展水平的限制。即便現代社會的科技多麼發達，面對人類永無止境、不斷湧現的欲望，人類所掌握的生產力水平總是難以滿足，更遑論近代以前生產力水平較為低下的時代了。

由於這兩個因素，人類社會的演進途徑在某種程度上，可以理解為得到滿足的私個體數量愈來愈增多的發展史。例如在原始社會時期，人類共同體

〔註 9〕楊伯峻譯注：《論語譯注》，中華書局，1980 年版，第 166 頁。

整體的基本安全都無法得到有效保障，生活資料也極其匱乏，此時，所有個體私的生存和發展要求都難以得到較好的滿足。進入文明社會後，無論是西方中世紀時期，還是東方以君主專制爲特色的傳統社會，都處於農業社會，生產力發展水平雖較原始社會有極大提高，但總體程度平仍比較低下，仍以人力、畜力爲主要動力。而且社會個體被劃分爲不同的等級，被打上鮮明的等級烙印，此時，生存和發展要求能夠被滿足的單個私的數量仍然很少，僅限於掌握權力和接近權力核心的統治者階層，如西方的貴族階層、教士階層，東方的帝王將相，等等。至於下層社會的廣大民眾，大多處於維持生存的生活最低端水平。這樣，整個社會中能夠滿足其生存和發展要求的單個私的數量雖較原始社會要大大提高，但占社會總人口的比重仍然不大。直到進入近代社會後，西方社會終於擺脫了貧困，如諾斯所指出：「西方人的富裕是一種新的和獨有的現象。在過去幾個世紀，西方人已經衝破了赤貧和飢餓困擾的社會束縛，實現了只有相對豐裕才可能達到的生活質量。」〔註10〕近代西方社會之所以能成爲人類文明的領頭羊，除了工業革命導致生產力水平提高，改造和征服自然的能力迅猛提高外，還要歸功於體現公平、正義的相關政治制度的建立和完善。借助於西方社會的經驗和成果，目前世界已有相當部分國家和地區實現了相對富裕，這說明和農業社會相比，今天能夠滿足其生存和發展要求的個體私的數量已經達到相當數量。當然，西方社會的資本主義道路並非完美無缺，其合理性只是縱向比較的結果，在私有制和完全市場經濟體制下，財富的分配和佔有規則由權力支配轉變爲資本支配，這仍然是一種欠缺公正和正義、不能滿足所有個體私的生存和發展要求的社會體制，這一點，馬克思已經予以了深刻批判和揭露。可以預見到的是，人類文明進一步發展的目標所向，在於更多的個體私的生存和發展要求的滿足，直到包括所有的個體私。

由此看來，公私理想狀態的關鍵點在於私，只要私的狀態處於理想狀，那麼公的理想狀也可以自然而然的達到。而影響個體私的生存和發展要求的因素如上所述有兩個，一是改變和征服自然界的能力，這主要體現爲科學技術的發展導致生產力水平的提高，主要涉及自然科學領域。二是在社會領域

〔註10〕道格拉斯・諾斯著、厲以平譯：《西方世界的興起》，華夏出版社，1989 年版，第 1 頁。

實現所有個體私的公平、有序競爭和發展，避免出現霍布斯所謂的可怕的自然狀態。

後一問題，實際上是指人類社會內部任一單個私與其它單個私之間的關係問題，也可以看成是公私關係。如何解決這一矛盾，已經有諸多前賢作出了不懈努力。盧梭曾經設想過一個與眾意相對的公意之說，「眾意與公意之間經常總是有很大的差別；公意只著眼於公共的利益，而眾意則著眼於私人的利益，眾意只是個別意志的總和。但是，除掉這些個別意志間正負相抵消的部分而外，則剩下的總和仍然是公意。」〔註11〕在盧梭那裏，這種公意是至善至眞的，因而「永遠是公正的，而且永遠以公共利益爲依歸」，但問題是如何能做到永遠以公共利益爲依歸？畢竟在現實社會中，存在著無數的單一私，也就是說存在著多元的利益和利益主體，如果一定要產生一個「永遠公正」的公共利益，那麼這種公共利益只能是抽象的「『公共』人格，或稱『道德共同體』。」〔註12〕這樣的公意社會，所抹殺的是以追求私利目標、但卻是通過各種合法手段的多元社會，因此，盧梭的公意理論，表面上看起來很振奮人心，一旦付諸現實，很容易爲極權主義者所借用。明清之際思想家以顧炎武爲代表也提出了「合私爲公」的著名論斷，但合私何以爲公，顧炎武也沒有加以清晰有力的論證。在顧炎武那裏，「合私爲公」的「公」可以指代天子，天子擁有民眾，民眾即爲諸私，故實現民眾的利益即爲實現天子的利益，但問題就在這裏，天子之利與民眾之利是否一致？以顧炎武爲代表的儒家學者認爲天子以四海爲家，所以可以成爲公利的代表，但這只是儒家學者的一廂情願。因爲天子也是人，天子也不過是個單一私，不但天子有其私，以天子爲代表的統治者有其私，即便是現代社會中代表公共利益的政府，因爲也是由人所組成，也受到一些利益集團的影響，也就必然有其私。所以，合私爲公是否成立，顧炎武在嚴格意義上沒有加以詳細論證。

可以發現，盧梭、顧炎武兩位學者所提出的觀點頗爲相似，其軟肋也是相同的，即他們都沒有注意到作爲生命有機體的單一私，其自利性是不可替代的。也就是說，在追求自利的過程中，就利益本身而言，是不可被代表的，即只能身受而不能由他人代表，例如對特定生命體的存在而言，維持生存所

〔註11〕盧梭：《社會契約論》，何兆武譯，商務印書館，2003年版，第35頁。

〔註12〕朱學勤：《道德理想國的覆滅——從盧梭到羅伯斯庇爾》，三聯書店，1994年，第78頁。

必需的營養只能由特定生命體來吸收，如果被代表者吸收，那麼該特定生命體就會出現生存危機。這裏的代表和法律意義上的委託代理不同，後者是一種授權，前者則是一個契約概念，前提是承認主體的權利和製定相關的制度保障，利益的最後獲得者仍然是授權者，因而還是一種身受。而利益被代表的結果，是利益最後就歸屬了代表者，而被代表者只能一無所有。所以馬克思指出，「『共同利益』在歷史上任何時候都是由作爲『私人』的個人造成的」，〔註13〕這就說明，私利是公利的具體組成，正是無數的私利才構成了公利正義性的一塊塊基石，公利只能由爲數眾多的私利所彙聚組成。

　　亞當・斯密的解決之道則更進一步，在他的理論中，沒有代表者。他在《國富論》中指出了另一路徑，每一個個人追逐符合其自身利益的結果，可以導致社會公共利益的提高，「他通常既不打算促進公共的利益，也不知道他自己是在什麼程度上促進那種利益。由於寧願投資支持國內產業而不支持外國產業，他只是盤算他自己的安全；由於他管理產業的方式目的在於使其生產物的價值能達到最大程度，他所盤算的也只是他自己的利益。在這場合，像在其它許多場合一樣，他受著一隻看不見的手的指導，去盡力達到一個並非他本意想要達到的目的。」〔註14〕這就是著名的「看不見的手」理論。也許在斯密看來，這隻「看不見的手」就是市場之手，至於市場究竟是如何引領著一群只顧自己私利的行爲者走向公共利益之路，仍然是值得探討的問題。哈耶克進而指出，保護私人利益的私法並不與公共利益相違背，「那種認爲唯有公法服務於普遍利益、私法只保護個人私利的觀點，乃是對是非的完全顛倒，因爲那種以爲只有那些刻意的方式實現共同目的的行動才有幫助於公共需求的觀點，實在是一種錯誤的觀點。事實的眞相母寧是，對於每個人來說，從而也是對於普遍利益來說，自生自發的社會秩序爲我們所提供的東西，要比政府組織所能夠提供的大多數特定服務更重要，只有政府組織經由實施正當規則而爲我們提供的安全是個例外」。〔註15〕哈氏的論證無疑是有力的，他不但指出了單個私追求自利的合理性、正當性，而且認爲單個私追求自利的結果，會形成一個自生自發的社會秩序，哈耶克的立意比僅從經濟學

〔註13〕《馬克思恩格斯選集》第 1 卷，人民出版社，1960 年版，第 275～276 頁。

〔註14〕亞當・斯密：《國富論》下卷，郭大力、王亞南譯，商務印書館，2003 年，第 27 頁。

〔註15〕哈耶克著、鄧正來譯：《法律、立法與自由》（第 1 卷），中國大百科全書出版社，2000 年版，第 209 頁。

著手的斯密更爲高遠，但他面臨的論證任務顯然也更爲艱巨。

　　馬克思也從哲學角度對單一私與其它私、私與公之間的辯證關係，作了較爲精僻的闡釋。馬克思指出，公和私、公私和私利的合理性、正當性是互爲依靠的，既是由於單個的人之所以爲人的主體獨立性要求，又是社會分工以及個人及其需要的自然差異使交換成爲必需的結果。馬克思舉出以下例子，個人 B 用商品 b 爲個人 A 的需要服務，個人 A 也用商品 a 來滿足個人 B 的需要，「每個人爲另一個人服務，目的是爲自己服務；每一個人都把另一個當做自己的手段互相利用。這兩種情況在兩個個人的意識中是這樣出現的：（1）每個人只有作爲另一個人的手段才能達到自己的目的；（2）每個人只有作爲自我目的（自爲的存在）才能成爲另一個人的手段（爲他的存在）；（3）每個人是手段同時又是目的，而且只有成爲手段才能達到自己的目的，只有把自己當作自我目的才能成爲手段。……表現爲全部行爲的動因的共同利益，雖然被雙方承認爲事實，但是這種共同利益本身不是動因，它可說只是在自身反映的特殊利益背後，在同另一個人的個別利益相對立的個別利益背後得到實現的。」〔註 16〕每個人既是手段同時又是目的，作爲目的時，每個個人都在追求自己的個別利益、特殊利益也即私利，但在這個過程中個人必須成爲別人的手段，否則無法達到自己的目的，也正當個人成爲別人的手段時，共同利益即公利就體現無數彼此對立的個別利益的背後。「因此雙方都知道，共同利益恰恰只存在於雙方、多方以及存在於各方的獨立之中，共同利益就是自私利益的交換。一般利益就是各種自私利益的一般性。」〔註 17〕公存在的前提和基礎即是各種各樣的不同的私，作爲共同利益的公利，本質上不過是各種私利的交換的結果。所以馬克思斷言未來的理想社會是這樣的，「代替那存在著階級和階級對立的資產階級舊社會的，將是這樣一個聯合體，在那裏，每個人的自由發展是一切人的自由發展的條件。」〔註 18〕如今的西方社會是不是正在朝每個人的自由發展爲一切人自由發展的目標邁進，這個問題還有待進一步探討，但是，每個人的自由發展是一切人自由發展的條件，這可以是對理想社會的最簡潔、也最有力的概括之一，這或許也是理想公私關係的表述之一。

〔註 16〕　《馬克思恩格斯全集》，第 46 卷上冊，人民出版社，1974 年版，第 196 頁。
〔註 17〕　《馬克思恩格斯全集》，第 46 卷上冊，第 197 頁。
〔註 18〕　《馬克思恩格斯選集》第 1 卷，人民出版社，1995 年版，第 294 頁。

再換個角度看，無論是顧炎武所說的「合天下之私以成天下之公」，或是斯密所說的市場之手可以引領自私自利的人類走向公共利益，還是馬克思所說的每個人的自由發展是一切人自由發展的條件，其實現途徑都無法離開人與人之間的各種社會交往。

這種社會交往體現在兩個方面，一方面，任何作爲個體的單個私，其生存都依賴於一定的物質條件，需要獲得生命體維持生存的基本生產和生活資料，而個體私要獲得這些生產和生活資料，只有與他人實現廣泛的合作才能實現，即個體私只有通過與他人的交往才能實現自身的生存。另一方面，個體私又總是生活在特定的社會和文化空間中，無論是東方社會中以自我爲中心，以血緣、地緣、學統關係等爲經緯展開的熟人社會，還是西方社會以享有政治權利和私有財產的個人爲中心、以各類社會組織和團體爲要素展開的市民社會，都以通過個體私與個體私之間的公共交往來實現的。事實上，個體私不可能離開其它個體私而獨存，只有通過社會交往而實現個體私的存在，而無數個體私之間的社會交往，無論彼此之間是志同道合、亦或是分歧林立，都會形成一定的公共空間，形成無數個體私共同參與的公共領域。〔註19〕不僅如此，社會交往過程也同樣體現了公的存在，個體私與個體私之間的交往本身就體現出一種公的內涵，個體私還通過結社、聚會等手段，組成包括政黨在內的各類社會團體和組織，進一步擴大了交往的內涵。除此之外，社會交往還包括個體私、個體私組成的社會組織與公觀念的外在呈現如政府之間的溝通和交往。正是在上述社會交往中，作爲抽象意義上的私和公都可以得以清晰呈現。

如此，公私和諧這一問題從人的交往角度出發，就轉化爲如何促使人類的社會交往盡可能處於一種良好態勢中，爲此有必要確立一些爲最大多數社會成員即個體私所認同的交往基本原則和規範，這些交往基本原則和規範獲得的社會成員的支持越多、認同越廣，發揮的作用越大、範圍越廣，那麼社會交往就越有可能趨向於良好態勢，公私關係也就越有可能趨向於和諧。顯

〔註19〕公共領域（public sphere）也被譯爲公眾領域、公共空間，最早由阿倫特提出，首先是指「出現於公共場合的東西都能夠爲每個人所看見和聽見，具有最廣泛的公開性」，其次是指與私人領域相區別的「一個共同的世界」，這個世界將大家聚焦在一起的卻阻止彼此爭勝。參見阿倫特：《公共領域與私人領域》，載汪暉、陳燕谷主編：《文化與公共性》，北京三聯書店，1998 年版，第 81～86 頁。此後，哈貝馬斯等學者進一步探討了公共領域的內涵。

然，人類社會發展至今，已經摸索總結出一些得到充分認可的交往基本原則和規範，例如，在經濟領域，越來越強調分工合作的廣泛性，強調交易的公平性，強調競爭的平等前提，強調對市場競爭失敗者的某種補救；在政治領域內，政治權力的獲得和更迭由暴力爭搶轉向和平更迭，政府權力受到愈來愈嚴格的限制，對公民權利的保障則愈來愈深入；在思想文化領域，寬容、多元觀念正在被越來越多的人們所接受，不同形態的民族文化理應得到尊重，等等。

上述得到廣泛認同的人類社會交往基本原則和規範，如果從公私觀念的角度加以概括，又或許可以大致歸納為以下三條：首先，個體私在個人領域可以自決，但前提是不能損害其它個體私的利益，這其實已經超出個人領域。個體私固然可以呈現出其區別於其它個體私的差異性，構成一個屬於這一個體私的個人領域，但這裏有一個前提是不損害其它個體私，這就又與其它個體私發生交往。而且，這一個人領域不是目的，因為個體私必須要通過各種社會交往才能維持其存在和實現存在的意義，而一旦實施這種社會交往，即意味著個體私已經走出個人領域，步入公共領域。

其次，平等、寬容和互相尊重是個體私之間開展社會交往的基本準則。這裏的平等當指法律面前一律平等，由於個體私有著不同的利益訴求和價值取向，而交往又需要一個相對客觀的遊戲規則，這個遊戲規則就是由多數個體私共同制訂、認可和服從的法律，如此社會交往才能得以展開，公共領域也得以建立在一個堅實穩固的基礎之上。又由於個體私之間的多元利益訴求和價值取向不但沒有正確與錯誤之分，還互相牴觸，所以寬容和妥協就成為此時的不二選擇。而尊重則是指尊重每一個體私的自由選擇權，只要不違反法律，那麼單個個體私的利益訴求和價值取向就應該得到尊重，而社會創新很可能就由這些利益訴求和價值取向各不相同、甚至對立的個體私所創造。

第三，公概念同樣也是通過社會交往而得以呈現的，因此，與其說公概念的重心是在保護和尊重每一個體私的權利，不如說是維護和促使社會交往的正常進行、公共領域的理性構建更為恰當。由此出發，上述平等、寬容和互相尊重即個體私之間開展社會交往的基本準則，自然也是公概念的應有之義。或者可以這麼說，公私和諧之道，正是在維護社會交往、構建公共領域的過程之中才能真正得以呈現。

參考文獻

一、著作類

1. 班固：《漢書》，中華書局，1962 年版。
2. 張廷玉等：《明史》，中華書局，1974 年版。
3. 《明實錄》，中央研究院歷史語言研究所校印，1962 年版。
4. 《全明文》，上海古籍出版社，1992 年版。
5. 趙爾巽等：《清史稿》，中華書局，1977 年版。
6. 中國社會科學院歷史研究所明史室編：《明史資料叢刊》，江蘇人民出版社，1983 年版。
7. 黎靖德編、王星賢點校：《朱子語類》，中華書局，1986 年版。
8. 郭齊、尹波點校，朱熹著：《朱熹集》，四川教育出版社，1996 年版。
9. 程顥、程頤：《二程遺書》，上海古籍出版社，2000 年版。
10. 鍾哲點校、陸九淵著：《陸九淵集》，中華書局，1980 年版。
11. 鄧文銘點校、陳亮著：《陳亮集》，中華書局，1987 年版。
12. 葉適：《習學記言序目》，中華書局，1997 年版。
13. 李贄：《李贄文集》，社會科學文獻出版社，2005 年版。
14. 陳確：《陳確集》，中華書局，1979 年版。
15. 王夫之：《船山全書》，嶽麓書社，1996 年版。
16. 顧炎武著、陳垣校注：《日知錄校注》，安徽大學出版社，2007 年版。
17. 顧炎武：《顧亭林詩文集》，中華書局，1983 年版。
18. 黃宗羲：《黃宗羲全集》，浙江古籍出版社，1985 年版。
19. 顏元著、王星賢等點校：《顏元集》，中華書局，1987 年版。

20. 唐甄著、注釋組注：《潛書注》，四川人民出版社，1984 年版。

21. 丘濬：《大學衍義補》，京華出版社，1999 年版。

22. 何文光整理、戴震著：《孟子字義疏證》，中華書局，1982 年版。

23. 稻葉君山：《清朝全史》，上海中華書局，1925（民國 14 年）版。

24. 殷海光：《中國文化的展望》，上海三聯書店，2002 年版。

25. 牟宗三：《政道與治道》，臺灣學生書局，1987 年版。

26. 徐復觀：《學術與政治之間》，華東師範大學出版社，2009 年版。

27. 蕭功權：《中國政治思想史》，新星出版社，2005 年。

28. 余英時：《余英時文集》（全四卷），廣西師範大學出版社，2004 年版。

29. 金觀濤、劉青峰：《觀念史研究：中國現代重要政治術語的形成》，法律出版社，2009 年版。

30. 林毓生：《中國傳統的創造性轉化》，北京三聯書店，1988 年版。

31. 王泛森：《晚明清初思想十論》，復旦大學出版社，2004 年版。

32. 黃克武、張哲嘉主編：《公與私：近代中國個體與群體之重建》，臺北中央研究院近代史研究所，2000 年版。

33. 佐佐木毅、金泰昌主編：《公與私的思想史》，人民出版社，2009 年版。

34. 佐佐木毅、金泰昌主編：《日本的公與私》，人民出版社，2009 年版。

35. 黃俊傑、江宜樺主編：《公私領域新探：東亞與西方觀點之比較》，華東師範大學出版社，2008 年版。

36. 陳弱水：《公共意識與中國文化》，新星出版社，2006 年版。

37. 溝口雄三：《中國的公與私·公私》，北京三聯書店，2011 年版。

38. 溝口雄三：《中國前近代思想的演變》，中華書局，1997 年版。

39. 溝口雄三著、趙士林譯：《中國的思想》，中國社會科學出版社，1995 年版。

40. 劉俊文主編：《日本學者研究中國史論著選譯》（第六卷明清），中華書局，1993 年版。

41. 張春樹、駱沙倫：《明清時代之社會經濟巨變與新文化——李漁時代的社會與文化及其現代性》，上海古籍出版社，2008 年版。

42. 田浩編、楊立華等譯：《宋代思想史論》，社會科學文獻出版社，2003 年。

43. 斯密著、郭大力等譯：《國富論》，商務印書館，2003 年版。

44. 洛克著、瞿菊農等譯，：《政府論》，商務印書館，1996 年版。

45. 馬克斯·韋伯：《新教倫理和資本主義精神》，群言出版社，2007 年版。

46. 柏林著、岳秀坤譯：《扭曲的人性之材》，譯林出版社，2009 年版。

47. 邁克爾・博蘭尼著、馮銀江等譯:《自由的邏輯》,吉林人民出版社,2002 年版。

48. 哈耶克著、鄧正來譯:《法律、立法與自由》,中國大百科全書出版社,2000 年版。

49. 哈耶克著、鄧正來譯:《自由秩序原理》,北京三聯書店,1997 年版。

50. 哈貝馬斯著、曹衛東等譯:《公共領域的結構轉型》,上海學林出版社,1999 年版。

51. 《馬克思恩格斯全集》(第一版),人民出版社。

52. 張枏、王忍之編:《辛亥革命前十年間時論選集》,三聯書店,1960 年版。

53. 嚴復:《嚴復集》,中華書局,1986 年版。

54. 梁啓超:《梁啓超全集》,北京出版社,1999 年版。

55. 陳寅恪:《金明館叢稿二編》,北京三聯書店,2001 年版。

56. 馮友蘭:《中國哲學史》,華東師範大學出版社,2000 年版。

57. 侯外廬:《中國思想通史》(第五卷),人民出版社,1956 年版。

58. 費孝通:《鄉土中國》,北京出版社,2005 年。

59. 謝國楨:《明末清初的學風》,人民出版社,1982 年版。

60. 傅衣凌:《明代江南市民經濟試探》,上海人民出版社,1957 年版。

61. 謝國楨:《明清之際黨社運動考》,中華書局,1982 年版。

62. 張岱年:《中國哲學大綱》,江蘇教育出版社,2005 年。

63. 劉澤華、張榮明:《公私觀念與中國社會》,中國人民大學出版社,2003 年版。

64. 王春瑜:《明清史散論》,東方出版中心,1996 年版。

65. 王家範:《中國歷史通論》,華東師範大學出版社,2000 年版。

66. 劉志琴:《晚明史論:重新認識末世衰變》,江西高校出版社,2004 年版。

67. 蕭萐父、許蘇民:《明清啓蒙學術流變》,遼寧教育出版社,1995 年版。

68. 朱義祿:《逝去的啓蒙》,河南人民出版社,1995 年版。

69. 許蘇民、申屠爐明編:《明清思想文化變遷》,南京大學出版社,2009 年版。

70. 王國良:《明清時期儒學核心價值的轉變》,安徽大學出版社,2002 年版。

71. 張師偉:《民本的極限──黃宗羲政治思想新論》,中國人民大學出版社,2004 年版。

72. 馮天瑜、謝貴安:《解構專制──明末清初「新民本」思想研究》,湖北人民出版社,2003 年版。

73. 馮天瑜:《明清文化史散論》,華中工學院出版社,1984 年版。

74. 朱維錚：《走出中世紀》，復旦大學出版社，2007 年版。

75. 馬濤：《超出中世紀的曙光——晚明清初救世啓蒙思潮》，上海財經大學出版社，2003 年版。

76. 王茂、蔣國保等：《清代哲學》，安徽人民出版社，1992 年。

77. 周可眞：《明清之際新仁學——顧炎武思想研究》，中國大百科全書出版社，2006 年版。

78. 許智霖主編：《公共性與公民觀》，江蘇人民出版社，2006 年版。

79. 陳喬見：《公私辨：歷史衍化與現代詮釋》，北京三聯出版社，2013 年版。

二、論文類

1. 程一凡：《顧炎武的私利觀》，載中央研究院近代史研究所編：《近世中國經世思想研討會論文集》，臺北中央研究院近代史研究所，1984 年版。

2. 溝口雄三：《「公」的概念在中國和日本的區別》，《船山學刊》，1999 年第 2 期。

3. 溝口雄三：《中國公私概念的發展》，《國外社會科學》，1998 年第 1 期。

4. 楊芳燕：《明清之際思想轉向的近代意義——研究現狀與方法的省察》，《漢學研究通訊》第 78 期，2001 年 5 月。

5. 王遠義：《試論黃宗羲政治思想的歷史意義——中西公私觀演變的一個比較》，《臺大歷史學報》第 38 期，2006 年 12 月。

6. 蔡家和：《黃宗羲與陳確的論辯之研究》，《國立臺灣大學哲學評論》第 35 期，2008 年 3 月。

7. 王中江：《中國哲學中的「公私之辯」》，《中州學刊》1995 年第 6 期，又載日本《中國研究》1996 年 12 號。

8. 王中江：《明清之際「私」觀念的興起及其社會史關聯》，《湖南社會科學》，2003 年第 4 期。

9. 劉洪英：《論建國後社會公私觀的嬗變》，《史學月刊》，1995 年第 5 期。

10. 錢廣榮：《中國早期的公私觀念》，《甘肅社會科學》，1996 年第 4 期。

11. 蔣榮昌：《中國文化的公私觀》，《西南民族學院學報》，1998 年第 4 期。

12. 肖永明：《明清之際人性自私說的啓蒙意義》，《湖南大學學報》1999 年第 1 期。

13. 周可眞：《顧炎武的公私觀》，《中國社會科學院研究生院學報》，1999 年第 4 期。

14. 楊翠蘭：《中國 17 世紀前後公私觀念的新變化》，《湖南大學學報》，2001 年第 1 期。

15. 劉暢：《〈關於「厶」字的象意特點及幾個證明〉商略》，《史學集刊》2003

年 4 期。

16. 劉澤華：《春秋戰國的「立公滅私」觀念與社會整合》上、下，《南開學報》2003 年 4、5 期。

17. 王中江：《明清之際「私」觀念的興起及其社會史關聯》，《湖南社會科學》2003 年 4 期。

18. 郭振香：《宋明儒學公私觀之初探》，《江淮論壇》2003 年 6 期。

19. 張分田：《「天下爲公」是中國古代的統治思想》，《陰山學刊》2003 年 3 期。

20. 王四達：《《從天下爲公」到「天下徇君」—— 中國古代公私觀念的演變及其社會後果》，《人文雜誌》2003 年 6 期。

21. 章清：《近代中國對「公」與「公共」的表達》，載許紀霖主編：《公共性與公共知識分子》，江蘇人民出版社，2003 年。

22. 劉中建：《對中國傳統公私關係文化的反思》，《中州學刊》2004 年 5 期。

23. 張錫勤：《論傳統公私觀在近代的變革》，《求是學刊》2005 年 3 期。

24. 蔣國保：《「宋明啓蒙説」的誤解與迷失》，《江漢論壇》，2005 第 10 期。

25. 那瑛：《梁啓超的公私觀》，《史學集刊》2007 年 5 期。

26. 杜振吉、郭魯兵：《儒家公私觀述論》，《道德與文明》，2009 年第 6 期。

27. 陸愛生、秦菊波：《從「以公克私」到個體「私」意識的萌動 —— 宋明公私觀念的人文啓蒙意義》，《江西社會科學》，2010 年第 7 期。

28. 楊義芹：《中國傳統公私觀及其缺陷》，上海師範大學學報，2010 年第 2 期。